黃天鵬傳記

改革中國報業的無冕王

黃佩珊
Huang, Pei-Shan
著

序｜父親與我

暮春的早晨，灰濛濛的天空開始轉為淺藍，陽光穿透薄霧灑落大地，為靜謐的巷道染上清麗色彩，令人心曠神怡；父親牽著我的小手，慢慢步行在中央新村的第五街上，略帶涼爽的曉風，混合了芳草氣息，拂過巷道兩旁高聳的榕樹，也讓睡眼惺忪的我逐漸清醒。雞鳴開曙、韶景明媚，朝陽下，我抬頭感受絢麗多彩的日出，也仰望父親那和藹中通透滄桑世故、堅毅卻慈祥可親的面龐，油然而生的孺慕之情一如既往，純粹到近乎崇拜。

民國六十三年春假剛過，就讀於敦化南路復興小學、年方九歲的我，跟隨家人由台北市大安區遷往台北縣的新店鎮，靜謐樸實的城郊風光，令我這都市長大的小孩格外開心，只是通學時間自然增加不少。小學的朝會從八點開始，因此早上六點半準時抵達中央路與第五街口的復興二號線校車，便是我平日上下學的交通工具；由於煮飯的管家阿姨在這個時間點尚未起床，注重孩童成長發育的父親，每天回家前，幾乎都會特地繞到明星、采芝齋、福利、普一或國際西點麵包廠，買一些我愛吃的合桃糕、蘇式月餅、叉燒酥、咖哩餃及倫教糕，當做我的次日營養早餐。另一方面，鑑於我的個性調皮好動，父母對於從家裡到搭校車地點（路程約數百公尺）的交通安全，想必頗為憂心，於是雙親就合力承擔起接送大任，而晨曦中由父親陪伴候車、黃昏裡和母親攜手回家，都成為我人生中，最美的時光與永恆的定格。

許多親戚都說：潮汕地區民風剽悍，不畏強權、勇猛拚搏；凡事追求完美的父親，青少年便離開潮州普寧老家，隻身轉赴汕頭、廈門、北平等地求學，並在上海、重慶和南京創出一番事業，因此更是黃家親戚們眼中：潮州硬漢的佼佼者，然而在我記憶裡，父親是一位待人謙沖卻不失器度、儒雅中漫溢著幽默的飽學之士，很難跟剽悍勇猛產生聯想。「錚錚啊，錢伯伯的《國史大綱》，昨天晚上你讀到哪裡了？」，每天用過晚飯之後，父親都會給我安排讀書進度，希望我完成學校老師要求的功課之餘，臨睡前也能多花半小時到一小時，讀幾頁古典小說四大名著，亦或父親建議的優良課外讀物（例如錢穆的《國史大綱》、蘇雪林的《唐詩概論》、謝冰瑩的《海天漫遊》、易君左的《祖國山河》、林語堂的《無所不談》），而次日早晨，我倆前往中央路等候校車的路上，就是父親對我的考勤時刻；只可惜，談不上砥礪向學的我，回答往往連自己都不甚滿意，更別說要達到父親的標準。在四大名著中，《紅樓夢》向來是我的最愛，因為頂多讀個十幾分鐘就會入夢、且一覺好睡直到天明；面對這樣一位頑劣的男孩，父親依舊充滿愛心與耐心，他常說：昨晚早睡沒念書也沒關係，今天路上爸爸就來跟你講故事（像是《莊子．秋水篇》的「濠梁之辯」就令我聽得津津有味，也為邏輯能力扎下根基）；父親冀望從這些文史名家的著作裡，讓我的思維獲得激發，配合他在一旁的循循善誘，願我日後終於能領悟出為學與處世之道。

與父親同行的日子如此美好，卻何其短暫，兩次開刀手術令父親的身體狀況不比從前，因此小學六年級開始，送我搭乘校車的任務，便改由母親一力承擔，然而父親對我的課業仍關心如昔，且隨著我升上復興初中，又增加了閱覽英文報紙頭條要聞、研讀聯合與中時的當日社論等功課；由父親得意門生佘夢燕姑姑創辦的《英文中國郵報》內容豐富，文句詞彙兼具知識性與實用性，最受父親好評。做為普寧黃氏家族核心，幾乎每逢星期假日，均有諸多親友來新店家裡，拜望父親並留下來一起用餐，於是週六下午，就成為父親和我的專屬時光；依據父親教育規劃，拓展視野以豐富知識，是少年時期的我，另一項重要課題，舉凡外雙溪的故宮博物院、新公園北側的臺灣省立博物館、植物園附近的國立歷史博物館，皆是父子倆除了電影院外（當年我曾是邵氏武俠片粉絲）較常造訪之處；在來故宮博物院前，偶爾還順道探望錢穆伯伯。每當參觀完成，父親總會選擇到館內或周邊的咖啡廳略為小坐，花個一小時歇腳之餘，也聽一聽我的看展心得；古人書畫作品是父親強項，而他所關注的是：書畫美學能讓我有視覺感官上的愉悅，但能否跟他諄諄教導我閱讀的報刊社論、古文和史籍一樣，激盪我的智慧、啟迪我的心靈？文史作品不僅要讀懂內容，我也得試圖去理解：作者為什麼要這樣寫？思索「為什麼」才能發現作品最真實的一面，而經過歲月歷練的傳世書法與精湛名畫，又何嘗不是如此？

從時常往來的長輩們口中（包括葉公超、鄭彥棻、曾虛白、梁寒操等父親的政壇與學界好友，以及國大代表同仁），我漸漸開始明白：父親過去在新聞、憲政及僑務方面的卓越成就，但我倆之間互動時，父親卻甚少談及以往功業，他所念茲在茲的，幾乎都圍繞在我的知識培養與品格教育；我讀初三那年，父親的傳記性著作《天廬論叢》進入了緊鑼密鼓的校對階段，因為準備高中聯考，經常熬夜念書到兩三點的我，就寢之前時而到父親的書房，看一看最新修訂的章節，此一機緣讓我對父親數十年來的主要事蹟，和終生堅持的抱負理念，有了進一步認識。父親年輕時闖遍大江南北、壯年後周遊列國，這也跟他所強調「讀萬卷書與行萬里路一樣重要」的觀點契合；我想父親那時遺憾的是：由於健康因素，他無法長途搭機與我遠赴歐美，造訪倫敦大英博物館、巴黎羅浮宮、紐約大都會博物館……等獲得父親高度讚揚的必訪名勝；記憶中，父親與我的海外遊蹤僅有兩次（到香港參加勃雲叔女兒婚禮、出席子明叔在曼谷的六秩華誕），其中令我印象最深的是：即便旅港親友安排的行程滿檔，父親仍然挪出一整個上午，在卜少夫叔叔陪同下，帶著姐姐和我從港島的文華酒店步行至中環碼頭，搭天星小輪渡海到尖沙咀，再轉乘九廣火車前往位於馬料水的中文大學探望學界泰斗林語堂伯伯；或許在父親心中，總是期待我能師法林、錢兩位大儒，未來以淵博的學問經世濟民。

父親對於子女的自小教育方針，首重善良品德、次重為學態度，記得念高一時，我迷上了歐陸美食和藝術電影（甚至考慮以後擔任食評或影評人），父親就會跟我唸道：「萬般皆凡品、唯有讀書高」，所幸母親便以「行行出狀元，有品行的孩子快樂就好」來幫忙緩頰。寒來暑往、裘葛屢更，昔時的懵懂少年日漸躊躇滿志，但永不服老的硬漢卻不免蒼顏皓首、只餘下華不再揚的感慨；進入民國七十年代，數載之前已從大學教職退休下來的父親，逐漸減少到僑委會、國史館和憲法學會的時間，而我則基於現實考量，選擇攻讀甲組（大學聯考將以理工科系為志願）並獲得了雙親支持。從私立復興初中到國立師大附中，我的學校課業輕鬆不少，這讓一家人有更多的相處時光；晚餐桌上，彩霞熏夕，父親開始從北平什剎海的西城往事說起，一路談到南京玄武湖的碧波浩渺、成都青城山的浮嵐暖翠、廣州餘蔭園的古樸秀麗、承德外八廟的宏偉壯觀、廈門鼓浪嶼和青島八大關的歐陸風情……，經由灑入飯廳的落日餘暉烘托，每每聽得我心旌神馳，而十里洋場舊上海的風雲變幻，有如史詩般雄奇磅礴，尤為父親所津津樂道。在漢賊不兩立的時代，大陸城鎮對我不僅陌生，其距離亦彷彿比南美洲還要遙遠，但上述每一處景點，有了父親的連結而意義非凡，每一座城市也因為父親當年的駐足停留、勵志奮鬥與安生立命，而充滿著生命力，不再只是我從地理和歷史課本上讀到的名詞而已。

年華似水，幸福的光陰總是短暫易逝；世事變幻，欣喜到蒼傷只在俯仰之間。民國七十一年春天，父親走進他人生最後一頁篇章，哀慟莫名之餘，也首度讓我體悟人間的聚散無常；兩年後，母親追隨著父親的腳步，到天涯那一端與他重逢，我則默默完成台大課業，離開故鄉遠赴紐約哥倫比亞大學深造。從哥大工程學院到矽谷科技產業，多年努力下來，我逐漸有了自己的小天空，但每一個夜晚反觀內照，想到自己未能在文史或新聞領域克紹箕裘、繼志述事，總是令我覺得愧對父親。時光倏瞬，三十載歲月轉眼即過，近年來，長期在媒體工作的舍妹佩珊，著手替父親立傳，為了搜集相關資料，佩珊盡心費神往來兩岸，今日看到《改革中國報業的無冕王：黃天鵬傳記》付梓出版，我的內心激動不已。

品讀這本傳記，每一處細節都是歷史，不同時期的父親形象亦躍然紙上，他是滿腔熱血與夢想之辦報青年，穿梭於北洋政府極權掌控下的老北平；他是用風雷鐵筆揭櫫理念之新聞學者，奔波於詭譎多變的大上海；他是不顧生命危險堅守崗位之媒體主管，屹立於日寇瘋狂轟炸下的重慶山城。這些歷經亂世淬鍊的父親形象，讓我記憶中、青史留芳卻老驥伏櫪的慈父呈現得更加立體鮮活，倘若親人靈犀相通，想來父親也感歡喜。典型在夙昔，讀者們亦能從父親這位民國人物縮影，領略到終生殫精竭慮、為國為民的美好情操，這份精神過去曾受父親那一輩的人奉行不渝，但身為當代社會主流的子孫卻多已遺忘。

黃佩正，民國一〇七年十一月五日上海旅次

自序

生·報·業·戀·緣

她就靜靜地、無聲無息地、待在交通銀行的金庫裡，若沒有這一念之思，就任由天老地荒、海枯石爛，只為等待有緣人的回眸一顧與嫣然一笑。這世上，又有誰像我一樣如此渴求從她的字裡行間，得知生命的意義與存在的價值？

行員從金庫搬來五大箱，說是一直聯繫不上保險箱的承租人，十多年前在法院的陪同下破箱並將所有物品密封放在金庫，也因此，書籍、手札、文件，得以完整保留下來。這些都是旅居美國的佩玉姊寄存的父親遺物。姊姊後來因病情急速惡化，返臺治療，記不得許多事情，她保存的物品部分失散了、部分在銀行裡。

第一個箱子打開以後，佩正哥一一檢視，父親的珍藏一一重現，我們倆皆激動萬分，這天是民國一〇六年元月四日。為了取出這些遺物，前一晚我由廣州轉澳門返回臺北，佩正哥由香港搭機前來，我們皆在海外工作，約了半年才敲定在元月一起休假回臺。

箱中裡有很多信封袋和塑膠袋，佩正哥拿出一個雙耳為龍、柱腳為獸的浮雕六鶴銅鼎，這是從小就放在哥哥房間的古董；接著有好幾個彩繪各色人物及慶典活動花瓶，還有年代久遠、樣貌古樸的瓷器，其中一只河南登封窯白釉珍珠地虎紋梅花浮雕瓶，居然和家中的一只，一模一樣，一個由姊姊保存，一個由我留著，而姊姊已於民國一〇三年三月九日香消玉殞，幻化成福德公墓樹葬區的塵土。

一本又一本的相冊出現了，彷彿連續播放的幻燈片般，重現了逝去的年代。當我深陷於時光隧道時，耳邊傳來哥哥驚呼聲：「找到了，父親的著作，全給你。啊！這是父親最重要的珍藏——民國二十八年《重慶各報聯合版》！」由於戰時紙質不佳，報紙被蟲蛀了，稍一翻動，就有許多碎屑灑了出來，只好原封不動的擺著，必須找到文物修復專家才行。

文件和物品實在太多，整個下午，從日懸中天到斜陽西照，才粗略檢視三箱的內容物，而我倆已經滿頭大汗，佩正哥說另外找時間再一起打開其它兩箱。

生

回到澳門工作後，一直對父親的手稿念念不忘。夜闌人靜時，一頁頁細讀父親日記，與父親相處的點點滴滴湧上心頭，那些已經飛逝的時光，原來還留在記憶深處，只需一點微光，便照亮了那個在呵護保護下、無憂無慮的懵懂童年。

家中的客廳很小，卻經常賓客迎門，椅子不夠用，有些西裝筆挺的客人就蹲坐在小小的圓板凳上，大家談笑風生，毫不以為意。印象最深的是父親逐一介紹後，總是有一小段時間會集中在孩子身上，大夥兒你一言我一語輪番提問，還是幼童的我，經常被問到面紅耳赤，久久擠出了幾個字，卻引起哄堂大笑，父親總是說：「欸，童言無忌、童言無忌。」

父親很重視禮節，一定會為前來拜訪的親友們準備臘肉、香腸、肉鬆等實惠之禮，卻堅持不收禮。訪客常將禮物和紅包塞至我和哥哥弟弟的手中，父親見狀毫不掩飾憤怒，當著大家的面諄諄教誨、長篇大論。這種言教身教對我影響深遠，日後工作中，若是收到不應得的餽贈或現金，立即心生難以立足的羞恥感，一秒也無法持有，當場退回。

孩子們玩耍起了爭執，父親總要求先道歉，回家後再面壁思過，琢磨到底是那裡輕忽了？記得一次放學晚了數分鐘到家，進門後，父親疾言厲色，勸告清靜自守、無好戲笑，當下被罰跪整晚。卑弱第一，一直是做為父親的么女所必須遵守的原則，附加條件為謙讓恭敬、先人後己、有善莫名、有惡莫辭、凡事反求諸己。如此教養下，養成我事事要求完美，卻也時時顯露自信不足。

食不語、寢不言，規矩繁多，極為講究。「色惡，不食。惡臭，不食。失飪，不食。不時，不食。」與父親用餐時，總是要正襟危坐，等父親動筷了，才能怯怯的細嚼慢嚥。在這樣的氛圍中，一道道熱騰騰、色香味俱全的中國式佳餚，深印腦海，至今仍深信中菜為世界第一美食。

陪伴成長之物為玉石與書。四書、五經、唐詩、宋詞及西方文學經典名著，皆為必讀；家中的青玉馬、白玉兔、以及玉雕的鳥獸蝶魚，是僅有的玩具，若摔破了，父親總是說「碎碎平安」，未曾責怪，對父親來說，玉器為日常生活用品，在手中細細把玩才能感受其光彩潤澤。此外，必須勤寫日記、勤練書法；父親以身作則，不離紙筆，即使在病榻中，也不忘記下一日見聞。

印象中，未曾看過父親責備他人，也未曾聽聞他抱怨過人生。他生活簡單、宵衣旰食、潔身自愛、不求私利、不置私產，孜孜不倦地為政治清明、眾生福祉而努力，種種良善政績曾招致「外省人論政」抨擊，父親卻回報以無窮之精力和畢生的積蓄開辦「大同婦孺教養院」，收容孤兒與苦難婦女，毫不在乎世俗毀譽，心胸坦蕩，一切可受公評。

父親惟一的嗜好是讀書、閱報、剪報和寫作，最愛唐詩，經常一面整理花園，一面吟詠；即使年歲漸長，仍樂在其中。辭世前仍忙著處理中國憲法學會會務、撰寫文章、整理自傳，若不是死神突然召喚，驚濤駭浪的一生、報界與政壇秘聞，早就公諸於世，然而世事那能盡如人意！

報

人走茶冷佛燈微。父親離開後，留下的並非平靜，命運之神毫不吝惜展現無以倫比的威力。母親將希望寄託在宗教，暗夜哭聲，若能有片刻的安寧，那是因為成堆成疊的冥紙，在化為雄雄烈火的瞬間，照亮了暗室與夜空，為天堂與人間開啟了一扇對話的窗口，帶來夢幻般的慰藉。然而黎明終將來臨，現實總是橫在眼前。

那些寂寥、苦澀、無盡的夜晚，十一歲的小女孩淚流滿面、蜷縮在孤獨的角落裡，一遍又一遍在心中吶喊著：「為什麼要生下我？」雙手合十，渴望一句噓寒問暖，夢想擁有平凡的日常，祈求脫離原生家庭，所有關於父親的回憶全都墜落無底深淵、無影無踪。

踩在虛無縹緲的人間路，說著無人能懂的呢喃囈語，小女孩不知不覺踏上了父親曾走過的路——進入了政大新聞系與政治研究所，鑽研新聞與憲法。離開校園後，在電視台新聞部，歷經記者、主播、主管、製作人、營運總監等職務，工作之餘，常常反問自己：「新聞的本質是什麼？記者應扮演什麼樣的角色？」在商業掛帥、收視第一的前提下，公平、公正、客觀這些傳統標準早被拋諸腦後，政治立場與經營者的利益成為最大考量。有沒有一個典範，可以告知，要如何獨立超然、不受外在影響而立足於新聞界？有沒有一本書，不光空談理論、也非宣揚自己的成就，而是以實際案例說明，堅持理想的記者有可能走出一片天？

年歲漸長，不斷反省，內心的矛盾與衝突，到底從何而來？工作上，從製作一般新聞轉向了深度報導；從追逐獨家轉而深思如何提供有益的新聞與節目。然而，這些都無法解釋新聞存在的目的，我們總是以讀者的喜好、收視率、點閱率以及廣告主的意見，決定標題與內容。

也就是在兩、三年前，開始翻閱父親的著作，遣辭用句，如此熟悉，父親的音容笑貌，一一浮現。父親說：「今日的新聞，是明日的歷史，新聞記者等同古代的史官，應具有史才、史學、史識和史德。」原來典範一直在我心裡，只是在追求世俗認可的標準時，刻意將它淡化，融入所處的環境較為輕鬆，挑戰現狀總是不容易啊！

民國二十年代，軍閥較勁、大興文字獄，報業由不同勢力把持，戰火無情摧殘著記者的生命與健康，卻有許多視死猶歸的報人，持續挑戰他們認為不合理的制度，為中華民族的生存與尊嚴發出沈痛的呼喊，那個時代，有所謂的團結奮鬥的「重慶精神」、有著「捨己為民」的氣魄，進入戰爭與戒嚴時期，無所不在的特務，更是管控著媒體人的一言一行。反觀現在，傳播界比以前單純許多，記者擁有更多的自由與更大的揮灑空間，然而輿論與新聞紛雜，所在乎的、所爭論的，相較之下，多麼微不足道。

於是我興起了將父親從事新聞業的經過，著乎竹帛。一開始，我想先出版一本圖文集、一本傳記和一本小說。整理照片時，發現許多須查證之處，只能先就手邊資料精讀再精讀。父親語多隱諱，為了得知影中人的來歷、職位、頭銜等，必須盡可能搜集相關書刊。民國時期的記者、主筆、革命人物……一個個活靈活現地在我心中的劇場登場了，背景是錯綜複雜的軍閥割據、國共之爭與對日抗戰，熟讀近代史又成為必要之事。然而歷史並未陳述個人所遭遇的國仇家恨，我從《時事新報》，《大公報》、《申報》、《中央日報》、《北洋畫報》、民國時期雜誌中尋找，意外發現父親以筆名發表之文，數量龐大，不知凡幾，可以想見，當時勤於著書論述的情景。

業

民國一〇六年六月，我回到了家鄉廣東普寧馬柵，這個令父親朝思暮想的家園。我在「育祥里」穿梭踱步、在「升益居」和「觀山樓」佇足凝望、到「議祖祠」和「雲曹祠」祭拜、去祖母家果隴「莊起鳳進士第」祠堂上香，並且和親人帶著鐮刀，一同披荊斬棘上山，去祖父黃毓才墓前，代父親問安。

有關家鄉的一切是一部千年歷史，居民言談思想、飲食起居、生活作息、教育文化等，在在反映出儒、釋、道思想，江山代有才人出，奉行著相同的原則，而父親正是其中一位佼佼者。至此，我才意識到這不僅是個人傳記，而是一個大時代的興衰轉折，如果不能掌握千年傳承、百年動盪，就如同空中閣樓，隨時有傾倒之危。我需要更精確、更細緻的史料，躊躇再三，至八月底，我問了遠在異鄉的佩正哥，能不能讓我獨自查看還未開箱的資料？他同意了。

又是一次震撼！逐一的將密封的信箱袋仔細攤開、慢慢分類，看到父親的家書，母親、綺年姊、壽年兄、洪年兄的信件，內心波濤洶湧，久久不能自己。幾十年來的疑問，在這些文件中，逐漸有了清晰的答案。

根據父親的自述、年譜，逐一比對查證。十二月，我再度回到家鄉祭祖，這次，我住在馬柵。我在祠堂前流連，細細觀看門廊壁肚上每一幅斑駁的字畫，抬頭仰看屋簷上的人物嵌瓷及楹母上彩繪的伏羲八卦……潮州人從生活中習得中國古老智慧，在一片崇洋媚外的浪潮中，仍堅信中國固有的傳統文化足以抗衡西學。

再度走訪祖母家進士第，莊家子孫搖頭說：「歷經幾次大劫後，我們早就沒有了族譜。」取而代之送我一本厚達五百頁的《果隴村志》。讀後大驚，原來這本村志，就是族譜！果隴是全中國最大的莊姓村落，建寨的一點一滴由先人的血汗累積而成，每一次的腥風血雨都視為必然，輕輕地一語帶過：「禮義承先志，詩書訓後生」。

果隴莊家曾被滅族，在燒殺掠奪中，由僕役從後門帶走一個剛滿月的嬰兒莊松崗，將他掛在遠處的竹梢，因而逃過一劫，幾代後又繁衍成巨族。馬柵黃家同樣也是多災多難，父親北上求學時，家鄉發生階級鬥爭，累世的祖產一夕化為烏有，親人離散、無處安居、謀生困難；抗戰勝利後的政權之爭，更導致家族再度遭受浩劫，家破人亡，慘不堪言。

原來，生命存在的本身，就是奇蹟。

當我們只關注自身的不幸時，所見所聞盡是不公不義之事；當我們將眼光放遠，在時間的長河、歷史的洪流中，人皆過客，我們何嘗如此幸運處在太平盛世！人生在世，必有其因。

戀

父親身邊最重要的女性，無疑的，除了祖母之外，便是小珠母親了。她總是穿著一身細緻優雅的繡花旗袍，不論就讀上海大夏大學還是滬江大學，都是萬人追求、傾國傾城的校花。每位認識她的人，莫不驚嘆於她的華貴祥和、才華淑茂、詞婉有禮、處世有方。

小珠母親原本可像姊姊如珠姨母一樣，住在上海法租界福開森路的花園洋房，過著豪門生活，卻因為結識了父親，墜入情網，成了夜夜獨坐空堂的報人之妻，跟著父親在戰爭中赴湯蹈火，歷盡艱險，擔任父親創設的毓才學校教務主任，投入戰時災難婦女及孤兒救助，夜半就著燭光幫忙整理文件，就字跡潦草部分幫忙謄寫。戰時她參與婦運會、節約會、女青年會、女書畫家會等，並主持婦女補習班，兼授手工藝，使婦女獲得知識與技能。

來到臺灣，她繼續免費傳授顧繡絕活，並將私人積蓄全數捐出，協助父親成立了「大同婦孺教養院」，擔任院長及工藝班主任。在父親的建議下，連選連任了三屆臺北市議員，她的質詢內容大部分由父親操刀，著重於市政革興、整肅官常、杜絕紅包政治、倡導樸實政風等，獲得報章雜誌大幅報導。她在當時六十多位議員中，聲譽最佳，競選假提名中，獲全市第一名，為正義和清廉的象徵，原本被推選參加競選立法委員，卻因為繁重的工作導致健康走下坡不得不婉拒。

父親的二夫人、秀芝母親告訴我：「小珠好幾次把我的手放在她胸口，說，你看看我的心跳好快、我的心臟好痛，身體愈來愈不行了。」母親還說：「小珠把大同教養院的孩子全當成自己的兒女，養得白白胖胖，知書達禮，連生病就醫或監護權問題，全都一手包辦，從未假手他人。」

母親將父親送她的兩只定情戒轉贈給我時說道：「你爸爸送我時，在燈光下，說，你看這紅寶石，色澤通透、毫無瑕疵，而這翠玉，純正濃郁、溫潤飽滿。」

「有一天小珠問我，你是不是掉了什麼東西？我說沒有啊！她又問，你再想想看，身上少了什麼？我想了想，還是說沒有。她說，你跟我來。接著帶我到盥洗室，指著洗手檯問：這是什麼？我才發現，原來早上洗臉時，我把戒指摘下，到幼稚園上班時忘了帶，好險小珠提醒我。你爸爸知道後，說這兩個戒指非常貴重，要我一直戴著，不要拿下來。小珠戴的是她娘家送的兩只粉翠，她從來都不會因為你爸爸買禮物送我而吃醋。」

母親接著說：「小珠真是雍容大度，梁山伯與祝英台上演時，你爸爸帶著我們倆人看了兩次，每次看，每次哭，後來小珠要我陪她看，我不想去，她說，拜託你陪我去嘛！天鵬知道我不找你，他會生氣。我只好勉強陪她，共看了六次！我生產前，小珠買了晚餐給我，她說，頭一胎產程很久，要我先吃飽，才有足夠體力生產，你爸爸和我那懂這些！你們出生後，她很愛你們，你爸爸工作忙，經常是她帶著我們一起出外用餐。」

父親的兩位夫人，相處和睦，小珠母親疼愛秀芝母親，秀芝母親尊重小珠母親。小珠母親處處流露出中國傳統女性的美德，是我心中的世界第一名媛。而秀芝母親在父親及小珠母親照顧下，如同一個受保護的少女，未曾真正歷經人情世故。

父親離世後，兩位夫人隨即病倒，小珠母親兩年後棄世，處於鼎盛之年的秀芝母親，除了看病住院之外，大部分時間在佛堂打坐，我們多次勸她敞開心胸，接納另一段情緣，她總是有種種理由嚴詞以拒。

秀芝母親與父親結髮二十年，卻用餘生守候已逝的戀情，年少時，我無法理解，年歲漸長之後，逐漸明白，這世上再也找不到第二個「天鵬」。在母親的眼中，他有太多太多的優點，心地善良、誠懇正直、學識淵博、風趣幽默，母親經常說：「你爸爸把我當孩子照顧，很怕我吃苦，他什麼事都為別人著想，從來沒有想過自己。」、「你爸爸說，別看我人大頭大，福星高照，其實我是過路財神，錢到我手中，再轉到需要的人身上。」這世上有誰能有如此寬闊胸襟？又有多少男人會像呵護孩子般照顧妻子？

緣

至今我仍清楚記得父親伴讀的故事——《小美人魚》（The Little Mermaid），一個總是從大海遠遠地望向陸地、嚮往人類生活的人魚公主，在一場海嘯中，她救了王子，也愛上了王子，為了接近戀人，她以聲音換取了雙腳，每走一步，如同踩在刀刃般，痛徹心扉，她卻微笑地面對眾人，期待得到王子廝守一生的誓言，王子卻娶了鄰國的公主。人魚公主的姊姊們剪去了長髮，向巫婆求得一把短刀，交給摯愛的妹妹，只要在太陽升起前，刺向王子的心臟，便可再度有魚尾，享有三百年壽命，否則將成為泡沫，消失於無形。

人魚公主來到船艙寢室，看到心愛的王子摟著新婚公主沈睡在夢鄉，默然地將刀扔向了大海，等待愛情與生命的結束，未料萬丈光芒中，她卻緩緩升空，在芬芳中飄浮，原來她擁有了形而上的、永恆的靈魂。這正是父親的人生哲學──「居善地，心善淵、與善仁、言善信、正善治、事善能、動善時」、「後其身而身先、外其身而身存」、「至人無己、神人無功、聖人無名」。

往事既清晰又遙遠。取出塵封半世紀的檔案，輕撫力透紙背的手札，她輕如鴻毛，卻又重如泰山；手握冰心脆玉，她有工匠巧思，也有歷代收藏把玩的痕跡；凝視褪色的黑白照片，書信與日記形成旁白，父親輕哼的潮州小調是配樂，戰火是無法抹滅的現場音，一件件拼湊，竟成了一個血淚交織的大時代，經歷漫長的歲月，逐漸發酵，構成跨越百年的彩色紀錄片，片尾似乎可以想見，總是會有一個有緣的人兒，仰望湛藍晴空，看著成群的鳥兒，想像逍遙自得地飛翔；而我的心中，有一鵬鳥，從渾沌而來，遨遊神州，造歷幻緣，牽引出無數風流公案，最終一切沈寂，回歸太極。

生命，如霧、如霰、如朝露，轉瞬即逝；思念，是淚、是雨、是夜曲，綿延無盡。什麼能夠留存？一個名字、一種意念，亦或一句話、一首詩？緣份，不在一時，不在一世，在凋零飄落前，或許能博得您相見恨晚之嘆！

黃佩珊，民國一〇七年一月二日，臺北南港寓所。

目次

第三章　改革創新　報壇發光

第一章

江夏黃家　千年傳承

該怎麼形容蓬萊仙境呢？朦朧中，父祖似乎召喚著：魂兮歸來，魂兮歸來。母親用最古老、最暖溫的潮州話說著：

鶴鳴於九皋，聲聞於野。魚潛在淵，或在于渚。
樂彼之園，爰有樹檀，其下維蘀。它山之石，可以為錯。

那時天鵬才三、四歲吧！黃母指著詩經，一字一句地教著認讀，反覆朗誦。滄海桑田，物換星移，熟悉的聲調卻不曾淡去。

式微，式微！胡不歸？微君之故，胡為乎中露！
式微，式微！胡不歸？微君之躬，胡為乎泥中！
駕彼四駱，載驟駸駸。豈不懷歸？

蓬萊仙境　山環水抱　龍馬之鄉

多霧的清晨，潮汕平原總是籠罩著一層面紗，海風吹來，霧氣飄散，隱約中似乎有一環抱竹籃的少女。傳說，觀音化身為蓮花山脈，雙手向前伸展，形成了大南山脈和南陽山脈，堅挺的背脊阻擋了北方寒氣，溫柔的臉龐朝向南海暖流；山環水抱捧著潮汕平原，縱橫交錯的河道如經脈一般，水行氣隨，水止氣蓄，孕育生靈，生生不息。

晨曦微露，霞光四射，遠處山脈蒼鬱蔥翠，千年古樹逐漸清晰，廟宇屋瓦依稀可見；紅日升空，金光萬縷，為人間劇場揭開序幕。大南山北麓、流沙鎮東南三公里處，有一龍馬寶地，面向月池，背向山峰，五水環繞，名為馬公柵村。遠遠觀之，數以千計、空靈流暢的燕尾魚舟似乎正乘風而行，其上站有無數山神海靈、祥龍瑞獸、蟲鳥花團等。近看端詳，這些全都是精雕細琢的屋脊，上頭安以碎瓷製成的文官武將，比屋連瓦，氣勢恢宏，好似眾神的嘉年華會。民間相傳，此處為神駒化龍之處，「龍馬者，天地之精，其為形也，馬身而龍鱗，故謂之龍馬。」根據龜山文化遺址考證，馬公柵在商代晚期已有先民活動。

大寨前有榕樹後有竹林，潮俗「前榕後竹」，寓意「前成後得」，水口旁有鞏固元氣的古廟，寨門前設有橋翼，入內後空間豁然開朗，高聳挺拔的厝角頭，宛如群山迭起，遊子歸鄉，仰頭上望，藉由獨樹一幟的裝飾，確認家的位置。「水奔三江流，財聚東心溝」，跟著川流不息、環繞彎延的水道，來到寨內廣大開闊的陽埕，兩棟「四點金」建築——「黃氏議祖祠」和「黃氏天倫樂室」佇立於此，再往前走數百公尺便是育祥里院落群。

黃氏天倫樂室（左）與黃氏議祖祠（左二）。

造型獨特的四點金，為中軸對稱、佈局平衡、灰牆瓦頂之建築。其名來自於前後四個房間的四個角落，各有一個「金字形」的房間壓角，共有六房二廳一天井，後座大廳為身，兩旁大房為肩，伸手房為雙臂，下房為合抱的手，庭院天井為虛懷納氣之處。若將四點金簡化，減少前座；以大門為嘴，後廳為肚，前房為爪；形狀有如渾身是勁、吸納天地精氣、蓄勢待發之虎，稱之「下山虎」。

四點金有許多美麗的傳說，一說為南宋時期，被貶至梅州的黃潛善子孫將宅邸打造成過去在京城的居所，代代相傳，蔚為風潮。另一說為明朝時，潮陽人陳洸考上進士，任吏部給事中，和皇帝結為親家，人稱「國舅爺」，受皇帝之命，監督建造宮殿，返鄉後，將宮殿府第建造模式帶回潮州。「京華帝王府，潮汕百姓家」說的便是媲美皇宮的潮汕建築，這裡是中國僅存最古老的、宋朝以前的漢唐式建築。

議祖祠屋脊兩端為飛揚的燕尾，脊飾和屋簷用彩瓷貼出花、草、鳥、獸、魚、蟲等各立體圖案，屋檐和牆身銜接處巧妙地設計了「墀頭」，上繪有《封神榜》故事。垂脊下方所謂的「牌頭」，左右各有對一武將，頭頂盔、著甲衣、跨座騎，手持雙劍，揮舞生風，氣勢懾人。

大門為凹斗式，如漏斗般吸納吉氣，門片上繪有氣勢威武、氣宇軒昂的門神。壁肚兩側正面石刻分別為張說和李白的詩句：

巴陵一望洞庭秋，日見孤峯水上浮，
聞道神仙不可接，心隨湖水共悠悠。

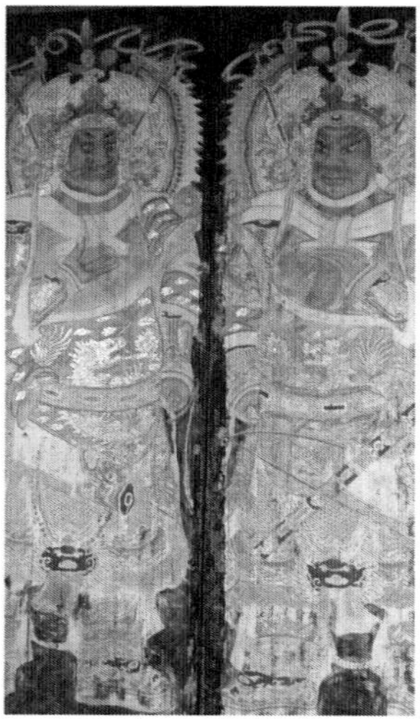
黃氏議祖祠大門。

黃氏議祖祠。

故人西辭黃鶴樓，煙花三月下揚州，
孤帆遠影碧山盡，惟見長江天際流。

另有兩幅長形陰刻竹石畫作，分別題字：

幾經風雨幾經秋，峭石離奇可與儔，
只要立身堅骨節，任他霜雪壓枝頭。雪谷。

畫竹清修數宋君，春風春雨洗黃塵，
紙窗夜月留清影，想見虛心不俗人。
時光緒乙未，孟冬之日仿東坡老人筆法，秉卿史臣。

兩側左右相向牆肚為李白七言絕句及一幅題有張旭詩作的風景畫：

朝辭白帝彩雲間，千里江陵一日還。
兩岸猿聲啼不住，輕舟已過萬重山。

隱隱飛橋隔野煙，石磯西畔問漁船。
桃花盡日隨流水，洞在清溪何處邊。

屋簷下牆面彩繪有「李世民遊鳳凰山」、「張生會鶯鶯」、「秦瓊義結草雄信」、「江南秋色」、「仙姬送子」、「江南秋色」、「文王聘姜尚」等，詩書畫印，四者皆備。

黃氏議祖祠屋簷下彩繪之民間故事。

進到廳堂，簡直目不暇給，紅楹藍桷配以各式木雕與彩繪。楹母彩繪前，根據祠堂坐向，在楹母上列出各方面的卦爻，定好八卦方位，再向左右兩端延伸佈局。前廳楹母繪有文王後天八卦配以洛書，子孫楹寫著「燕翼詒謀」；拜亭畫龍馬馳河圖，子孫楹寫上「光前裕後」；大廳為伏羲先天八卦配以洛書，子孫楹為「元亨利貞」。

黃氏宗族弟子自幼在天倫樂室學習詩書與樂器，逢年過節在祖祠舉行祭祖儀式。塾師總是一遍又一遍、不厭其煩的講解——傳說伏羲氏在黃河支流邊，看見背負圖點的祥獸「龍馬」，從中領悟，畫出陰陽、四象、八卦。大禹為治水而煩惱，在洛河邊看見神龜背上的圖案，引為參考，「伏羲王天下，龍馬出河，遂則其文以畫八卦，謂之河圖。」、「天與禹洛出書，神龜負文而出，列於背，有數至於九。」《易．繫辭》云：「河出圖，洛出書，聖人則之。」神話故事和先祖智慧，幻化成瑰麗的彩繪、雕飾與對聯，將這片天地裝飾成一個露天博物館。

祖祠為敬天法祖的象徵。馬公柵村中，黃氏祖祠達十七座，最早的一座為「崇報堂」，於清同治元年（一八六二）為紀念四世祖黃國全而建，取意於「崇耕尚讀、報國振家」，公龕頂存放有一扁擔和一小冊，冊中遺書，曰：「吾生三子，螟蛉一子」，即為賢秀、賢麗、賢集和賢捷四子，遺存之扁擔為創業興家象徵，勉勵後輩勤奮不倦。

宗祠大門匾背面為碑刻銘文：「我先祖燕林公、郁贊公，因明末之亂，隱筆田山陽，躬耕自樂。迨孚遠公始遷於此，以農起家，迄今歷十有二世，裔孫等追念祖宗功德之深且遠，爰於壬戌歲建祠崇祀，所以崇報本而序昭穆云。眾裔孫同敬識。」

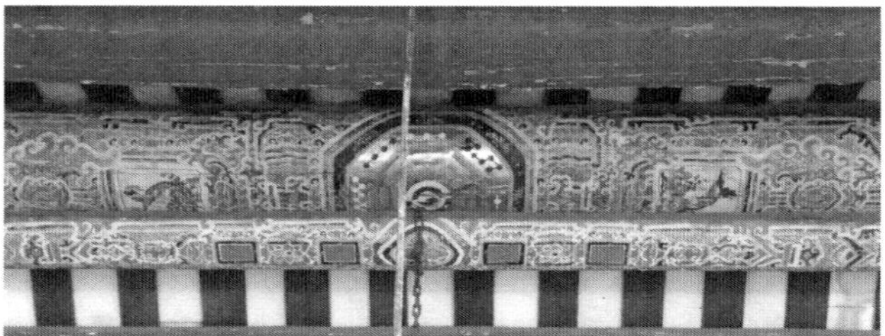
黃氏議祖祠楹母。

鯤化鵬程　存救世心　書錦繡文

宣統元年（一九〇九）農曆二月十七日戌時，馬公柵村中的苦楝樹已開展枝葉，橙紅的木棉花瓣，隨風飄散，鷓鴣啼叫，燕鳥定巢。育祥里「觀山樓」南「居之安」老宅，黃家喜獲寧馨。黃父毓才形容三子：「雙眸慧黠，目若掣電；額頭聳闊，顏如冠玉；神彩飛揚，唇厚音朗。」以莊子〈逍遙遊〉所載：「北冥有魚，其名為鯤……化而為鳥，其名為鵬……摶扶搖而上者九萬里」，命名為「鵬」，提筆寫下：「鯤化鵬程」、「夢蝶園奏逍遙曲，生花筆書錦繡文。」盼博學明辨，慎思篤行，匡時濟世，志存高遠，且能逍遙自得。鵬兒皮膚黝黑，小名「烏」，排名「勝欽」。

育祥里是鵬兒的遊樂園和啟蒙天地，迷宮般的巷弄，通往不同的宅院。入門左邊陽埕周圍植滿了松柏和常綠喬木，「升益居」座落於此；隔著一條巷道相鄰為「觀山樓」，是此處惟一兩層樓的院落；南北兩側還有三座下山虎，北門上有一「砲樓」，供守夜瞭望，後巷南側大門通往黃氏議祖祠和黃氏天倫樂室，和後巷平行者為雞巷。

升益居為四點金格局，大門開在中軸線上，門匾兩側為立體石雕，左為「吾鳳來儀、詩禮傳家」，右是「鶴鳴九皐、鯤潛在淵」，壁肚上為松竹字畫，寓意高風亮節。入門為明亮幽雅的天井，四角有石雕鯉魚接收屋頂槽水，兩側對稱迴廊前設有花圃，角落有一水井，大廳與走廊間鑲嵌四對八扇門櫺，共有八幅金漆繪製的《三國志》，分別為：宴桃園豪傑三結義、破關兵三英戰呂布、曹操煮酒論英雄、美髯公千里走單騎、趙子龍計取桂陽、孔明巧布八陣圖、燒藤甲七擒孟獲、降孫皓三分歸一統。門櫺下是鏤空的方格條紋、字畫、浮雕與密封的凸板仿古彩飾。窗向內開而不對外，意指財氣從天而降積聚天井，通過各房門窗進入屋裡。

鵬兒常望著廳堂上的紅桁藍椽，楹母上貼著金泊的八卦圖，閃閃發光，兩側繪有夔龍、錦纏、龍尾、蝙蝠、金魚、仙鶴、花鳥、福祿壽星等，層層疊疊的方勝、如意草尾等裝飾圖案，五彩斑斕，延伸不斷。

若說升益居集富麗堂皇於一身，觀山樓以清麗脫俗更勝一籌，牆面有巨幅精細石雕「七賢進京」、「八仙過海」，推開厚重雕花木門，映入眼簾的是水缸中香遠益清的蓮花，周圍環繞芙蓉、桂花、夾竹桃、五瓣梅、夜來香、水仙、茉莉等，綻放不同風貌，飄送四季花香。

廳堂八扇門櫺上有金漆繪圖，分別為庖丁為文惠君解牛、叔山無趾踵見仲尼、陽子居問老聃明王之治、黃帝膝行求教廣成子南、諄芒遇苑風於東海之濱、孔子南之沛見老聃、莊子與惠子論魚之樂、莊子以三劍見趙文王。大廳供奉著關聖帝君，牆面懸掛曾祖莊起鳳所繪〈關公閱書〉和〈蓬萊牧馬〉。展示櫃有和田白玉觀音、青玉龍紋蟠螭雙耳杯、斂口鼓腹束腰龍鶴瓶、象牙雕刻觀音持經等，桌面和坐椅飾以抽紗桌布、靠枕。

後院緊湊工巧，石桌石椅、假山奇洞，華池曲徑、樹影扶疏，有一亭台稱之「可亭」，取意於「清風明月最可人」，鵬兒經常在此聽著東心溝的潺潺流水聲，搖頭晃腦背誦《詩經》。

步上二樓，左右兩個廂房分別為「挹紫」和「步青」，取自「金榜題名時，平步青雲路」、「一別緣須合，何時挹紫芬」，盼望求取功名者，早日歸來。站在廳堂，極目遠眺，群峰環繞，鬱鬱蒼蒼，此為「觀山樓」命名由來；近看寨內，飛揚的船形屋脊及其上的神人鳥獸，盡收眼底，寺廟正脊上，二龍戲珠，活靈活現，光點斑斑。

觀山樓內設有書齋，鵬兒叔祖莊鎮藩任福建巡撫時，返鄉探視，贈送秦鏡，道：「《西京雜記》云，有方鏡，表裡有明，人來照之，影則倒見。以手捫心而來，則見腸胃五臟，歷然無礙。」毓才聽畢，將此鏡懸掛在書齋，叔祖大樂，親題「明鏡軒」，又題一對聯「明鏡高懸，暗室不欺」，勉子孫讀史治經，以古為鏡。

葉落九洲　貧賤富貴　同是一家

明鏡軒三面皆為書櫃，一日，黃父將大幅卷軸攤在桌上，對著鵬兒講述敬天法祖、溯流窮源的故事。他拿起松煙墨條，在厚重的龍紋石硯台上畫圓，待墨汁泛出青紫光後，以小楷筆尖沾上墨汁，要鵬兒根據祖譜，一筆一劃地描寫：「軒轅黃帝賜姓黃，為天下黃姓開基祖。一世太始祖南陸公、李氏媽、生一子；二世祖嘉公、莊氏媽、生一子……百十九世，奎章閣、太子少保、峭山公官號嶽，江夏太守，謚文烈，德配官、吳、鄭。」

這時的鵬兒，還不了解代代相傳的涵義，黃父從書架上取下幾本線裝書，先翻開《辭海》，指著內文說：「好久好久以前，黃，在古代，是一個國家的名稱，地點在河南潢川西邊。」接著打開《諸暨孝義黃氏族譜》說：「黃是嬴姓十四氏之一，受封於黃，在河南光州定城西十二里，有一座黃姓留下的古城，《春秋》所記，僖（釐）公十二年，楚人滅黃。由此推算，黃國在西元前六四八年就名存實亡，子孫散居四方，以國為姓。秦朝統一全國後，建立了郡縣制，以前黃國這個地區，劃入了江夏郡的轄區內，範圍就是在現在的河南省東南及湖北北部等大約十多個縣市。」

鵬兒問：「我們為什麼不住在河南或湖北，卻住在嶺南呢？」

黃父答：「東晉末年，黃氏後代為了避免戰亂，大舉向東南遷移，到了宋代，已經繁衍成為福建八大姓氏之一。宋朝至元代，黃氏從福建南遷，內陸一路從福建寧化、汀州、永定，經粵東大埔、梅縣，進入潮汕地區。沿海則由福建莆田、泉州、同安、漳浦進入潮州。在普寧，黃氏次於陳氏，是第二大姓氏，遍佈十七個鄉鎮，四十七個村莊。」

千百年來，散居在閩南和潮汕的黃氏，在住宅大門掛上「江夏世家」匾額，依認祖詩作為尋親的標誌，詩為一一九世黃峭山所寫，他是宋初乾德三年進士，擔任江夏太守，後封千戶侯。娶妻三人，各生七子，晚年，兒孫向外發展，臨別時，吟詩四首，要後代子孫永誌不忘。

上馬詩：
駿馬登程往異鄉，任從勝地立綱常，
年深外境猶吾境，日久他鄉即故鄉。
旦夕莫忘親命語，晨昏當薦祖前香，
惟願蒼天垂庇佑，三七男兒總熾昌。

下馬詩：
一脈流傳往異鄉，八言遺囑實非常，
子孫追本敦前境，世代尋源仍故鄉。
鼎案碎全遵命語，牲儀腥熟薦馨香，
宗功祖烈垂庇佑，三七分房俱克昌。

家傳詩：
梅花崗上舊華堂，閥閱久傳江夏黃，
百里花開留正續，千年翰苑擅文章。
綿綿世澤流孫子，赫赫家聲自漢唐，

黃氏祖祠。

一看譜牒應起敬，令人遠仰昔高陽。

祖媽詩：

峭祖原來娶三妻，官吳鄭氏廿一兒，

興家創業各離去，回猶報命省親誼。

吾年八十難期會，葉落九洲同根枝，

無論貧賤共富貴，相逢須念初分時。

黃父說，南宋初年，因外族入侵，政治紛擾，派系互鬥，為官不易，一二六世黃潛善由公卿被貶至廣東梅州，元朝翰林院直學士歐陽玄將黃潛善列入《奸臣傳》，部分後代子孫惟恐被牽連，在族譜上省略這一段，若要還原真相，必須多方考據查證。

《宋史．列傳》詳載：「黃潛善，字茂和，邵武人，擢進士第，宣和初，為左司郎。靖康二年，高宗即位，拜中書侍郎、後升右僕射兼中書侍郎、左僕射兼門下侍郎。金兵入侵，右丞許景衡以扈衛單弱，請帝避其鋒，潛善以為不足慮，帝決定南渡瓜州，幸鎮江，敵兵已躡其後。中丞張澄劾之，乃罷潛善為觀文殿大學士、知江寧府，落職居衡州。後又責置英州，卒于梅州。高宗末年有旨，潛善複官錄後。詔以潛善嘗任副元帥，特複原官，錄一子。」

根據《建炎以來繫年要錄》卷九十九，紹興六年三月癸巳，高宗曰：「黃潛厚一日驟來見朕，哽咽不能言，再三叩之，乃云，二聖已去，張邦昌僭立。朕是時更無分毫主意。同與見耿南仲商議往招潛善。潛善既到，即檄諸路共力勤王，當時處置，皆是潛善，張宗見存，自可問也。」

《三朝北盟會編》以及《建炎以來繫年要錄》兩書皆記錄黃潛善在危難時刻，竭誠效忠，招兵買馬，「以乳嫗護赤子之術」，保護高宗，鞠躬盡瘁。紹興二十七年六月庚戌，高宗詔「故追復中大夫黃潛善，再復觀文殿大學士、左光祿大夫，官一子。」草制略曰：「事君有不移之忠，原情以觀，於法當敘。」

黃父說，以宋高宗之眼來看，潛善為一代忠臣；而在朝臣眼中，自然會因立場與政策不同而相互辯駁。史官難為，大筆如椽，難免受到個人好惡、視野格局與執政者偏見所限，公允與否，對後世有著鉅大影響，不可不慎。

鵬兒聽得呆若木雞，楞楞地答：「孩兒謹記在心，所寫的文章，一定以事實為根據，絕不妄加褒貶、讓人受不白之冤。」黃父點頭微笑，繼續說著先祖入潮事蹟。

黃濳善七子黃久安在南宋紹興甲寅年（一一三四）隨兄長從梅州來到潮汕平原，在海陽縣道韻鄉左拔堡定居；明成化年間，一三四祖黃篤華從海陽遷至饒平小榕坑劉厝嶺；明萬曆年間，一三七世黃燕林帶著兒子郁贊等人，從饒平遷至惠來縣筆田村。

清順治年間，一三九世黃孚遠來到大南山北麓牡田寮，此處為練江沖積而成的砂泥田，背面連接著一片高低不平的荒蕪冢埔。黃家用紅土拌上海沙貝殼，遵循祖宗舊制，築起了祠堂，以此為中心，建立家園，宗室繁衍，逐步發展，約在清乾隆丁卯年間，建成內為宅邸宗祠、外有溝渠寨牆的圍寨。當時潮陽縣馬大德擁有這裡大部分土地，一日抵村收租，不幸病故，家屬依遺言將他葬於村北出水口，村名因此改為馬公柵，又稱馬柵。咸豐末年，三爺黃興富和雨爺黃明春在南畔溪上游建陂攔水，開渠進村，歷時十七年完成蛤溪大陂，引水入村，大片旱地經年累月開墾，終於成為水旱輪作良田。

黃孚遠為馬公柵黃氏一世祖，直屬世系如下：

惠來筆田村黃燕林—黃郁贊

普寧馬公柵一世孚遠—二世啟明—三世良仕—四世國全—五世賢集—六世君—七世成議—八世興德—九世雲曹—十世毓才。

黃氏重視血緣，為了表明家族世系關係，子孫代代按輩序詩中的順序取名，分為「外世詩」和「內世詩」；內世詩為「族號」，是宗族中的名字，勉勵男童求取功名、興國安邦，期望女童為恪守婦道、謙讓慎行；外世詩為「書名」，為入學時教師所取之名。

馬柵黃氏輩序

族號輩序為：
仕國賢君成、興邦經綸升。今朝尊哲智、名世耀奇英。
學就登廷典、識夕榮聲稱。秉規親大道，從正樂觀勝。

女族號輩序：
慈妙嘉慶福、祿壽世宜恭、淑慎端貞靜，勤修樂永從。

書號輩序：
可以贊明盛、維雅書熾精。懋修致佑力、喜德順時新。
文粹煥彩鳳、才高起捷鵬。聖駕欽政士，一舉自芳馨。

孤兒寡母　歷半世紀　鐘鳴鼎食

追本溯源的故事看似遙遠，卻環環相扣。黃父接著講述了一位遺腹子的奮鬥史。

八世黃興德，名政、字明教，生於清道光年間，娶同邑大洋美村望族陳祿明，十九歲時遽然病逝，三個月後，獨子邦彥出生，乳名成二，字雲曹，他就是鵬兒的祖父。孤兒寡母，萬分艱辛，惟恐門祚單薄，因而收一養子邦揚，乳名成對，與邦彥為伴，也盼壯大宗支。

邦彥生性聰穎、博聞強記，求學時深受塾師喜愛，曾赴縣屬三都書院深造，後因大伯黃明春、三叔黃明奎相繼去逝，只好棄學返家，協助四叔黃明珍掌管內外帳務，很快地熟悉商務之道，工作之餘鑽研經史，官職都司。樹大分枝，八年後、清光緒初年，七世儒林郎黃成議將房產、土地和生意股份各分為五份，交由五房各自發展，邦彥時年二十有七，長子克仁十歲、次子克義七歲、三子克寬三歲，正室許壽珠一病不起，後再娶繼室邱壽端，生四子克巽、五子克記、六子勉仁、八子人俊、九子克昌及一女碧珠，側室朱壽長生七子克知、一女碧蓮。

邦彥雄心萬丈，擴張事業，累積財富，展現經濟長才；治家更是嚴謹，子姪先在私塾研讀經史，再去三都書院深造。為管教兒孫，下午五時後，東、北兩大門深鎖，留南側巷門出入，非經允許，夜間不得外出。家規尊老愛幼，勤儉節約，上下有分，內外有別。統一提供三餐粥飯、鹹菜和四時青菜，每月每個丁口供給一定菜金，節省者可將菜金存下做為私房錢；婦女孫媳輪流陪伴老母唱潮州歌冊，紡織刺繡收入為各房私有；公家賓客來訪，由公家款待。

邦彥母親陳祿明最感欣慰的是，自己在荳蔻之年時鳳冠霞帔、嫁入黃家，孕期喪夫，形單影隻，五十年後，瓜瓞綿綿，加計賬房、雇員、守夜、廚師、傭人等，已為鐘鳴鼎食、蘭桂騰芳之家。光緒二十年（一八九四）黃成議繼室六十大壽時，邦彥長孫天鶴出生，為成議派下第五代頭一個玄孫。宣統二年（一九一〇）陳祿明七秩大壽，邦彥六子勉仁和七子克知於公益兩等小學堂畢業，兄弟兩人同登榜首，雖科舉已廢，民間仍以秀才稱之，一門兩秀，雙喜臨門，與此同時，又獲朝廷表彰懿德匾額〈柏舟之矢〉，子孫滿堂為老母拜壽，為家族一大盛事也。

長子毓才　習經學武　智勇兼備

邦彥長子克仁，字毓才，族名維勇，光緒五年（一八七九）出生，五官明正，六府充實，耳垂豐厚，聲若撞鐘。年幼時在普寧果隴莊氏「進士武園」勤學苦練十八般武器及弓馬騎射、《武經七書》、策問、萬人敵等。年紀稍長，至鐵山南麓三都書院，學習格物致知之禮，後轉至廣州粵秀山麓學海堂書院就讀。學海堂依山而建，喬木繁翳，木棉參天，授課內容有經史古文、詞章、性理、音韻及訓詁學等，同時仿照西方國家增設數學、天文、地理、歷法等課程，提倡實學，灌輸創新思想，為中國書院開啟取法西洋科學新風潮。

廣州是中國第一個通商口岸，最早接觸外來思想，是西學東漸的要衝，各家學說，爭長論短。光緒十六年（一八九〇），康有為由北京返回廣東南海縣丹灶鎮蘇村，春節過後至廣州講學，鼓吹變法，梁啟超從學海堂書院轉而投入康有為門下。

胡展堂因家貧，光緒二十一年（一八九五）至菊坡書院、學海堂等就讀，以博取書院獎勵優秀學子的膏火津貼。毓才與展堂結為同窗，兩人聲氣相通，經常一起針砭時局。對於中日之役，割地賠款，喪權辱國，同樣為之激昂憤恨；透過秘密出版之書籍，得知孫文成立興中會，痛斥庸奴誤國，高呼振興中華，兩人視廣州舉義為空前之壯舉。

簪纓世家　革命黨人　姻緣天定

莊世光，名桂芬，字世光，生於光緒三年（一八七七）農曆一月十六日。父親莊映斗身為武官、遊宦各地，後至北京述職，世光隨之就讀於北京私塾，和翰林院編修瑞洵之女、慶親王奕劻之女同窗共硯，結為好友。

北京作為清朝首都，王府、園林和廟宇集中國藝術之大成，樓台聳立、雕飾精美，紫禁城更是世上最雄偉的宮殿，王公貴族群聚，饌玉炊珠，一擲千金，猶如魏晉張華所寫：「末世多輕薄，驕代好浮華。志意既放逸，貲財亦豐奢。被服極纖麗，餚膳盡柔嘉。僮僕餘樑肉，婢妾蹈綾羅。」

天下名儒宿學、名臣杰士、布衣韋帶、外國傳教士等，匯集於此，結識攀交，講學論道，互爭高下；保皇派、立憲派與革命派，各方勢力橫陳，此消彼長。在世光的眼中，推翻一個朝代必然經歷流血革命與世代動盪；若要保皇，朝廷大權由慈禧太后掌控，光緒皇帝並無實權；訴求君主立憲，藉由變法圖強，或許能讓搖搖欲墜之大清尋得一路生機。正如同李白之言：「行路難！行路難！多歧路，今安在？長風破浪會有時，直掛雲帆濟滄海。」

黃毓才與莊世光。

世光及笄之年，由北京回到家鄉普寧果隴進士第，莊家依遁古禮，將庚帖送至馬公柵黃家，兩家具世代之誼，親族間無不希望親上加親，三日後互換庚帖，光緒十八年（一八九二）邦彥依古禮為長子毓才與長媳世光舉行盛大的婚禮。

婚前合八字時，相士細看世光容止——神清骨秀、垂珠朝海、準頭圓若懸膽、目光和惠有恆，斷言富貴長壽，然也提醒「慎防剋破」。世光連日至將軍第正廳，祈求先祖賜福，牆上曾祖父莊起鳳畫像堅忍剛毅、曾祖母秦孝慈和藹慈愛，兩人似乎微笑著勉勵子孫：坦然面對一切，將軍之女，兵來將擋，水來土掩，無需畏懼。

光緒二十年甲午年（一八九四），毓才和世光慶弄璋之喜，長子以「鶴」為名，傳說鶴為仙禽，有千年之壽，《詩．小雅》言：「鶴鳴于九皐，聲聞于天」。長女御音、次女阿卿相繼報到，二子不幸夭折。三子名「鵬」，四子名「鳳」，鳳的古字為鵬，兩字形意相通，為百鳥之王。三女和四女分別取名汝惜、御蘭。世光與毓才約法三章，同意毓才擁有德性良好之側室，但求勿涉足風月場所，許世良成了毓才二夫人。

將軍莊起鳳與夫人秦孝慈畫像。

毓才遊如宿將，通曉韜略射校步騎，在家人鼓勵下，參與武舉，果然高中。進京趕考原是舉人晉升之途，然而時局混亂，自中日甲午戰爭潰敗後，列強對中國的侵凌瓜分，空前凌厲，廣東會黨紛起，官府大事鎮壓誅滅，廣西右江亦有民變，甘肅爆發回亂，山東黃河多處決口。孫文於光緒三十一年（一九〇五）成立中國同盟會，以「驅除韃虜，恢復中華，創立民國，平均地權」為誓詞，聲勢壯大。毓才厭惡清政之專橫，恥仕進之屈膝，毅然加入革命行列，成為同盟會會員，傾囊捐資助覆滿之役。起義活動以秘密方式進行，參與者姓名和籍貫非熟識者不能得知，以攻其不備並確保起義者個人及家族安全。

光緒三十三年（一九〇七）四月十一日毓才參與黃崗起義，因後援不濟，復以清軍援兵大集，十六日宣告解散。宣統三年（一九一一）四月二十七日、辛亥年三月二十九日，毓才再度參與圍攻督署之役。下午五時半，革命黨人敢死隊一百六十多人，在黃興率領下起義，分別從越華路小東營五號指揮部及蓮塘街吳公館出發，一舉攻入清政府兩廣總督署，總督張鳴岐逃脫，革命黨人分成數路展開巷戰。毓才是武舉人，受過嚴格訓練，臨危不亂，近身肉搏或遠處射擊皆為人中蛟龍，激戰一晝夜後，見同志陸續中彈散逸，大勢已去，只好躲開追補，潛伏數日後返回馬公柵。

孫文聲稱：「斯役之價值，直可驚天地、泣鬼神，與武昌革命之役並壽。」毓才希望追隨孫文，從事革命，世光憂心不已，求助於公公黃邦彥。邦彥對長子胸懷大志極為讚賞，然而也擔心自己年邁，家業需子操持，盼毓才扛起長兄如父的角色。

毓才返家開拓祖業，協助教養弟弟克義、克寬[1]、克巽、克記、克知等。家產「德昌號」規模日益擴展，經營農產品和雜貨買賣，設抽紗廠、中藥村並廣置地產與田產等，所得必有半數以上回饋鄉里，興建學堂、救弱扶幼、開闢橋樑道路以及天災地變時救急救苦。

---

1 黃維秉（光緒十年至光緒三十年），名克寬，兄弟九人，排名第三，壯志未酬，殞命於雙十年華，僅生一子黃潛心（光緒二十八年至民國十九年），從商，妻莊若音（光緒二十六年至民國八十一年）出自果隴進士第名門，為莊世光姪女，婚後連生三男，又懷有身孕，未料潛心意外亡故，得年僅二十八，若音靠著微薄祖遺，毅然扛起持家重責，六〇年代後，兒孫繞膝，上慈下孝，和睦相處，為近廿口之家，莊氏治家嚴謹，教子有方，時人稱頌。

護宋功臣　身歿於野　魂還於溪

黃家男錢女布、內外有別，相夫教子之責由夫人全權負責。世光性格堅貞不屈，沈穩持重，格局開闊，其來有自，父親莊映斗與母親蔡崇禮教養子女「博文約禮」，以達「明德至善」。世光飽覽古籍，精通詩詞書畫，而家族在朝代興亡中起伏沉潛，深信「有無相生，難易相成，長短相形，高下相傾，音聲相和，前後相隨」，凡事盡力而為，但求問心無愧。

莊姓源自於芈姓，得姓始祖為黃帝後裔楚莊王芈熊旅。根據《急就篇》、《名賢氏族言行類稿》所載，楚國君王芈熊旅，公元前六一三年即位，改革內政，重用賢才，為春秋五霸之一，諡號莊，為嚴肅敬重之意，史稱楚莊王。后代以諡為姓，傳承至今逾二千六百年，英才輩出，不計其數，包括戰國時期道教創始莊周、史上第一個雲南王莊蹻、漢高祖丞相莊青翟、明清狀元莊際昌、莊有恭等。

閩潮莊氏開基祖為莊森，字文盛，名一郎，生於唐咸通四年（八六三），授官黃門都督，唐光啟二年（八八六）隨母舅王潮率軍入閩，梁開平元年（九〇七）王潮之弟王審知繼任後稱閩王，莊森分鎮於桐城（泉州），定居永春縣桃源里蓮萊村，卒於後周廣順二年（九五二），享壽九十。

南宋末年，元兵烽火延燒至福建，德祐二年（一二七六）宋端宗撤退至泉州，泉州招撫使蒲壽庚企圖獻城投降元兵，莊森第十二代孫莊古山五個兒子皆豪俠好義，長子公哲、次子思齊、三子公茂、四子公望、五子公從，以「世食宋恩」，傾私財、募壯士，於泉城南七里迎駕，護宋端宗南下，莊氏兄弟與表兄弟潮州司戶蔡若濟、陸秀夫、文天祥等人一同入潮抗元。南宋祥興元年（一二七八）宋端宗去世，趙昺即位，於硇洲建都未成，轉戰潮陽、海門、甲子，又護帝轉入新會崖山。祥興二年，農曆正月，元兵圍追堵截，崖山失陷，文天祥兵敗被俘，陸秀夫抱宋帝跳海，宋朝滅亡。莊氏五兄弟失散，公望壯烈犧牲，首級為元軍所取，公哲回福建同安，思齊、公茂居青陽，公從避難至潮州。

莊公從（南宋嘉定十五年至元大德元年，一二二二—一二九七），字光，號世楷，官居宋宣教郎，授潮州教授、平鄉尉，定居潮陽縣浟水都鐵山漁湖塘口，此處水旱頻繁，水涸見地，名為「涸壟」。公從善讀書，精堪輿，知此地為聚寶盆，可惜為雜性村寨，又為「藪盜之區，俗鄙習悍，草昧初辟，僻陬狹小」，妻子蔡氏往生後，長子敷言、次子清素在此落戶生根，公從與三子古溪、四子惠和遷徙至潮安龍溪莊隴，再娶翁七娘，成為莊氏龍溪始祖，翁七娘為粵東莊氏祖媽；後又娶潮陽縣新興鄉濠波里劉氏，創潮汕濠波世系。

元初追殺宋室遺臣後裔，果隴莊氏先祖數代過著逃亡生活，只留下莊清素三子莊七十九在漁湖塘口，墾荒造屋，歷經五代兒孫的努力，至第六代莊大平成為巨富，池塘阡陌甲於一隅。然而兵匪勾結，於除夕團圓夜闖入莊宅，殺害莊大平及妻、父、母、妹、弟媳、幫傭等，將財物洗劫一空，放火燒屋，果隴莊氏瀕於絕亡。幸莊大平命僕人將滿月嬰兒莊松崗藏於八十米外的竹梢，次日，嫁於鄰鄉的莊大平姊將松崗帶回夫家張姓撫育，「箋箋一脈，閔凶其矣」。莊大平之弟莊仰平外出經商，返家後見狀，仰天哀嚎，收屍埋骨後，外出經商，遇盜被害。莊松崗長大成人後，明洪武二十六年（一三九三）歸宗，重整祖業。

莊清素在妻亡後，娶洪陽昆頭山陳氏，幼子莊烏哺托養妻家，為避元朝追捕，東躲西藏，病危臨終前留下手書：

> 念烏哺吾孩兒，賴陳婆提攜，留尺地以資身，與些田而存祭，身雖歿於村野，魂尚還於龍溪，既長成而歸宗，願斯言勿廢弛。

莊烏哺冒姓陳，相沿五代，至第六代莊南溪始恢復本姓，並回漁湖塘口尋根問祖。兩家歷史性聚首，叔姪相倚為強，共同發展，經年累月，大寨周圍林密果碩，壠陌縱橫，生機盎然，以「果木豐茂遍隴畝」將漁湖塘口改稱為「果隴」，莊姓逐步壯大成為旺族，其他諸姓陸續他遷，果隴遂成為中國最大莊姓獨居聚落。

莊氏崇文重教，清順治至乾隆中舉人有莊延禧、莊大勇、莊天祥、莊武等，武舉人有莊起鳳、莊朝鳳、莊萬年、莊豐年等八人，貢生、監生、貢元、太學生有五十多人，其中莊起鳳「祖孫父子一門四進士，文韜武略六子五登科」，最為人稱道。

武能定國　將略家傳　潛心老莊

莊起鳳於嘉慶十三年（一八〇八）九月十四日未時誕生，其額頭聳闊，眉字寬廣，雙唇豐厚，鼻翼飽滿，面方耳大，神強骨壯。自幼好學，遍讀諸子百家，清道光九年（一八二九）考中文秀才，當時清朝逐漸衰敗，海疆擾攘，地方時有動亂，起鳳受《東周列國志》啟發——「文能安邦，武能定國」，決定鑽研兵書，並請老鐵匠煅打挹制三支大關刀，在屋前闢一武園，聘請名師傳授，朝夕勤學苦練熟，三年之間，學得刀、槍、劍、戟、跑馬、射箭等，道光十二年（一八三二）鄉試為武科榜首。

道光十五年歲次乙未（一八三五），上京赴試。殿試時，起鳳舞動重達四十公斤的大關刀，上下揮舞，左右斬殺，周身靈活轉動，只見刀光閃閃，正起勁時，大刀脫手而飛，即將墜地，起鳳急中生智，飛腳一踢，執刀繼續揮舞，毫無破綻，技驚四座。

試後，主考宗師問：「莊生，此何技乎？」起鳳答曰：「魁星踢斗。」再問：「此系慣技耶？」起鳳答：「非也，乃一時失手之故。」宗師讚曰：「智乎，勇哉！」以忠誠可信、武藝超群、國之棟樑，批中武進士。

當晚，起鳳腳踝腫大，疼痛不堪，需破靴療養，為此，開始接觸醫學，熟讀《黃帝內經》，探究經絡氣血運行之道、作戰受傷療法及藥方，撰有《兵家醫療秘笈》，傳給習武子孫。

當時海盜時常入侵潮汕，百姓不堪其擾。起鳳為海門守備，驍勇善戰，多次擒獲海盜。歷任碣石都司、碣石左營守備、廣海遊擊、香山中營都司，擢升澄海參府等職，任內整肅軍紀，加強防衛，賞罰分明，百姓得以安居樂業，因平寇有功，賞戴花翎。

咸豐四年（一八五四）三月，潮陽陳娘康於石港山聚集農民萬餘人起義，四月時攻潮陽不下，轉攻陷惠來，並分兵協助許阿梅攻打普寧縣城洪陽。知府吳鈞派起鳳領兵至洪陽解圍，當起鳳和長子莊英才在北山橋與陳娘康、許阿梅農軍交戰時，吳忠恕聯合王興順，攻打起鳳守地澄海協，起鳳即刻率部轉戰澄海外砂、龍田、上埭、彩塘等地，調兵遣將，洞若觀火，直至平定戰局。起鳳被任命為海安遊擊，代參將之職，後誥授武義都尉，誥封武顯將軍、晉封振威將軍。然而起鳳生性率直，厭惡戰場殘殺，對官場腐敗現象尤為憤慨，盜寇平定、治安穩固後，解甲歸田。

同治七年（一八六八）出身行伍的方耀任職潮州鎮總兵，同治九年奉命清辦潮州積案，對抗租抗稅農民，燒殺搶掠；為追究陳娘康農軍抗官攻城一事，同治十年，將人口近萬人的大長隴鄉夷為平地；方耀之女探親路過上庵村，被盜賊劫去一只金手環，方耀以亂賊罪名連夜圍住村莊，全村七、八百人傷亡殆盡。為了營建自家宅邸，強行買地，毀馬院橋村，以「通匪作亂」罪名，大開殺戒，建起府第「德安里」。

方耀恣意妄為，對起鳳卻無計可施。方耀率兵查辦果隴鄉時，起鳳令鄉中各戶將鐵鍋搬至街巷刨去烟灰，幕僚建議方耀停止進兵，否則一進鄉里，兵卒多而亂，倘誤破鐵鍋，恐被控告為抄鄉劫舍，方耀只得收兵回營。方耀母死，擬葬鐵山起鳳家族祖穴，方耀與之商議，起鳳同意，但務求距莊家祖墓以大銃響聲聽不到為度，方耀知事不和諧，另擇他處葬母。

起鳳隱退後，長居進士第龍田書屋，在二樓一角，習書作畫，與同好陳寶深、孫治經、丁日昌等經常往來。畫風瀟灑，濃墨勾勒，水墨敷彩，獨創一格；書法遒勁聚氣，矯若游龍，展現將軍精湛功底，《百馬圖》冊頁題字：

莊起鳳畫作八駿圖。

餘素有畫癖，忖子登甲從戎，公餘常掭筆墨，歷閱丹青，不若水墨更壓其樸，今古稀之餘，借此靜邀清況，寫成百馬圖於退思深處，自量武人，粗書數字，聊伴冊末，須知用心之艱，當思守成珍惜，筆力所寫，性天之真，此物長存，餘志不朽。鐵峰老人起鳳題。

一次，起鳳在路上遇一老盲人，細心觀察後，畫下一個右手持杖，左手扶笛的賣卜盲人，題詩云：

行路步徐徐，不關是非事；賣卜兼吹笛，尺工上合四[2]。

起鳳的〈和合二仙圖〉，兩位僧人不修邊幅，袒胸赤腳、蓬頭垢面，盤膝而坐，看似顛狂，但神態謙和，相視微笑，流露出平靜愉悅、超脫世俗羈絆之情。〈張果老騎驢圖〉，畫中老翁手持法器，鬚眉皆白，皺紋滿面，神態自若，而驢卻精神抖擻，相映成趣。題詩：

老翁老生鬚眉老，倒騎長耳臨古道。
此中藏有玄妙機，只勸世人回頭早。
世人只是不回頭，空把此翁笑潦倒。

另一幅〈老子倒騎驢圖〉，題詩：

老子無聊歌長賦，野鶴浮雲誰聆悟；世人休笑倒騎驢，去時需記來時路。
物理枯榮不自知，人生百歲日飛馳；糞土黃金原一物，勸君何必較錙銖。

---

2 此句表音階名，工尺譜指傳統記譜法，用工、尺等字記寫唱名，為民間傳統戲曲藝人記譜方式。

公僕將相不如牧，日食千鐘不如鹿；山木盡曰無是非，誰禍來誰是福？
世事如棋仔細看，黑白滿盤勇退難；向前看者地步窄，向後看者地步寬。

鄰鄉烏石村有一棵老榕樹，名為「腰龜成」，經常有輕生者前往上吊。一天，起鳳帶著文房四寶，騎馬來此寫生，「進士爺來畫腰龜成」驚動全村，村民紛紛前來圍觀。起鳳氣定神閒，將榕樹的蒼勁盡收筆下，畫好後，在旁添上四匹駿馬，傳說上吊之事就此絕跡。

起鳳常畫的人物有三雄圖、皇曹開劍、關公閱卷等。其中一幅武聖關雲長坐在正廳，鑽研兵書，鳳眼、臥蠶眉、長鬍鬚，眼神凜凜，氣魄雄偉，彷彿自畫像。水墨畫〈八駿馬圖〉等六幅，藏於普寧博物館；〈九逸圖〉懸掛在進士第旁娘宮右側文物室中。上萬幅畫作除了贈送親友之外，五個兒子各給一大畫箱。

果隴娘宮門匾〈慈悲娘廟〉為起鳳所題，金匾〈力助一臂〉為起鳳所獻，以答謝娘娘恩德庇佑。另獻牌匾〈鯤化鵬程〉，懸掛於果隴三山大帝廟老爺宮。

詩云：

進士武園景致幽，茂林修竹潤如油。
春來紅杏迎風笑，夏至青蓮蕩水浮。
鳥語花香樓上聞，蟲聲蛙曲耳中收。
文韜武略勤操練，勝地功名自古留。
舍南舍北小河流，夜半聲書水面浮。

果隴進士第，圖右樓房原為進士武園，現改為果隴敬老院活動中心。圖上綠地原為進士花園。

也者之呼經史讀，平上去入賦詩儔。
三餘學足無暇日，八股文章有唱酬。
口誦心維須用意，惟勤是岸獨專修。

起鳳於道光十八年（一八三八年）建造進士第，親提東門樓匾額，兩旁對聯為「簪纓世胄、甲第家風」。建築群由正座、東廂、西廂、後廂、後閣、及東門樓和東四座構成，結構對稱，嚴謹雄偉，總面積二千八百多平方米，房屋一百間，為硬山頂瓦木結構，「百鳥朝鳳」格局。

入門為四百平方米大埕，正座坐北朝南，為大三開間三進三廳二天井，門上有「將軍第」三個石雕大字，照壁為五彩麒麟及八仙法器葫蘆、寶劍、蓮花、花籃、魚鼓、橫笛和玉板，兩側繪有麋鹿奔馳、雙猴摘果、吉祥五鶴等。

大廳壁上有一幅起鳳繪製的練武全圖，圖中人物分別為：練武石、舉石珠、舞大刀、開弓放射等，形態表情各異，題詩曰：「視爾英豪志氣高，從師習武莫嬉傲；弓刀與石皆磨練，定卜他年獨占鰲。」

兒孫牢記祖訓，勤學苦練，先後上京赴試。長子莊英才武技過人，隨父平寇，為澄海營千總盡先守府襲廕雲騎尉，鴉片戰爭虎門抗英戰役中為國捐軀，貤贈振威將軍；二子莊鎮邦，都司銜，貤封武功將軍。三子莊鎮藩同治乙丑科（一八六四）武進士，任福建、臺灣臺東協副將，驍勇善戰，在任期間，親帶兒侄隨軍助戰，抗擊外犯，防邊禦倭，屢建戰功，誥封振威將軍。四子莊鎮標，誥贈昭武都尉；五子莊鎮疆，例授昭武都尉；六子莊國名，早逝，贈武略騎尉。

莊英才之子莊家駒，膽識過人，最終歷血沙場，頑強拚搏，慷慨就義。莊鎮藩長子莊家荃為光緒已丑科（一八八九）武進士；三子莊家龍光緒庚寅恩科（一八九〇）武進士，官任欽州守府，因痛恨當局腐敗無為，積極參與革新派，力圖以身救國，保守派設鴻門宴，意圖謀害，中毒身亡；六子莊家斌中武舉人。

果隴莊氏進士第。

果隴莊氏進士第麒麟照壁，左右四支旗杆石座上刻莊起鳳、莊鎮藩、莊家荃和莊家龍四位進士之名。

第二章　篤學好古　闡幽發微

清朝末年，革命的烈火熊熊延燒，宣統三年（一九一一）農曆三月二十九日廣州黃花崗之役最為壯烈，失敗後，部分革命黨人把目標轉向長江流域，農曆八月十九日、陽曆十月十日，武昌起義推翻清廷，各省紛紛宣布獨立，清建重用袁世凱，鎮壓革命，十月外蒙獨立，民國元年（一九一二）中華民國臨時政府成立，孫文任臨時大總統，二月宣統皇帝溥儀退位，孫文辭職，三月袁世凱在北京就任臨時大總統。

中央政權更迭，地方動盪不安，鵬兒與父母至石盤山古剎明心庵避亂，此處地圓似盤，怪石嶙峋，老樹古藤，參天蔽日，景色清幽。每當日影西斜，祥雲縈繞，台閣與林木相互輝映，黃卷、青燈、頌經聲和夜半鐘聲，寧靜詳和，交織成世外淨土。師父為鵬兒說偈：「如來者，無所從來，亦無所去，故名如來。」、「見諸相非相，則見如來之義，亦由是而通達矣。」、「身是菩提樹，心如明鏡台，時時勤拂拭，莫使有塵埃。」鵬兒在此接觸梵典，學習梵語，師父評斷：「小子夙有慧業，惟多磨折，未可為世法，終必證道也。」

扎根舊學　偶獲報章　視為珍寶

亂事稍平，返回家園。育祥里四目所見，皆是古老智慧凝聚成的文明殿堂：牆上的彩繪與雕刻，彰顯人倫義理、忠教節義；壁肚古體詩對聯，音律工整、含意深邃；楹母八卦圖，傳遞天人之際、古今之變與世事無常。

世光經常指著屋內一角，和緩地說：「立天之道曰陰與陽，立地之道曰柔與剛，立人之道曰仁與義」。《易經》所謂「乾三連☰、坤六斷☷、震仰盂☳、艮覆碗☶、兌上缺☱、巽下斷☴、離中虛☲、坎中滿☵」，鵬兒

天鵬書院時期留影。

很快就牢記在心，《三字經》、《千字文》、《百家姓》、《弟子規》、《詩經》等，也能朗朗上口。

稍長，鵬兒和宗族子弟在黃氏天倫樂室學習四書五經、四史、諸子、唐宋詩詞及聲律，側重歷朝制度與治亂史蹟。按族譜書號輩序為雅字輩，名為「雅賜」，此時「黃鵬」成為學伴之間的正式稱呼。

塾師是中舉的秀才，教法嚴格，若未依規定背誦，便以薄板打手心、用戒方打頭、或以藤條伺候，一起上課的十幾位學童經常被處罰。黃鵬年紀小、玩心重，卻因早已奠下良好基礎，經常贏得誇獎，激發榮譽心，「三更燈火五更雞，正是男兒讀書時」，卯足全力將《史記》背得滾瓜爛熟，成為家族中的「佳子弟」。後至育祥里東馮祠私塾就讀，八、九歲時，便能摹仿《左傳》的論說和《史記》的記事撰寫文章策論。

潮州習武風氣盛行，流行的派別有李家教、朱家教、洪拳、蔡李佛等，部分武師融合各家學派，獨創新套路，「內練心神意氣膽，外練手眼身腰馬」，擅用刀、劍、槍、棍、扇、枴、傘、刀等各項奇門兵器，「觸即變，發如箭」，主張以力服人、以威取勝、硬打直上、勁透全身。

黃鵬曾練「萬人敵」，《史記・項羽本紀》：「劍一人敵，不足學，學萬人敵。」《三國志・魏書・程昱傳》：「關羽、張飛，皆萬人敵也。」然而黃鵬只喜研讀兵法及掌故，對於過招實戰，避之惟恐不及。

鄉中習俗，七月七日為曬書日，黃父取出書房內藏書，在炎日下曝曬，引起黃鵬的好奇，隨手翻看《三國志》、《水滸傳》、《西遊記》、《紅樓夢》、《聊齋誌異》等，深受吸引，無法自拔。課餘時便瞞著父母，在書房中消磨時光。

比對正史與野史，不同敘述方式及迥異觀點，耐人尋味！黃鵬進而搜集更多古藉以求得真相。所讀愈多愈廣，對文、字、句、詩、詞、章回、說書等奇妙的組合，來回推敲，興味盎然。偶然之間看到親友用來包裝的舊報紙，副刊上的雜談瑣聞，光怪陸離，有別於過去所知所學，自此，埋首於報章雜誌，自得其樂，塾師不以為然，反覆規勸。

民國八年，「五四運動」風起雲湧，引進德先生（Mr. Democracy）和賽先生（Mr. Science），高呼「外爭國權、內除國賊」，標榜全盤西化。這股維新潮流吹進了普寧流沙，黃鵬從家塾改進公益學校，此校過去為集益軒書齋，村人仍以學堂稱之。新式教科書字句淺顯、內容多元，校內閱覽室的汕頭報和上海報為獲得課外知識的主要管道，逐漸成為黃鵬的精神伴侶，開始將報上趣聞剪輯粘貼成冊，樂此不疲。

民國九年十二月，孫文蒞臨汕頭，黃鵬在父親至交胡漢民及鄒魯引見下，以學生代表晉謁，聽聞推翻滿清、建立民國的革命過程，加入中國國民黨，研讀相關書籍，決定苦學力文、赤心報國。

三都書院受到治安惡化影響，從鐵山南麓、練水之濱搬遷至馬公柵北郊。毓才與世光認為，新學固然為時勢所趨，然舊學為中國文化精髓，絕不能廢，三都書院雖然已改為三都高等小學，但仍保留書院遺風，聘請的教師皆為過去的貢生或留學生等，授以修身、讀經、格致、文學、史地、圖畫等課程。黃鵬轉學至此，跟隨國學大師吳國祥修習義理、考據、詞章等舊學，暑假時由宗師連階先生補習經學，包括《周易》、《尚書》、《周禮》、《儀禮》、《禮記》、《春秋》、《爾雅》等。

黃鵬年紀雖幼，所學所寫日漸堆積如山，「別人懷寶劍，鵬有筆如刀」。習作《韓昌黎守潮考》，內容為考證韓愈在潮州的治績，包括布政興學、驅鱷治水、廟食和文獻等，附韓文公傳記，儼然為名家論文，獲天聲出版社印行。筆記《讀史札記》，考證質疑春秋三傳《左傳》、《公羊傳》、《谷梁傳》、及四史《史記》、《前漢書》、《後漢書》和《三國志》，加以註解評判，亦獲出版。黃鵬成績優異，以第一名畢業，三都書院山長以恩師章太炎出國留學、增廣見聞為例，鼓勵黃鵬至鮀江學習外文與西方科學，開拓視野。

民國十年春，黃鵬至教會所辦的礐石中學就讀。英文老師是西方人，強調咬字發音，為了對答如流，黃鵬每天天未亮便帶著燭子到海邊，聽著海浪拍打岸邊，苦練發音，幾度將小石子壓在舌下，練習R的變音，四、五年後，已經能翻譯英文著作，並以流利的英文撰稿。

較傷腦筋的未曾接觸的數學，一遇難題，就想缺課。老師私下勸說，數學是科學之母，不管未來要當新聞學家或是文學家，都必須受過數學的訓練才能有敏捷的思路、縝密的考慮和正確的判斷，黃鵬在老師加強輔導

天鵬鮀島留影。

下，日日練習，總算也有好成績，可以說是「舊學商量加邃密，新知培養轉深沉。」

課餘之時，黃鵬將地方趣聞投稿至潮汕各報，倘若刊出，便滿臉笑容，反之，則抑鬱寡歡。學校教師見狀，視為校刊編輯最佳人選，委以重任。在汕頭開設《潮商公報》的親戚得知，邀約擔任訪員。為了兼職和學業有所區別，黃鵬以「天鵬」為名，在《潮商公報》撰寫學生文藝活動和教育消息；所作新詩發表於《天聲日報》，紅極一時，久而久之，大家稱黃鵬為「天鵬」。

天鵬暑假不曾返家，而是待在汕頭市內學習英文，課餘時至《潮商公報》，幫忙編輯整理校對稿件，報酬不高，但精神上卻無比滿足，夢想成為新聞記者，獻身新聞事業。具有實務經驗後，天鵬融合多年讀史心得，寫成了《史官與記者》，由史的起源、治史方法、史家四識，寫到了古今異同，包括記者和史官、新聞與歷史等，總結今日新聞即明日之歷史，因此，記者必須以史學精神，運用西洋傳播科技，創造中國新聞新時代，此書由潮商公報社印行，做為培訓記者的讀物。

閩南飄泊　北上求學　一生不變

民國十二年，反宗教運動興起，天鵬離開礐石中學，欲前往福建集美學校就讀，因舟船誤期而滯留廈門鼓浪嶼，在美華書院學習英文，學校中有同名者，因而改名「澤天」。院長林仲馥主持《思明報》筆政，經常講述辦報經驗，並且鼓勵天鵬到人文薈萃之都北京，繼續深造。

閩南居住期間，天鵬兼汕頭報館福建特派員，運筆風格逐漸跳脫逐字報導、有聞必錄模式，開始注意公平、公正、客觀與平衡。然而其中一篇通信內容得罪當局，受到警告；另一篇分析汕島報界雜亂衰落原因，飽受資深記者筆誅墨伐，幾乎成為攻訐。意志消沈下，曾想辭職改做排字，然而單調重覆性工作，背離志向，反倒是在集美圖書館中，搜集中外報章趣聞與新聞，從中獲得無窮樂趣，「斷簡零篇，珍若拱璧，殘缺不全者，粘補求全」。天鵬將日人松本君平所著《新聞學》、Edwin L. Shuman的《新聞學實務》等，結合自身實務經驗、衡量國內外報紙現況，寫成《新聞與新聞記者》一書。

閒暇時，數度徘徊於南普陀寺與鄭成功故壘，想起蘇曼殊詩句：「丈室番茶手自煎，語深香冷淚潸然。生身阿母無情甚，為向摩耶問宿緣。」天鵬志願和鄉俗習賈、習武不同，父母秉著傳統封建觀念，在新舊思潮衝擊下，要如何破繭而出？行雲流水一孤僧又豈只是蘇曼殊一人呢？

南普陀寺位於鷺島五老峰前，枕山面海。由山下觀之，琳宮梵宇，碧瓦朱甍，恍若蓬萊仙閣。漫步登山，岩泉清冽，洞壑幽深，林木蓊郁。至亭台瞭望，海天深處，碧波蕩漾。

為求明心見性，天鵬受心戒於南普陀，法號天廬，暮鼓晨鐘，研讀梵文與佛學，格守佛門「三皈五戒」，以求證得「不生不滅、不來不去、不增不減、不斷不常、不一不異」，此時起，為文喜用「黃梁夢」為名。對經書中摒離四相、無相修行等道理，雖能心領神會，然而，法由心生，心無所生，法無能住，天鵬抱負絕塵，念頭雜陳，不久即返俗歸鄉。

民國十三年蝴蝶飛舞、百花盛開的春天，天鵬回到育祥里，父母喜出望外，循著舊制，張羅婚事。受新思潮洗禮的天鵬，不願接受父母之命、媒妁之言，無奈之下，只能遠走高飛。友人清慧贈一枕，繡上四字：「鵬程萬里」，序曰：「天兄名鵬，展翼北溟，前途無量，贈此寄意。」梅華題箋：「盡忠報國」，載明：「天廬獻身報業，借此相勉。」

春天將盡，天鵬和同學楊新聲等一行人，搭船航行至京師；航行途中於上海靠岸停留，天鵬迫不及待前往望平街朝聖。大報館群聚於此，建築氣派雄偉、各有千秋，相較之下，閩粵報館顯得小巧精簡。初來乍到，人生地不熟，只能佇立街頭，嘆：「『報館』之牆數仞，不得其門而入，不見宗廟之美，百官之富。」

街上報販雲集，四處叫賣，天鵬仔細觀看報攤上形形色色的刊物，比較一翻後，買下幾份報紙，接著到四馬路書店選購書籍雜誌。離開上海，航行至天津的兩天時間，反覆將報紙精讀再精讀，每回都有迥然不同的體驗與趣味，形成了對上海報業的初步認識。

謁見孫文　文章報國　參與革命

天鵬在天津上岸後乘車至北京，計劃參與北京大學入學考試，到達時卻已經逾期。詢問之下，北京五私大之一的平民大學設有新聞學系，校長汪大燮延聘北大新聞學教授徐寶璜為系主任，各科教授皆為泰山北斗，聲勢浩大，因此退而求其次，進入平民大學就讀，師從徐寶璜、邵飄萍等人，得以出入北大圖書館。

京師報紙編製較上海精彩，社論記事出自名家之手，同學當中許多人已經在報館兼職。天鵬從地偏一隅的嶺南跳轉至千年文化古城，頓時感到前所未有的渺小，暗下決心，力爭上游，以求得一席之地。未料接獲家鄉長輩來信規勸，直指：「大學學科若干，精一均足鳴世，惟業新聞，恐非安身立命之道；夫責重薪薄，無供仰俯，數黃論黑，易肇罪戾；往事若《蘇報》章太炎、鄒容之陷於縲絏，《時報》遠生海外之及於奇禍，足為後事之戒。」天鵬置之不理，反倒認為，書生謀所建樹，端恃筆刀，並以《醒獅》週報創辦人曾琦病中編報，口占一絕為例：「書生報國無他道，祇把毛錐當寶刀，心血未完終欲嘔，病中握管敢辭勞。」

天鵬換上西裝、打著領帶，北上求學。

在祖父至交曾習經引介下，天鵬前往拜會梁啟超。曾習經又名曾剛甫，號蟄庵居士，生於同治六年（一八六七），廣東揭陽棉湖鎮人，為嶺南近代詩壇四家之一，梁啓超讚譽為「有清易代之際第一完人」，丘逢甲稱：「四海都知有蟄庵，重開詩史作雄談。」

梁啟超，別號任公、飲冰室主人，為廣東新會人，跟隨廣東南海康有為推動變法維新，創立學會，發行《清議報》、《新民叢報》、《政論》、《國風報》等，擔任主筆，在文壇最大的散文流派「桐城古文派」中，另創「時務文」體裁，因具深厚國學根

天鵬北京留影。

柢，又涉獵西洋新知，文體新穎，筆端帶著感情，思想富啟發性，讀者著迷，風靡海內，社會視聽為之一變。

會面時，天鵬呈閱自己發表於報章雜誌的匡時論政之作，梁啟超大為賞識，揮筆書寫「天地皆春色，乾坤一草廬」，後由南海先生撰為對聯。天鵬奉為珍寶，懸掛壁上，勉勵自己效法梁啟超。

民國十三年底，孫文為謀求和平，從廣州至北京，與政界共商國事。天鵬和國民黨同志於十四年初，往前拜見孫文，參與黨務，協助革命宣傳。

孫文北上期間，東江軍閥陳炯明認為有機可乘，與北洋軍閥和英國帝國主義勾結，以推翻國民政府、重掌廣東政權為目的，籌劃由粵東進攻廣州。國民革命政府組成聯軍，出兵討伐陳炯明。天鵬匆促返鄉，與族人共同參加棉湖之役，由於對潮汕地形瞭若指掌，在戰役中，負責偵報敵情，建立戰功，國民黨中央頒發「致力國民革命著有勛勞」證書，勛字七三二號。

五四運動以來，知識分子大抵為兩派，多數主張效法英美兩國自由、民主、科學之路，卻從未有統一的行動或組織；另一派堅信共產主義，人數雖少，在蘇聯主導下，宣揚攻勢萬分凌厲。列寧取得政權後，頻頻對中國示好，號召無產階級鬥爭，反抗資本主義，鼓勵工農革命，孫文公開主張「聯俄容共」。身為孫文信徒，天鵬醉心於探討社會主義，認為階級鬥爭是社會中不可避免的事實，最後會導致無產階級革命：

> 資產階級搾取勞動者的血汗，攫奪剩餘價值，可不勞而食過著淫侈縱慾生活。工人農民終日勞動，尚有飢寒之處，失業者卻飢不能食，必然反抗，形成階級鬥爭。
>
> 反帝國主義和階級革命有密切關係。帝國主義宰割國外無產階級，先將國內無產階級血汗吃乾抹盡後，再將範圍擴張至國外，壓迫弱小民族的全部民眾，因此，被壓迫民族及帝國主義中的無產階級，都應

該一起反帝國主義。

民國十四年春，位於上海和青島的日本內外棉等紗廠，上萬名工人抗議被毆打、虐待而罷工，五月三十日，二千多名學生為援助工人，在公共租界演講，遭英巡捕開槍射擊，死者十一人，為「五卅慘案」。事件逐步漫延，六月，香港、廣州華工二十多萬人參與罷工，二十三日舉行示威遊行，行經沙基，遭到英法機關槍掃射，軍艦砲轟，死者近百人，傷者五百多人，為「沙基慘案」。

「反帝國主義野蠻屠殺」口號響遍全中國，北京五十多個團體組成反帝國主義大聯盟，導致北方軍閥大混戰。民國十五年三月十八日，北京五千多名學生和市民，在天安門前舉行國民大會，反對八國通牒，抗議日本軍艦侵入大沽口炮轟國民軍，要求驅逐八國公使，廢除一切不平等條約，電請國民軍為反對帝國主義侵略而戰。群眾結隊前往段祺瑞政府請願，遭到軍警排槍射擊和大刀砍殺，死者四十七人，傷者一百五十五人，是為「三一八慘案」。

天鵬幾位同學參與遊行受傷，其中，從未在校外宿的范士榮晚上沒有回到宿舍，隔日校長與同學前往認屍，抬回靈柩。天鵬站在風雨操場，看著范士榮僵硬的身體躺在一具薄薄的棺材裡，槍彈由額前穿透，整個頭顱都是污血。兩人曾在同年級聽講，又常同桌討論文學與創作，前一晚才在食堂對坐用餐，笑談古今，此情此景，情何以堪！繼而想到士榮的父親一年前才抱恨黃泉，留下老母、妻和子女。天鵬義憤填膺，憤世嫉俗之青春悲歌，一發不可收拾：

狗強盜們，今天打，明天鬥，不知葬送了多少同胞手足的生命。依附在狗強盜勢力下的資本家與貪官惡吏，既剝我們的皮，又吮我們的血……誰不愛生怕死？然而在四方受敵、八面被侵的環境裡，還有生存的希望嗎？革命先

青年天鵬，神色堅毅，好打抱不平。

一臉稚氣的天鵬，求學之餘，為各大報撰稿。

驅感受到同胞手足所受壓迫蹂躪，為爭脫宰割而革命，謀求後世子孫之幸福，居住在這世界，應該永遠記得為追求理想而命喪黃泉的烈士。

當時流行的兩大議題，一為社會主義，另一為婦女解放。天鵬極欲從舊社會解脫，大量翻譯婦女運動宏篇論述，包括南非小說家須萊納爾《婦女與勞動》、理論家吉爾曼《婦女與經濟》等，倡導婦女平等與經濟獨立。

留法怪傑張競生帶來新思維，他在北大主講「美的人生觀」及「美的社會組織法」，熱情邀約天鵬參加藝人華林舉辦的聚會，以喝咖啡談文藝取代北京夜間花天酒地生活，兩人深夜對談印烙腦海，激發天鵬探討傳統社會引以為忌的兩性話題：

《禮記．禮運》稱：「飲食男女，人之大欲存焉」、告子曰：「食色，性也」。梵文中，印度造物主Twashtri取月亮的圓形、爬籐的曲線、卷鬚的纏綿、芳草的顫危、蘆葦的細弱、象鼻的尖長、日光的愉悅、陰雲的愁淡、迴風的變化、兔的懦怯、虎的凶暴、孔雀的虛榮、火的灼熱，雪的寒涼、蜜的甜美、鵲的聒叫等，把一切雜柔起來，造成女子，把伊給了男子。男子與伊同居後，既苦惱又快樂；既想離開伊，又放不了手，輾轉反覆。

在西方，自亞當和夏娃時代，男性渴求女性，卻又卑視女性，Woman成了man的附體；在東方，彷彿「兩儀既判」初始，造物者將人類劃分一道濠溝，清而為天，濁而為地，兩性關係演進中，既求諧和又相互排拒，逐漸捨肉趨靈，重天理，輕人欲，更有尊卑之分，女禍殃國之說，歷史上國后掌政而遭排斥，不知凡幾，《論語》子曰：「唯女子與小人為難養也」可見男女地位不等。

天鵬指出，在宗教政治上，經過極力奮鬥後，已獲得忠實與自由，惟獨在性的領域，未有革新，假設喪失性的本能，萬物之靈在地球上便要絕跡。現今應該正視男女之間無可隱忍的生理需求，解放「性的思想」，以正面態度，探討本能上的欲望，不需裝腔作勢，表面否認、避諱，實際秘密尋求性的滿足。

慎終追遠　建雲曹祠　念祖父德

天鵬北京就讀期間，黃父規劃在家鄉馬公柵籌建黃邦彥祠堂。邦彥有生之年，致力於建設以祖業升益居與觀山樓為中心的育祥里院落群，各房毗連而居，易於控制門戶，維護治安，管教兒孫。後因家族繁衍，枝葉碩茂，需要規模更大的院落群，逐步收購村西親仁里前、東心溝頭坅仔片土地，然而天災人禍，相繼而來，人心惶惶，訂約過程受到重重阻礙，未能全部實現。

邦彥過逝後，黃父決定在已收購的空地上，打造藝術與追思兼具的仿宮殿式祠堂，親自到潮陽各地考察，聘請能工巧匠，細心規劃。命名上捨棄潮汕慣用的「黃公某某祠」，而採「雲曹黃公祠」，門匾由天鵬在北京重金聘請書法名家揮毫，兩旁飾以浮雕人物。

祠堂正中為凹斗門樓，門廊採用環珠條狀圓柱，大門兩側各安一座石鼓。壁肚為整塊成片的平滑海石，光可鑑人。立軸式石刻書法為曾習經所撰嵌字聯和偏聯，各為：

旭日螭龍騰碧海，昌期鴛鷟翽春郊。

里忭塗懽朝熙門穆，珠搖珮動雲舞天歌。

雲曹黃公祠。

兩側牆肚各有一幅長形陰刻石竹圖，題字：「清竹挹節，東坡居士筆法。」大門後匾石為普寧縣長張五雲所撰〈黃雲曹公祠記〉：

雲曹公與余有金蘭之誼，距公歿十餘稔，如侄維勇等昆仲九人建堂祀公，額其堂曰旭昌，所以妥先靈詠孝思也。公幼孤，由母陳太恭夫人教育成立，仁孝出於天性，其持躬以正，治家從嚴，訓子以義方，待人以禮讓，皆足為鄉黨矜式，積德必昌有由矣！夫富有之業，得之匪易，保持之艱，雖今諸侄能繼繼繩繩，箕裘克紹，甚喜也。公德備一耳，祀享萬世，其有廟也宜矣！

內壁肚為梁鼎芬所撰，正幅〈黃邦彥行誼〉及偏聯分別為：

善治詩書，識其大義，通其徽言，
嗜學天人遠出，夫記誦辭章之末。
無間仁孝，怡以承懽，恭以養志，
報親揚顯不惟，夫晨昏服勞之文。

多子多福如河東之鳳，有德有壽介兕觥之觴。

梁鼎芬，廣東番禺人，光緒六年（一八八〇）進士，張之洞任兩廣總督時，聘為肇慶端溪書院院長、廣雅書院院長。曾習經與兄長曾述經均由地方選拔入廣雅書院深造，而結下師生情緣，三人皆與黃家熟識。

雲曹黃公祠堂號旭昌，取意邦彥九子，前程似錦，如同旭日東升。供奉著祖宗牌位的神龕，上為雙鳳立體浮雕，繁複細膩，纖毫畢現；下為「茂叔愛蓮」與「伯牙攜琴訪知音」繪圖，黑漆為底，飾以金箔，流光溢

旭昌堂神龕。

彩，金碧輝煌。

屋頂橫樑上以通雕、平雕、半浮雕、泥金漆彩、水墨淺絳等方式，塑造出龍獅鳳鶴、蟲魚走獸、海潮蝦蟹、神鳥花草等，配以茂盛枝葉、祥瑞雲紋及象徵福壽綿延的盤曲編結。

在構圖處理上，模仿中國畫作與戲曲舞臺方式，利用山巒曲徑、亭台樓閣遠近佈局，分割為不同畫面，透過前後左右，上下重疊，表現出不同時空的歷史故事，情節複雜，繁而有序。人物神韻，逼真傳神，某些部位適當誇張，如眼部加深、鼻子加高、口部突出等，抬頭上看，恰到好處。

祠堂樑柱、門框、門肚、牆裙等，皆為花崗岩，以榫卯形式搭建，石雕施以彩繪，宛如工筆畫。大廳石柱取梭型加絲瓜捻。屋脊上鳳尾雀翼，嵌瓷鳥獸，在陽光照射下，白如玉，薄如紙，明如鏡。檐下牆壁裝飾以立體花卉鳥獸。

雲曹黃公祠集潮州工藝精華。

黃氏樂天室。

黃氏樂天室座落於雲曹黃公祠旁，六幅壁肚聯文，分別為篆書、隸書、草書：

大雲五色氣上騰；少微一星光下燭。

退之工文辭，學者從而師事；司馬相中國，遠人服其威名。

清和極品同齊惠；俯仰文情及左遷。

巧遇千葉　報界隱士　助鵬展翅

天鵬在北京，閒暇時經常在古城漫步或徘徊於淨業湖上，數次遇見一位道貌岸然之長者。一日，天鵬在匯通祠前賞荷，金輝斜照，遊客已稀，又見長者流連於此，兩人相視而笑，隨意攀談，緣至而聚，緣散而離。中秋三五夜，天鵬自西山行經城腳，兩人再度邂逅，長者住處在幾步之遙的東衖，邀請天鵬進屋休憩。

屋宇幽僻，煮茗夜談，千葉老人談起了自己的生平：年少時憤恨清廷朝政不綱，毀家辦報；倡導革命，得罪當局；亡命東瀛，持續撰文；改朝換代後，隱居故都。古道熱腸，卓然有成，足以與飲冰室主人相提併論，卻不求聞達，告之，窮其一生潛研新聞、辦報經驗，可為前車之鑑。

一晚，千葉老人造訪天廬積水潭旁住處，見環境清幽，景物芳菲，桃紅柳綠，小屋雅緻，入門見一對聯，為梁任公書、南海先生題「天地皆春色，乾坤一草廬」，壁上貼滿日報及畫報，家具擺設多為香樟多層鏤空雕刻飾以金箔，不乏明清古玩奇珍及尺素簡牘，不禁開口：「硯田所穫幾許，乃自奉若斯？」天鵬笑道：「家有百畝之園，不恃筆墨為生。」千葉老人勸告：「物力艱難，祖遺何足以恃？君有志於新聞事業甚善，然此道不易安身立命。似此起居，來日何以處於清寒生涯。」天鵬少年氣盛，向來肥馬輕裘，未免在心底笑老人之迂。

天鵬湖心亭留影。

天鵬課餘從平民大學師長徐彬彬和顧君義兩人學習京調曲本。徐彬彬，光緒十四年（一八八八）生，別署凌霄漢閣，為著名記者與劇評家，文風結合時事、經史和掌故，夾議夾敘，與黃遠生、邵飄萍並稱撰述界三傑。顧君義，光緒二十一年（一八九五）生，又名顧名，自稱紅葉山房主人，對戲曲有獨到見解。

京劇在清朝時期受到皇帝的喜好在宮廷內快速發展，以生、旦、淨、丑類型塑造劇中人物，主要腔調為西皮和二黃，伴奏有京胡、月琴和鑼鼓，唱腔悠揚委婉，表演以形傳神，處處入戲，為中國戲曲三鼎甲榜首。民間廣為流行的為崑劇，曲風纏綣纏綿，如石磨流水般細膩，有「水磨腔」雅稱，表演形式豐富，身段具舞蹈性，與唱腔曲詞緊密扣合，有「百戲之母」美譽。北大校長蔡元培、平民大學教授王小隱、名記者張季鸞等人，皆是戲曲迷，天鵬受到影響，觀賞之際，也鑽研劇本、角色、臉譜、表演、音調、場子等。

在師長介紹下，天鵬將京中不能發表的新聞和政海秘聞異狀，以舊學方法整理成特約通信，供給報館，風靡一時，很快地成為京師的名記者。由於所得不高，另以筆名投稿，寄出後便如同舉子望皇榜般天天翻讀，沒想到總是失望收場，甚至連數篇嘔心瀝血之作皆被原封不動地退回，只能勤於比較各報，鑽研風格、取材及筆法，依樣畫葫蘆，期待作品能夠被認同。後來認識了幾位大報的主筆，主動邀稿，天鵬把被退回的稿子略加修改送去，居然一一刊出，並來函讚美「題材新穎、文字流暢、請源源賜稿」等，天鵬大驚：「原來虛名有這種的好處，知名的劣品成為名著，不知名的傑作只配做字紙簍的材料。」

天鵬攝於北京住處。

在興趣驅使下，天鵬至報館擔任編輯，開始了半工半讀生活。夜深人靜、古城酣睡時刻，天鵬正精神抖擻，為明晨出刊的報紙，全力以赴。

每天大約十點到達報館，先逐一翻讀編輯臺上的稿件、訪員投稿、通信社稿等，將值得刊登的新聞剪貼好，再用紅筆編製，日出兩張的報紙大約兩、三個鐘頭可以完成作業。在編製過程中，新稿件隨到隨發，一個多鐘頭後，校樣送來，仔細鑑定察看，便完成編輯，淩晨一、兩點左右離開報館。回到寓所，因工作疲備，倒頭便一覺安穩的睡至上午九點，精神還未恢復，便趕到大學上課。此時，還兼任兩家大報館北京通信以及地方通訊記者，為文署名「鵬」、「天鵬」、「天廬生」。

天鵬收入漸豐後，期待自己有所作為。心中揣測，泱泱大國，新聞歷史源遠流長；幅員遼闊，各地風土民情不同；歷史劇變，政治勢力紛雜交錯；新聞事業牽涉層面至繁且鉅，新聞學研究卻乏善可陳。天鵬決定為新聞學，開疆闢土，聚沙成塔。

春雷乍響　新聞學刊　醍醐灌頂

民國十五年落葉繽紛的秋季，天鵬自號「黃一天」，與同窗河北「張一葦」、西蜀「王一心」，合稱「三一」，成立「北京新聞學會」，二大宗旨，一為探索新聞學術；二為發展全國新聞事業。學會為純粹學術團體，分股辦事，通力合作，致力於調查新聞事業、籌設新聞博覽會、發行新聞學刊等。定期舉辦演講，聘請著名學者擔綱，有汪大燮、徐寶璜、徐彬彬、顧君義、教育總長黃膺白等人。

在飄著雪花的冬天，天鵬提出創辦期刊的構想，經學會大會討論，同意刊行，定名為《新聞學刊》，英文譯名為The Publication of Journalism，舉凡訂例、徵稿、印刷、發行，皆親力親為。分工方面，文案為雅擅書翰的王一心；經營由擅於擘畫的張一葦；擬定主題、邀稿、編輯、校對等重責由天鵬一肩挑起。

為求盡善盡美，天鵬求教於徐彬彬、顧紅葉等前輩，事先推敲，列出學會演講時程、刊物主題與內容等，特約徐寶璜、戈公振、周孝庵、徐彬彬、馮武越、李昭實、吳貫因、鮑振青、王小隱、吳天放、孫幾伊、夏奇峯、王一之、汪怡等名家碩彥，依個人專長領域撰稿，由徐寶璜出面以「八行書」邀約。千葉老人將畢生辦報經驗，傾囊相授，並罄其所有珍貴書報，贈與天鵬研讀。

中國第一本全國性新聞學術刊物《新聞學刊》民國十六年問世。天鵬以史家觀點，紀錄新中國報業成長軌

北京新聞學會發起人，右起黃天鵬、楊新聲、黃宗緝。

跡；廣徵撰述，邀請有志一同者，共襄盛舉。刊物內容集中於介紹國際與國內報業現況、提出新聞紙各種疑義，從理論與實際兩個面向，探討新聞事業，期盼學刊具有流傳價值。

創刊號忙亂中發行，臨時變更排印樣式，初版封面移用報界奇才黃遠生[3]遺照，再版改回原定之《京報》與《邸報》，註明：「春雪初霽，閒行冷攤，驀見《京報》，百年故物，求之十載，偶然竟獲。《京報》之名，以愚所知，始於有清，即昔之《邸報》。或謂淵源甚古，已著名於周時，其說云日本楚人冠著《新聞紙學》，謂中國周時已有官報，曰《京報》，去今三千年，斯世界新聞紙之濫觴。」

稿件沒有酬金，卻得到熱烈的支持，隨著刊物正式發行，愈來愈多的學者和報社主筆加入撰稿行列，名家齊聚，陣容堅強，封面題簽包括徐霄漢、李昭實、吳貫因、王小隱等，內頁照片為名人身影，包括黃遠生、邵飄萍、李昭實、徐寶璜、鮑振青、吳貫因、王伯衡、冰心等。涵蓋層面既深且廣，通論與實務並存，成為了解當代新聞最佳入門刊物，徐彬彬任大學新聞講座教席，就是以《新聞學刊》為教材。

做為刊物發行人和主編，天鵬展現了鍥而不捨的毅力與精神。為了邀稿，費盡心思，親自走訪作家及請託相關人士。

民國十五年四月被槍決的《京報》社長邵飄萍[4]不畏強權、犧牲生命，成為時代傳奇。天鵬由顧紅葉的介紹認識了邵飄萍同事吳先生，請吳先生轉達邵夫人湯修慧，商請她撰寫邵飄萍小傳，並協助整理遺稿。天鵬校閱後發現，邵飄萍新聞學著述已經刊行兩本專集，其餘手筆，多屬於時事，為了避免年久散佚，彙編增刪後，歸類於「新聞事業篇」和「新聞學類稿」，一一刊登在《新聞學刊》。

3 黃遠生，光緒十一年至民國四年，原名基，字遠庸，江西九江人，兩年內連中秀才、舉人、進士三榜，辛亥革命後，創辦《少年中國》周刊，編輯梁啟超主辦的《庸言》雜誌，任《申報》、《時報》、《東方日報》駐北京特約記者等，擅長寫新聞通訊，記載詳實、針砭時弊、為民請命，文風流暢幽默，袁世凱准備復辟時因反對帝制，在美國舊金山被暗殺，年僅三十一歲。

4 邵飄萍，光緒十二年至民國十五年，字振青，號飄萍，浙江金華人，民國元年與杭辛齋合辦《漢民日報》，因反袁世凱，三次被補入獄。民國五年任《申報》駐京特派記者，創辦「新聞編譯社」、民國七年辭去《申報》職務，創辦《京報》，民國八年參與五四運動，八月遭通緝，《京報》被查封，赴日避難。民國九年直皖戰爭，安福系政府垮臺，重返北京並復刊《京報》。民國十五年報導三一八慘案被政府通緝，後被張作霖、吳佩孚主導的奉系軍閥逮捕，四月二十六日被槍決。《京報》一度停刊，後由夫人湯修慧繼承。

對於拖欠稿子的名家，天鵬自有妙方。在〈編校者言〉中歌頌「名家著作皆具傳世價值」，筆鋒一轉，提到國際專家孫幾伊原本應允寫一篇〈各國對華態度研究〉，後來因為忙不過來，只好等在第二期了，「未能在外交紛擾劍拔弩張之時拜讀『一針見血的觀察』，實感抱憾。」孫幾伊讀到此文，即刻動筆，從中日戰爭寫到俄、英、美、日等國立場，洋洋灑灑，一氣呵成，達八、九頁之多。

為增加稿件來源，刊物免費贈予作家與投稿者。名記者周孝庵贈書給天鵬並欲訂閱《新聞學刊》，天鵬公開回應：「春得賜書，遲答為罪……尊處定閱，可作罷論，此後當按期郵呈，並求鴻著，以光篇幅。粵諺云：『和尚餅吃不得』，新聞記者一贈報，即是索稿，本刊白閱者聽著！」

在報章雜誌讀到佳作，天鵬觸類旁通，擬定題目邀稿，例如，在《大公》、《國聞》讀到王小隱〈新樂府〉，立即商請倣制〈報樂府〉、〈報友錄〉、〈投稿嘆〉等趣味雋永之小品。

特定主題、可光篇章之稿件，有多種呈現方式，包括訪問、改寫、演講記錄等。天鵬欲刊登徐寶璜大作，恰巧徐寶璜南下，短期內無法聯絡上，變通策略改由同學整理課堂筆記，在備註附上「未經講者校閱，大體不失原意只是略為簡單」。獲徐寶璜稱讚應變得宜。

對外徵文，鎖定主題為報業現狀、名記者傳、評論等；人物傳略歡迎作者自述投入新聞業動機、過程、家世、閱歷、事業、軼聞等；其它篇幅包括翻譯、通訊、小品、報業相關藝文等。為讓讀者興致盎然，筆觸強調事實與趣味鼎足並立。

中國內地交通不便，與大都市隔閡頗深，缺少普遍性調查，北京新聞學會在各大都市設辦事處，邀約各地同志協助普查。在北京設有新聞展覽室，羅致各報章、雜誌、出版品，提供閱覽。

學會成員包括平大新聞系及北大新聞研究會科班出身的記者，包括《世界日報》張友鸞和左笑鴻、《心聲晚報》高拜石、《新生晚報》朱綸等，各個年少有成，皆為報業之星。會員定期集會，齊聚交流。其中一場盛會，仿〈蘭亭集序〉寫下：「五月十九日，都門從事新聞業者，宴集于北海五龍亭，群賢畢至，觥籌交錯，高談闊論，妙曲清歌，極一時之盛！夕陽西下，於濠濮間攝影以為紀念。」

文字獄興 時輟時耕 命運多舛

天鵬及學會同仁不曾有營利經驗，籌劃出版事宜時，坊間書商紛紛表達協助意願，大夥興高采烈，一致同意交由專業負責。書生壯志凌雲，以發揚文化為前題；商人惟利是圖，錙銖必較。雙方洽談細節時，僵持不下，難以達成共識。例如，某位書商謀求版稅百分之二十五，學會同仁以「不思回饋讀者，卻替書商發財」，不願同意；某一書局願意擔任總經售，言明必須打五折，好似銷售的多寡在於折扣高低，而且外埠部分無法承擔，只能作罷。天鵬抨擊：「昨日出版界，症候問診記，病在腦與腹，腦算盤聲喧耳而智昏，腹銅臭氣結而文化滯。」

為了擺脫商業控制，天鵬規劃成立「一新書局」，自行經營——規模無妨小，資本不用多，由作者與讀者共同營運，如此一來，作者不受書商剝削，讀者享有購讀的種種便利。第一步先集資募股，第二為選擇合適的地方組織學舍，代售書報。組織方面，由富有經驗的同志擔任經理一職，其他雜務由駐學舍的同志和學舍的夥計兼差幫忙，儘量節省開銷，營運成本來自書刊的銷售費用，最壞的打算下，就算無法盈利，也不致於犧牲股本。

受限於《新聞學刊》出版在即，成立書局緩不濟急，權宜之計為學會先行設立發行部，主事者為古燕韓氏，因不能常駐，加上北京新聞學會會址荒僻，為了方便同仁辦事，天鵬將住所南房暫時騰出，刊物通訊處印上了「什剎海松樹街十五號天廬」。

部分讀者來訪，見大門深鎖，以為擋駕，來函指責。天鵬為此喊冤，稱住處非代售處，自己「鎮日街上瞎走，都中所謂『跑腿兒』，不是老闆」。為服務讀者，同時也考慮松樹街距市中心仍有一段距離，發售、推銷、收款等事宜皆臨時僱役奔走，費用高昂，因此，四處尋覓合適的會址。

考驗接踵而至，《新聞學刊》原先設定為月刊，第二期送廳檢核，卻突獲通知必須向官廳立案。天鵬備齊了各項資料，送件審查。等候期間，學會同仁輪流至官廳查看批示，一天，見到「未便遽准再行呈報核辦」，又重新送件，幾個人在炎炎赤日下奔走，輾轉託人查看進度，卻毫無音訊。

此時名刊叢立的北京興起了文字獄，就連學校講義也必須檢查後才能付印。《新聞學刊》曾登出邵飄萍的遺照與遺著、預告將刊登《黨化與新聞》、《論京報復活之事》，受到監視：「頃忽有人際此滿城風雨，投匿名帖相嬲，致勞邏者光臨；幸爛書禿筆外，別無所獲，鹿終非馬，當然得釋！」

「避席畏聞文字獄，著書都為稻粱謀」，天鵬停筆沈潛，輟耕待時，辭去報館特約通訊、地方通信和編輯記者所有職務，財務困窘隨之而至，只好投宿什剎海古廟，不聞世變。白天在廟中抄寫緣簿，做為廟中伙食；夜晚受雇為人抄書，以賺取學費，自嘲為「傭書奴」，入不敷出，想起千葉老人所言，感嘆萬千，心想：「最初是人拚命要辦雜誌，後來卻是雜誌辦得人拚命」。

天鵬荒剎面壁，意外接獲京師員警廳通知——《新聞學刊》經過半年來的審查，「敕查所報各節尚屬相符，准予備案」，批示第三七六號，並刊載京師《員警公報》及各大報。既經官准，滿心歡喜，以為日後可依期出版，沒想到又接獲一函：「會刊應遵出版條例，另行呈報候示」，因此，再度呈案送件，等候核發執照。

千葉老人得知情況，慘然相勸：「昔我語子者若何？然子技可以應世。」引薦天鵬至報館執役，執筆八行書：「國事日非，養才無力，好學之士，坐令所失，為世惜才，惜資心疚。竊吾報界，人才冷落，一二有志者，今為衣食，遽棄所學，公館月盈幾萬，為人才計，義無容卻……」

主筆動容，破格錄用，薪資優渥，夜間只需到館視事三小時，殷切囑咐切勿荒廢學業。然而天鵬不善應對、靜穆自喜，同事批恃才傲物，閒言閒語，不能相容。三個月後，天鵬告假離去，愧對老人，留下書信辭別，老人回覆：「世道荊棘，好自為之，時報佳音。」

盛夏來臨，粵東舉行一場別開生面的夏令會，以普寧的別名「洪陽」號召鄉中有志青年從事地方建設，改進鄉村基礎設施。天鵬在千葉老人資助下籌得旅費，七月時，循著京漢路經漢口下長江，回到家鄉參與夏令會，出版《洪陽》月刊，由普寧留京學會印行，內容為農村改造、鄉土文獻、先賢傳記、文藝、遊記、民歌、東瀛風情通訊等，淺顯易讀，適合鄉村民眾。

大會結束後，天鵬取道金陵，經津浦路北返，行程所見撰為遊記，發表在各報章雜誌。返回北京後靜思，中國新聞學著述大多譯自外文，倘若直接至海外求學，有助於擴展視野、豐富學識，決心至日本深造，考察東瀛新聞事業。

初秋，楓葉開始轉紅，天鵬著手整理發行部事務，損失超乎預期。《新聞學刊》第二期出版後，發行部數易新主，韓氏離去，先後請譚氏、石氏諸君代勞，書生不擅籌措計算，部務彌紊，「負人者括囊以償，人負吾者莫之奈何」，虧累日益增多，加上都門勸業場夏季毀於大火，經售處付諸一炬、各校經售點撤離，售款存書無法追討等原因，出版基金耗失殆盡。

為彌補虧空，天鵬以計字論值之稿費抵償，並出售竭盡十載之力收藏的珍貴史料。上千篇詳細分類的文獻，訂為三編：《新聞學著述彙集》、《新聞事業剪稿》、《報界雜纂》，附有編目、索引、說明、考訂，內含新聞學著作、英日文稿以及最古老的《京報》、《邸報》、《宮門鈔》、《政治官報》、《內閣官報》、《中西見聞錄》、《華字彙報》、《蘇報》、《民呼報》等，另有成本三十二冊，大部分是海內外孤本。天鵬欷歔而嘆：「困食山空，所藏相繼換開門七件去，深秋典售所有既盡，而此心愛之書尚抱殘以自娛。然饑不能食，寒不能衣，生計迫人，忍心割愛，以度殘生。若貧不為累，假吾餘暇，稍事整理，定可裒然成帙。」

正當天鵬收拾行囊，預備東渡時，張一葦與親戚姜墨齋籌劃創設「新書林」，作為國民黨人士集會之所，黨國大老張繼見天鵬樸實剛毅，期許為忠貞幹才，請天鵬暫緩行程，協助新書林編輯事務，等粗具規模再行東去，雙方訂下互惠合約，《新聞學刊》發行銷售由新書林包攬。

北京文化學術中心在西南城，新書林預定在宣武門至西單牌樓間選址，權衡後，落腳於頭條胡同二號，此處為西長安街雙塔寺後，為金時大慶壽寺遺址，舍利屹立，檜樹夾院，塔影林光，別有天地，為四通八達之城市山林。歡天喜地著手整頓時，屋主以時局多變加以阻撓，雙方意見不合，幾乎要鬧上法庭，只好另覓新址，由於首次租屋租金三倍，包括一房一茶一打掃，損失超過百金，一切印有地址之用品皆作廢。後遷居宣武門內糖房胡同，十二月一日營業，民國十七年元旦正式開幕。

粵變鬼城　燒殺擄掠　血流成河

天鵬在北京求學期間，潮州革命鬥爭如火如荼地展開。民國十五年一月中國共產黨普寧縣支部成立，十萬農民在支部領導下，圍攻地主。縣民在汕頭各報刊登廣告，告知武裝農民部隊埋伏路邊、截搶貨物、聲勢洶洶，誠恐旅居外地者不知，一旦還鄉，恐中途遭遇不測。

民國十六年四月，普寧縣四千多名農軍發動武裝爆動，第二次圍攻普寧縣城。五月，潮陽普寧農團奉共產黨首領彭湃命令，兵分兩路起事：一路由普寧至潮汕；一路由海陸豐攻惠州，進軍省埠，組勞農政府。

在此同時，中共前敵委員會在南昌組織軍隊，進行武裝革命，葉挺、賀龍率領的國民革命軍第二方面軍和朱德主辦的軍官教團為主力軍，八月一日發動進攻，三日至五日撤離南昌，隱蔽在普寧的中共幹部，在東江特委委員楊石魂召集下，在三都書院集會，建立武裝部隊。九月，南昌起義軍由福建進入廣東，二十三日先後進入潮州和汕頭，二十四日，第三次圍攻縣城，建立革命政權，在汕頭大埔會館建立起義軍總部，懲辦土豪劣紳與貪官汙吏，前後七天，史稱「潮汕七日紅」。

二十八日南昌起義軍從揭陽派千餘人前來支援農軍攻城，城內政警豎白旗投降。《申報》以〈普寧人之血淚〉詳細敘述了戰況：「共軍所至之地，燒刦並施，以致廬屋為墟，哀鴻遍野，觸目傷心，何堪言狀，至潮汕各屬，受禍最酷者，莫如普寧一縣，自九月二十四日，共黨之海陸及普寧潮陽各屬之農軍，猛烈圍攻，城廂民眾，阨要抵禦，戰事激烈，延至九月二十八日，共軍在揭陽抽調千餘人開抵普寧，協同農軍，用野戰砲、開迫擊砲轟擊，並以機關槍掃射，自晨至午，鏖戰六七句鐘，卒將普城收陷，城外屋宇及近城鄉村，俱被洗刦焚毀，民眾被殺千數百人，其最殘忍者，將兒童用足踏死，雖李闖張獻忠，亦無此惡劇，空前未有浩劫。

二十八日下午四半，國共兩軍開始交鋒，賀龍據分水山湖間一帶高地，頗佔形勢，王俊與戰受挫、陳薛兩師見勢不佳，全部加入應戰。槍砲之聲，徹夜不息，至二十九日上午蜘蛛地長塘間戰鬬尤烈，兩軍拚命衝鋒，進退十餘次，賀軍後隊有農軍萬餘為助，喊吶之聲震動天地……後共軍敗退，聞賀龍僅率衛隊二十餘人，逃往碣石、乘船浮海而去……是役雙方死傷數千人、韓江屍身漂流河面，慘不忍睹。」

十月一日，起義軍在揭陽汾水、汕頭一帶戰爭失利，中共臨時中央常委周恩來率前敵委員會及郭沫若、彭湃、楊石魂等人，撤至流沙，駐守於基督教堂、白塔秦祠和娘宮。

十月三日，周恩來在教堂舉行會議，確認結合武裝鬥爭和土地革命，做長期鬥爭，並在軍事上作具體部署。當日下午四時許，起義軍從流沙出發，在距離流沙三公里半的鐘潭村，遭到果隴莊大泉帶引的國民革命軍第四軍第十一師陳濟棠部隊突襲，雙方在蓮花山一帶激戰至黃昏，起義軍被沖散，中央地方組織派楊石魂掩護周恩來、葉挺、聶榮臻等撤出戰區，至馬柵村前豐順縣縣長黃偉卿家隱蔽，當時周恩來患病，黃偉卿組織人員嚴加保護，籌集盤纏，次日凌晨，以擔架抬上周恩來，護送一行人出村，經惠來、陸豐，於十月二十八日抵達香港；另由黃昌業帶引賀龍等七位領導人到達陸豐，由陸豐黨組織護黃壽山等人送郭沫若經惠來神泉轉至香港。《申報》〈賀龍率部海道遁走〉指出，賀龍殘部竄入普寧，會合農軍在下林、古分等鄉，焚屋數百、殺害兩百餘人，隨攻陷縣城，又殺百餘人，縣長陳逸川棄職潛逃，五日省軍陳濟棠、徐景棠等部追至，擊潰賀軍，俘二千餘，繳槍千餘，賀率部二千，用重資雇帆船浮海而去。

十一月，東江特委派陳魁亞從海豐帶領彭奕、陳頌、陳宇任等人回普寧，成立縣委會，陳魁亞任縣委書記。十二月中，工農武裝改稱工農革命軍，會集各區武裝三百多人在白塔秦祠堂成立廣東工農革命東路軍。

世紀浩劫，愈演愈烈，自工農革命軍竄擾潮汕二十餘鄉、殺戮逾千人後，勢益兇熾，略有資產之村民，動輒遭到勒索打劫與焚殺。十二月，防軍陳濟棠師進駐流沙，協同果隴、溪南等諸鄉武裝民團組成防禦隊，然陳濟棠千餘人出師發討伐之際，工農革命軍捲土重來，果隴、流沙等鄉，相繼受到蹂躪，貨物資財，多遭沒收，民眾被慘殺者，達二千餘人。《申報》〈普寧之共禍〉與〈海陸豐赤禍蔓延〉記載：「死狀之酷、前古未有、或支解肢體、或擲火坑、或投池塘、或生埋土窟、或活殺而烹食其肉；或將活人吊在樑上，置鑊於下，將活人之肉，一塊一塊割下，烹而食之。每攻陷一鄉村，即開祝捷大會一次，開會時搭臺十餘座，或演說、或演戲、或跳舞，臺上週圍懸人首級，以慶武功，間有委員出入，手提三五人頭作妝飾品，誇耀於同黨之前。」

象徵新年新希望的元旦，火燄四起，槍聲代替了炮竹聲。民國十七年一月三十一日、農曆正月初九，彭湃率領工農革命軍第十一團三百多人回到普寧，二月一日會合普寧縣團隊和二、九區赤衛隊及各村共數千人，進軍果隴民團武裝。陽夏、普城、溪南、安仁、洋尾劉、夏林等村民，齊集武裝壯丁千餘人，抵果隴應援，激戰兩晝夜，因彈缺援絕。三日凌晨二時，果隴「破寨」，死者數千，大火吞噬了百年建築，火光熊熊、哭聲震天、流血浮屍，全村幾成廢墟，為史上最大戰火，天鵬母親娘家莊氏進士第更是難逃死劫。統計前後各村被焚燒擄掠，死者在二萬以上，哀慘莫名，各縣大為震動。

流沙、果隴等村民，扶老攜幼，紛紛搬避，絡繹於道，逃往汕頭與遠渡重洋至異鄉謀生者，高達二萬餘人，各村十室九空。〈過番歌〉飄送在鄉野城鎮：「無錢無米無奈何，背個包袱過暹邏。父母奴仔個個哭，哭到我心如著槍。暹羅船，水迢迢，會生會死在今朝。過番若是賺無食，變作番鬼恨難消。木船駛過七洲洋，回頭不見我家鄉。是好是劫全憑命，未知何日回寒窯。一溪目汁一船人，一條浴布去過番，錢銀知寄人知返，勿忘父母共妻房。」

歸弔故園　慘遭浩劫　流離失所

天鵬編輯《新聞學刊》第四期時，千頭萬緒，齊聚筆端，這期會不會是編輯生涯的盡頭？古都數載，飄如遊魂，最值得留戀的就是這四期刊物，懷著感傷的心緒，天鵬首度刊載自己的獨照，附上告別書：

> 嶺海浩刦，洪陽鬼城，星夜歸省，憑弔故墟，此行弗殆，歲盡北旋，否則與吾讀者永訣矣。本刊猥承愛護，至深感勉。世變日亟，無何云去，事與願違，吾恨可知。倚裝待發，哀感萬端，匆草數行，謹道珍重，並祝吾業進步無疆。

學會同仁張一葦、姜墨齋等人為天鵬舉行告別宴，一座黯然，飲罷，互道珍重，天鵬承諾時時保持聯繫。

從津沽搭船，破浪南行，蜷臥舟中，心情起伏，孤零愁眠。安抵上海後，站在黃浦灘前，風光如昔，人物卻是「一朝天子一朝臣」，報界也換新面貌。

天鵬歸弔故墟前，在《新聞學刊》刊登近照。

如今天鵬已和兩年半前初抵上海時，大不相同，不但受業於名師，更具備編輯、撰稿及創辦刊物經驗，在新聞界已具知名度。仔細地評比三大報，發現自詡超然中立的《申報》和《新聞報》，已成為半黨式機關，第三把交椅《時事新報》和黨報《民國日報》毫無差別，黨部另組中央通訊社，發布消息供給東南各報，並成立《中央日報》。其餘小報，多如過江之鯽，無奇不有，就連報名也令人捧腹，例如《嚕哩嚕囌》、《好白相》、《垃圾馬車》等。失望之餘，購得小報八、九十種，擬做為《新聞學刊》插圖。

此次返家，急需籌措盤纏，上海報界需才甚殷，天鵬原想擔任特約通信，應聘時得知：寫稿務求詳細記載黨務，而不需考慮新聞重要與否；大樣必須由市黨部監看准許後，始得出刊；有反動或妨害嫌疑稿件，即行抽去。天鵬年輕氣盛，不願受此束縛，卻因阮囊羞澀，迫於無奈，掛單寺廟，為人抄書，賺取旅費。

一日街頭獨行，在半齋酒店門前，與千葉老人不期而遇，相約至茶館品茗敘舊，老人垂問何以一寒至此？直言生平不入公門但願為天鵬引薦公職。天鵬以「自有安排，勿為己憂」，敬謝不敏，實際上，做官一向不合脾味，實在不願意因不擅逢迎奉承而辜負老人心意啊！

隔日，老人邀天鵬至靜安寺路千葉寓，入門後所見盡是奇葩異卉，園中有園，處處是景，朱樓翠閣，舉家怡然；其中一亭閣，案上筆、剪、糊、報雜陳，天鵬好奇，以為老人欲重拾報業，發行刊物，未料老人邀天鵬入住，在此續編《新聞學刊》，天鵬因深宵賦歸，不願打擾對方清靜生活而加以婉拒。

歲暮天寒，孑然一身，懷念起古都編輯《新聞學刊》的時光，寫下週年紀念辭：

> 週諮博訪，役役苦心，廣張珊网，碧海無沉。珠璣滿紙，嘉惠士林。從茲後學，探海有燈。
> 祝我學報，如月之恆；駸駸進步，如日之升。爭雄世界，萬里飛騰。為我中國，光大宣傳。

等待船期時，續寫〈天廬啟事〉，預告倘若無恙，將於初春北上，一清職守：

> 粵變鬼城，星夜歸弔，師友未及晉辭，業務迫不暇理，抱歉萬分，諸乞寬宥。

除夕圍爐前天鵬回到了熟悉的家鄉，青山仍舊，景物全非，家人涕淚縱橫，抱頭痛哭，天鵬為之鼻酸：

> 吾不肖，詩書誤盡半生，筆槍墨砲無靈，坐視骨肉罹此浩劫。

劫後餘灰，不堪言狀！敵成流冠，來去不時，殘屋荒園，歸也不得，顛沛流離，乞食汕島，廿口待哺，何以為計。每念及此，狂歌當哭！此行不殆，或以為幸，我則覺未然。若一網打盡，誰不必哭誰，亦是解脫妙法。否則存一和尚，憑天長號三年，隻身擔輕飄零，亦了無牽掛……此九死一生廢人，抱恨終天而已。

歷代所傳家業，一夕間蕩然無存，為了家人生計，按捺心傷，奮筆疾書，將北京、上海、廣東各地新聞界現況寫成通訊及分析稿，寄給各報館，然而卻無法解決燃眉之急，嘲笑自己為「文丐」：

窮則智生，迫而賣笑；扶病搦管，走筆命篇；平席地上，哀求過路君子，乞賜幾文。聞大報館不臨時買稿，恐徒勞往還，文人末路，娼既無能，盜又未可，只能出此下策，倘蒙開恩採用，稿費懇賜館役帶下，救一文氓殘生，勝造七級浮屠。

黃母不捨愛兒中斷學業，強忍悲傷，說道：「十年寒窗苦，馬上錦衣回。討了媳婦，不要忘了娘，應作速回來。」二月底，天鵬含淚道別，先就近前往省港，此為中國新聞發源地，一來為考察當地報業，二來探訪為避難而暫居此地之親友。北返時至上海，獲千葉老人訃文，心情哀痛，難以言喻：「詎意小別兼月，竟成永訣，嗚呼，痛矣！千金散盡還彈鋏，四海交空且碎琴！」

軍閥追補　倉皇逃亡　浪跡天涯

民國十三年二次直奉戰爭後，北方政局始終不穩，直系馮玉祥率師倒戈，入據北京，違反「優待清室條件」，將溥儀驅逐出紫禁城。民國十四年，北洋集團爆發直奉第三次戰爭，孫傳芳自稱「浙閩蘇皖贛五省聯軍總司令」，對抗奉軍；吳佩孚在武漢重整齊鼓，號稱「十四省聯軍總司令」，並聲討奉系張作霖；馮玉祥勾結張學良部下郭松齡，暗中反抗奉系。民國十五年，張作霖與吳佩孚聯合進攻馮玉祥，四月十八日奉軍與直魯軍進入北京。

國民黨領導的革命軍民國十五年七月九日在廣州誓師北伐，揚言打倒軍閥和帝國主義，尋求中國統一和獨立自由，所到之處，勢如破竹，連奪長沙、武漢、南京、上海等地。進至華中，因內部對蘇聯與中國共產黨態度不同而造成寧漢分裂，北伐陷於停頓，八月十三日，蔣中正引退，辭去總司令一職，八月十九日寧漢復合。民國十七年元月四日，蔣中正復職，各勢力聚集，國民軍馮玉祥、晉系閻錫山、桂系李宗仁分別任第二、三、四集團總司令，聯合向奉系進攻。

在此風聲鶴唳之際，北洋軍閥急於逮捕國民黨員，新書林為革命通訊機關，受到嚴密監視。天鵬於三月返抵京師，重操舊業，編輯《新聞學刊》。

三月十六日，金烏西墜、玉兔東升，新書林同仁正在用膳，突然一陣敲門聲，大夥兒以為是郵遞員，開門後見到的卻是便衣偵騎和武裝員警，強行入內審問在現場者姓氏與生平，接著翻箱倒櫃，四處搜尋，歷經三小時後，強迫天鵬具結，並將張一葦帶走，留下兩名員警看守。

午夜又來兩名巡警換班，表情猙獰，不發一語，天鵬梳洗更衣皆由其中一人尾隨，門外站有步哨。天鵬想起邵飄萍、林白水[5]因言論抵觸當權者而被補殺害，心生恐懼，整夜惶惶，燈下與姜墨齋兩人靜坐，相對無語，直至雞鳴因疲憊而昏睡，醒時員警早已換班，又是新面孔，言詞較為平善。

餐後天鵬友人梅兮來訪，審查詰問後始得離開，梅兮通知親友，設法營救。晚上，天鵬與員警閒談至深夜，至曙光微亮時才昏昏欲睡。午後便衣前來告知，上級裁示可以撤離。一周後張一葦獲釋，兩人通夕痛飲、放聲大哭，分別記下〈鐵窗風味〉及〈三日軟監記〉。

四月，天鵬接獲德國佛郎府中國學院來函，希望能在萬國報紙博覽會場中展出中國出版品，天鵬徵集了三百多種報紙雜誌，並將私人珍藏的木板《京報》、《內閣公報》、《華字日報》等，一同寄往德國哥隆，以供展出。

驪歌初動前，平民大學校園內學運方興未艾，天鵬由大學部轉至專門部政治經濟科，草草畢業，揚帆待發，

5 林白水，同治十三年至民國十五年，原名獬，福建閩侯人。民國成立曾任國會眾議員等職，民國五年棄政辦報，先後創《公言報》、上海《平和日報》、北京《新社會報》，後更名為《社會日報》。自任社長兼主筆，以白水為筆名，揭露軍閥政客黑幕醜聞。民國十五年八月五日〈官僚之運氣〉譏諷軍閥張宗昌「智囊」潘複為「腎囊」，「終日懸掛於腿間」。七日凌晨三時左右，遭直魯聯軍督戰司令王琦殺害。

未料京師警察廳在反覆監視調查後，確認新書林為國民黨員秘密集會之所，展開全面追補。張一葦入獄，天鵬恰好因公外出，得知消息，倉皇離開。

來到天津，《泰晤士報》主筆管翼賢聘請天鵬擔任《泰晤士晚報》編輯。後在王小隱的宴席上結識了《北洋畫報》創辦人馮武越，馮對《新聞學刊》讚不絕口，希望擴充內容、增加篇幅、按月出版。籌組會議在《北洋畫報》館內舉行，編輯由天鵬負責，筆政由王小隱總其大成，廣告發行由馮武越擔任。

一場驚天動地的爆炸案讓此一宏圖大志，灰飛煙滅。

民國十七年四月蔣中正聯合馮玉祥、閻錫山及李宗仁共同討伐張作霖。國民革命軍所向皆捷，五月底，國軍包圍京、津地區。日本為阻止中國統一，出兵山東，殺害國府交涉員蔡公時，史稱「五三慘案」。五月底，奉軍張作霖拒絕張宗昌「聯日抗蔣」，決定六月三日離京返奉，退出山海關外。六月四日清晨，張作霖乘坐的火車包廂剛駛入瀋陽皇姑屯京奉及南滿鐵路交會橋洞，關東軍司令官村岡長太郎下令預埋的一百五十公斤炸藥引爆，張作霖被炸身亡。六月八日國民革命軍進入北京，在張作霖之子張學良響應下，統一中國，宣布北伐結束。

東北易幟，北洋集團五色旗換成了青天白日滿地紅旗，然而國民黨卻四分五裂，有西山會議派、汪精衛派、胡漢民派、蔣中正派之別，軍政、軍權多元，中共也極力發展武力，內戰紛擾，為數之多、規模之大，更勝以往。

張一葦獲釋出獄，然而報界動盪，王小隱辭去《益世報》職務，歸隱故園；馮武越回廣東家鄉。天鵬應《商報》之邀，任駐北京通訊記者。

北京易名北平，有北京兩字之會名，不能存在，北京新聞學會更名為「中國新聞學會」，八月四日於中山公園水榭開會，決議擴大組織，執行會務，總會設滬，北平設分會，公推天鵬任編輯股、張一葦會計股、吳海山文書股、王詰為文書股、姚道培交際股、李燮銘總務股、章熊和李忠樞兩人為研究股，分股負責，並徵求會員，舉辦學術演講，北平臨時會址為西城前老萊街五號。

天鵬與張一葦合辦《新聞週刊》，為《新聞學刊》姊妹刊物，附北平《全民日報》出版，創刊號八月二十日出刊。《新聞學刊》著重「學術」；《新聞週刊》側重「新聞」，內容為討論新聞定義、價值、影響與變遷，探究新聞社組織方法與應有設備，新聞內容之收集與取捨標準，新聞紙美化之藝術、排版樣式、編輯方法等，倡導記者應具高尚人格、豐富學問、良善修養，以提高記者地位。

新聞界脫離軍閥掌控，鐵蹄下再慶重生，天鵬和徐寶璜、張季鸞、張恨水等人共同發起「邵飄萍、林白水二先烈追悼大會」，緬懷兩人獨持正論，以身殉報，所縈於懷，惟新聞事業，足為報界典範。此時，天鵬磨刀霍霍，想要大顯身手，然而蔣中正南歸後，報業重心南移，北平報業如日落西山，《商報》解約，《京報》的聘書遲遲沒有下文，苦思前途，再度雲遊四海。

天鵬在新書林前留影。

第三章

改革創新　報壇發光

國民政府東遷，南京成為樞紐，權貴群聚，天鵬來此圖謀發展，覓得公職，卻與顯要庭爭不合，決定棄官遠走，從事新聞事業。

衡量之下，上海與南京，僅咫尺之遙，具地利之便，商業稱霸中國，報館林立，報業發達，將是中國新聞事業中心。大報十一家，小報四十多家，為世人熟悉者為《申報》、《新聞報》、《時報》、《時事新報》、《商報》、《民國日報》等，其中《申報》為同治十一（一八七二）年發刊，歷史悠久、銷售最佳、影響力最大，內部延聘許多優秀專家，持論公允不偏，薪資比同業優渥，為羽翼未豐者的首選。

執筆申報　易知先知　樂趣無窮

天鵬風塵僕僕，來到上海，正值中秋佳節，暫居青年會，琴劍飄零，謀職無方，幾乎斷炊。此時，《申報》正革故鼎新。天鵬曾在東亞酒樓宴席上與《申報》協理汪英賓交談，汪英賓認為新聞記者必定為文學家，天鵬具備深厚文學與史學涵養，擅於駕馭文字，兩人對報學看法不謀而合，之後以書信維持聯繫。透過汪英賓的介紹，天鵬來到申報館拜會總主筆陳景韓。

陳景韓，筆名冷、冷血、不冷、無名、新中國之廢物，任《時報》主筆時，不隨流俗，獨創「時評」體裁，使《時報》能見度大增，《申報》館長史量才高薪挖角。陳景寒認為，報紙必須具備大量時事消息，寫作要短小精煉，特別重視採訪和編輯，銳意改革下，《申報》的內容與發行量同步提高。

會晤時，天鵬呈閱剪報作品，陳景韓讀後稱讚，以史家筆調撰文，卻深入淺出，實屬難得，假以時日，將名聞遐邇。陳景韓平日少言寡語，這時彷彿遇到知音般，對輿論和社評開始說長道短，逾兩個時辰。不久，主編要聞版的潘公展從政而有了職缺，天鵬被聘進了《申報》。

《申報》館位於漢口路、山東路口，為民國七年自建之五層樓館舍，設備新穎先進，從美國定購的新式捲筒機與印刷機，可縮短印報時間；添裝無線電台，以收聽國內外即時廣播消息。

政論方面，陳景寒為文冷峻辛辣，直指時弊；副總主筆張默，寫作婉轉曲折，謹慎穩健，奉行「對尋常細故不發妄語，對個人行為不加毀譽」，兩人輪流撰寫短評，並稱「松江兩支筆」。此時的《時報》主筆包公毅以風雅蘊藉、閒逸超脫取勝，為文署名「笑」，和陳景寒并列為「一冷一笑」。天鵬取三人之長，形成「鵬字標記」：謹言慎行、引經據典、一針見血、諷刺與幽默並行不悖。

《申報》編輯以地域作分類，長江做分界點，北方以北京為重鎮，南方以南京為中心。主編胡仲持以天鵬熟悉京津政情，理應編北方版，長江以南原先為潘公展主編，潘從政而空缺，由胡接手。正討論編務時，恰好潘公展前來，與天鵬匆匆一會，相約隔日再談。

酒逢知己千杯少，兩人促膝長談，從新聞學理談到報界現況，從為官之道談到政治情勢，潘公展批北洋軍閥專橫無知，造成北伐軍勢如破竹，「家必自毀，而後人毀之；國必自伐，而後人伐之」。兩人對新聞事業與新聞自由看法一致，就此結下不解之緣。

天鵬除了編輯要聞版之外，還擔任國際版主筆。每晚七、八點左右到達報館，先比較各大報的消息和標題，接著把譯電員已經送達的電報加以修改、下定標題、發下排印。之後各地電報隨到隨編，午夜最忙，有時電報一來有許多頁，必須眼明手快、決定取捨，匆忙中編完上半頁便給等候在旁的工人拿去付印，清晨四時前的電報，若有重大消息全都得趕在印刷截止前編好，看完大樣已是五點左右、晨雞報曉的時光。

有時遇到戒嚴，只能在報館就寢，即使印刷聲和各種機械運轉聲隆隆作響，在疲倦襲擊下，仍安然入睡，一覺到中午，接著撰寫通訊稿或是外出訪談，忙到省略早午餐。

為了採訪，工作無定、飲食無時。有時冒霜犯雪、忍渴耐飢，為的是等候某位達官顯貴；有時為偵查真相而四處奔波，卻一無所獲。然而記者一日所見所聞為各式各樣的人生縮影，深度報導更能在短時間內看透歷史與人性，帶來「易知、先知、多知」的樂趣。讀者若有正面回應，天鵬便喜形於色，勉勵自己為人群導師，提供公正、客觀、平衡的報導。

蜉蝣撼樹　報學月刊　聲勢浩大

上海生活費高昂，為了增加收入，天鵬兼任外埠數個通信，並在記者公會新聞講習班任教，逐漸融入上海生活後，識得合江王姓友人，邀天鵬同住。王宅位於福開森路九十八號，為紅瓦黃牆法式建築，花園造景清雅絕塵。此區為法租界，群聚政府要員與各國大使。

在鄒魯的引薦下，天鵬結識了國民黨要員吳鐵城，每天前往《申報》上班前，經常繞道至海格路「望廬」拜會，雙方達成共識，不能發表的新聞絕不搶登，在信任前提，鐵老總是暢所欲言，透露許多內幕消息和政海秘聞。鐵老曾說，廣東人能進入全國第一大報者少之又少，天鵬也以任職於《申報》感到驕傲，盼能帶來煥然一新的氣象。

天鵬分析，《申報》發行以盈利為目的，廣告至上，新聞為填補廣告的空白，往往把電報直接刊登，不匯整、不修飾，版面內容不確定。天鵬向汪英賓和陳景韓建議，希望採用性質分類綜合編輯法，讓讀者能對國內外要聞一覽無遺，卻未獲採納，還招致同仁笑稱：「少不更事，高談學理」。

有志難伸！原來《申報》不過是一個擴大版的北京報罷了！悵然若失之際，接獲光華書局創辦人張靜廬合作邀約，以《新聞學刊》為新聞界唯一具影響力的學術性刊物，盼能浴火重生。天鵬解釋，《新聞學刊》在人力、物力、財力考量下，內容精簡、篇幅短小，以節省紙張的連貫編印法編輯，若經費充裕，將擴充主題、增加撰述、按月刊行，以學術角度探討整體報業，包括廣告、營業、發行、推銷、印刷、郵電、攝影、速記、造紙等，全都等量注意；印刷力求細緻，各篇文章有首有尾；以別有風趣之小品文，作為補白；增加插圖和珍貴照片。張靜廬全數認同。

天鵬在《新聞學刊》的基礎上，增加一倍以上的篇幅，推出《報學月刊》，以學術角度研究報業；另出一副刊，隨報出版，專載報業消息及趣聞軼事，為新聞之新聞，風趣至上。作家群在《新聞學刊》原有班底之外，新增陳景寒、陳布雷、汪英賓、潘公弼、張竹平、張繼英、張靜廬等名家撰述，儼然成為中國新聞學上最權威之刊物。社址為法租界白爾路承慶里廿一號。

刊徽為天安門前崇柱襯以報紙，取意一柱擎天、中流砥柱。神龍盤繞石柱，兩旁石獅護駕；鼉龍力偉聲巨，足以睥睨一切；雄獅為百獸之王，報紙為無冕帝王；象徵記者應為社會師表，為民眾喉舌。柱上振翅飛鵬，發行人的雄心壯志，不言而喻。

《報學月刊》掀起收藏熱潮，光華書局接獲各國報館和圖書館來函訂閱，南洋各地僑胞批發尤其踴躍；門市銷售一空，只好將預計寄發平津銷售之書刊，臨時留下，以應上海讀者急需，並緊急再版。發行數量比《新聞學刊》多了數倍，聲勢浩大，新聞從業人員幾乎人手一本，巍然成為推行新聞運動的中心。其中綜合新聞編輯法，連載數期，第四期〈論新聞分類和綜合編輯法的得失〉對《申報》的標題多所建議，引起業界唇槍舌劍，史量才和陳景韓閱後怒不可遏。編輯部資深同仁推測，此文為天鵬以別名撰寫，並火上加油：「有意見應私下反應，怎能公開挑釁？」為了平息風波，天鵬提出了辭呈。

《報學月刊》。

汪英賓和編輯趙君豪介入調解，以太平洋學會在日本開會，讓天鵬以特派員名義前往採訪。在上海市政府擔任局長的潘公展得知此事，力邀天鵬參加入市黨部，天鵬淡於仕途、志在遠遊，婉謝潘公展之邀，大嘆：

筆墨生涯，也偉大，也渺小；也高貴，也卑賤。大筆如椽，眼觀三界，運腦筋，搖筆兒，如萬馬奔馳，一切都擁到筆尖來，天文地理，諸子百家，興亡治亂，生殺予奪，都俯服在我的筆下，顯出無冠帝王的威權，這是偉大高貴處。同時，為飢寒所逼，糊口四方，十載窗下苦鍛煉出來的能耐，為了這幾個孔方疲於奔命。甚且說不願說、寫不願寫、做不願做的事，這是渺小卑賤處。我在這兩種交戰的思潮中混了小半生，眼看不過現在的情況，蜉蝣撼樹地奮勇前驅，只問耕耘，不問收穫。筆墨生涯是可為而不可為的職業，幾時擲下這筆杆兒說，這碗飯不是人食的，將來有了女人，生了兒子，老了死了，遺囑當寫「願子子孫孫勿做新聞記者」。

赴日深造　著述立論　創新聞社

民國十八年初秋，天鵬抵達神戶，暫居記者鮑振青宅邸，鮑夫人清子為日本人，她排定日程，教授天鵬日文長達三個月。十月底天鵬啟程至西京參與第三屆太平洋國際學會會議，接著又前往東京參加萬國工業會議，擇其重要事件與言論，撰為通訊稿，在《申報》、天津《益世報》等發表。會議結束後，在鄉友陳君毅熱情邀約下留在東京，暫住在臺灣志士靜宗「寄廬」，與鄉友陳毅威及臺灣革命志士往來密切。

一八六八年明治維新以天皇復辟為名，進行由下而上奪權，結束德川幕府「武家」統治，建立現代化日本。維新初年頒布第二徵兵法，以向外侵略為目標，發展新帝國主義。海軍主張南進，清末以來，併琉球、臺灣和澎湖，以利進軍中國東南沿海及南洋；陸軍策略為北進，併朝鮮，獲旅順、大連租借權及南滿鐵路經營權，目標為滿州和蒙古。傳聞昭和二年（民國十六年）田中義一首相密摺指出，「欲征服亞洲必先征服中國，欲征服中國必先征服滿蒙」。昭和三年，世界經濟蕭條，日本少壯派軍人組織「血盟團」對付親華政治人物，逐步取得政治主導權，首相濱口雄辛、犬養毅、及內大臣和大藏大臣相繼被殺，軍人主導政局，走向勤兵極武之途。

日本與中國息息相關，天鵬在東京開辦「中國新聞社」，由王世英、陳弘光等人共同擬定宣言，以誠意、敏捷、忠實、親切為信條。以電報、攝影等方式，提供國內各報有關日本政治、經濟、社會、民生、藝文等各方面訊息。成立以來，社務發達，因而擴展組織，設立經理部，由秦介子掌管，郵址設在東京神田區北神保町十番地中華青年會一番信箱。

天鵬主持社務之餘，在《申報》、《上海畫報》、《益世報》、《旅行雜誌》等開設系列專欄，介紹海外奇事與風俗。其中，《上海畫報》〈扶桑一勺〉，介紹日本風土民情，包括支那料理、內緣之妻、男女同浴等；〈花國春信〉以黃粱夢為名，寫「為樂不淫」留東豔史；〈海外茶話〉，以天廬主人為名，敘述海外逸聞。天鵬身兼攝影師，作品有：天皇御弟宣仁親王大婚、日本皇宮一角、明治神宮外苑、東京驛前、楠公桐像、東京皇城二重橋、明星田中絹代、富士山雪景等，刊登於各大報。自我揶揄即使病榻中，仍沈迷於寫作，可謂：「聖人不死，大盜不止，筆桿不停」；所得不足以維生，不免又諷刺自己只會寫鬼混文章，潦倒半生，所居「逍遙閣」成了「鬼混齋」。文友見狀，以詩相贈：

天鵬一病困扶桑，念念英雄武勝關，
真有漢中王炯炯，早應廟裡畫張張（暫屈老丹認本家），
愁禁鬚似帝城白，病帶春憐花國黃（撰寫〈花國春信〉專欄），
如我齋中常鬼混，拜辭佳作不文章。

天鵬對時勢觀察入微，深知日本侵華野心，多次撰文呼籲，對日本全國總動員之備戰狀況，不可掉以輕心。中國考察團至日本時，天鵬詳細告知，日本學校所用地圖，將福建、東北和內外蒙古與日本本土印為相似顏色；完成義務教育青年必須參加軍事訓練，部分青年接受移民教育，學習內容以中國東北為墾殖對象。

青年天鵬。

「日俄戰爭二十五週年紀念展」盛大舉行，天鵬前往東京上野松坂屋參觀「奉天戰爭之回顧展覽會」。大廳高掛「進軍圖」，標幟為「想起二十五年前」，無數健兒、無所畏懼、漫野進攻。場內展示照片、日記及征戰年表和陳列品，繪聲繪影、彰顯日軍金戈鐵馬軍容壯盛、敵方潰不成軍，輔以展出勝利的新聞報導與號外，最後一個展廳掛著「恩威並重」德政匾額，註明為奉天府開原縣回民所贈，出門又見「奉天會戰圖—占領奉天」，地圖上一紅箭直射奉天

城。天鵬觸目驚心，提出警告，如此大肆頌揚日俄戰爭必有意圖，以中國為俎上之肉，昭然若揭，「吾人尚在醉夢中，將來必有『中國會戰圖』」。

入東京新聞研究所　汲取新知

日本明治維新後仿效西洋之長，報紙編排方式以綜合編輯法，插入圖片和花線，版面美觀、印刷精良，在世界報壇具有獨特地位，然而新聞教育仍在起步階段，帝大正籌集六十萬美元開辦新聞學部，明治大學也規劃開設相關課程。設備較為完善者為東京新聞研究所，成立於大正九年（民國九年），規模不大，卻有豐富的各國藏書和報刊，學術風氣鼎盛，開辦有「新聞學院」和「函授學校」，附設「新聞學研究會」，印行《新聞大學講義》十二講；出版日刊《新聞研究所報》、月刊《新聞及新聞記者》和年刊《日本新聞年鑑》，節錄新聞界及新聞學術相關消息與論文。教學上融合德國和美國之長，學習與訓練並重，並和各大報社相輔而行，提供學生視察、實習與就業機會。

天鵬在東京新聞研究所就讀，受教於所長永代靜雄，見識到日本學術界奮發圖強、為學術而學術的精神，立下宏願，希望回國後能設立「中國新聞所」，附設小型報社、雜誌社、編印新聞叢書，成為新聞學術首府，匯聚全國菁英，從事新聞教育，使中國新聞事業能大步邁進。另一心願為重興舊業，將《新聞學刊》與《報學雜誌》合併為《新聞學報》，按日刊行，每月增刊一冊專號。

在新聞研究所修畢新聞廿四講座，按例必須撰寫論文。有鑑於中國新聞學著作大多偏重學理或是翻譯自西方，沒有紀實之作，天鵬以歷史之眼，探討中國新聞事業對社會文化之影響，更以自身任職南北各報經驗，紀錄實際運作情形，提出改善之道，佐以海外考察所得，加以評斷，將三年多來收集的文獻以日文在一個月內寫成了《支那の新聞紙業》。

這段時期，上海「大眾語運動」風靡雲蒸，主張「我手寫我口」，將五四以來倡導的白話文，寫得更口語，新文體百花齊放。天鵬以報章體裁不同而倡導「新聞文學」，撰寫《新聞文學概論》，介紹特性、分類、技巧與功能，主張新聞體裁應具備時間性、通俗性與連續性；風格兼具簡要、明白與趣味；不必精深淵博，但求明暢易讀，也就是孔子所謂的「詞達而已」，這是中國第一本研究新聞文學專書，盼拋磚引玉，讓編輯記者與一般大眾都能認識這種新興文體。初稿兩萬字，本想搜集更完備的資料後再行增補修改，卻因財務捉襟見肘，報酬以字數計算，只好旁徵博引、湊成十萬字，倉促出版。此情此景，恰似柳泉居士所言：「筆墨耕耘，蕭條似鉢。鶩霜寒雀，抱樹無溫；弔月秋蟲，偎闌自熱。知我者，其在青林黑塞間乎！」

天鵬以撰文維持生計，陸續出版十多本書籍。少年時期所寫的《新聞與新聞記者》談論報紙性質、任務、報社組織與經營等，天鵬以簡練有趣、深入淺出的筆法，重新整理，並輯錄報界野史軼事，寫成《天廬談報》，供茶餘酒後閒談；接著，展讀二、三十年來費心搜羅的兩百多篇新聞論文，擇其菁華，推出《新聞學名論集》數月初版告罄；後應讀者要求，再精選五四後名家所撰鴻篇鉅作，編纂成《新聞學論文集》；將徐寶璜《新聞學大意》重新編校成《新聞學綱要》，附上徐寶璜後來所寫論文，讓讀者得以窺見一代大師思想之蛻變；將日本潛心佛學心得寫成《佛國聽經記》；將《報學月刊》第一卷共四期整理出版《報學叢刊》；選輯《新聞學刊》與《新聞週刊》論文，分門別類，彙編成《新聞學刊全集》；以日文撰寫的論文《支那の新聞紙業》，翻譯為中文《中國新聞事業》。《中國新聞事業》為上海復旦大學、北平燕京大學新聞學系指定課本，其餘各書為各校指定參考用書。

中國駐日留學生監督羅翼群表示：「天廬主人著《中國新聞事業》專書，發前人所未言，尤有獨見之識。予佩其抱負之宏，與此書之有造於新聞界也，爰為之序。」詞學大家、《申報》經理秘書趙叔雍稱讚天鵬：「赴事之勤，冠其儕輩，久預報業，痛知利弊癥結之所自……《新聞學刊》自民國十六年一月起，至翌年歲暮，凡八冊，重加檢訂，芟蕪存精……足以為業報者他山之助，非業報者津逮之資也。」徐寶璜稱：「《新聞學刊》，計出八期，內容精美，斐然有聲……裨益於國人對於斯學之研究，吾知中國新聞事業，亦必因此而益見進步矣。」

復旦滬江 作育英才 設研究室

第一次世界大戰後，歐洲各國逐漸復興，日本經濟卻一反常態，逐漸衰退，政治動盪、金融恐慌蔓延，大正十五年（民國十五年）十二月天皇去世，裕仁親王即位，改元昭和，翌年爆發財政危機，輸出大減，正幣流出海外，銀行紛紛倒閉。

昭和四年（民國十八年）七月二日浜口雄組閣，緊縮財政和推動產業合理化，昭和五年（民國十九年）一月十一日實施「金解禁」，恢復金本位制度，期望與全球市場接軌，十多年來禁止輸出黃金的規定頓時鬆綁，卻遭逢多事之秋，紐約股市狂跌，拖累資本主義國家，日本貿易萎靡、外匯行價提高、財政一蹶不振，基礎薄弱的中小企業像骨牌效應般應聲而倒，街頭充斥失業人潮，勞資糾紛、佃農爭議急遽增加。

天鵬的著作在上海一一出版，但受到匯兌影響，所得屈指可數。歲暮天寒，典貸殆盡，米珠薪桂，日臻絕境，師友徐伯軒、吳柳隅、吳天放、陳開先等紛紛伸出援手，然非久計，原先計劃留日四年，無奈之下提前終止。

民國十九年五月，天鵬離開日本，途中繞道西伯利亞伯力至東北，遍歷蘇聯、朝鮮、蒙古等境，沿途所遇撰為遊記，發表於《益世報》、《北平晨報》、《中央日報》及《旅行雜誌》等，後輯成專書《日韓俄萬里遊蹤》。

回程途中，行至哈爾濱，接到由東京轉來之信函，為上海復旦大學中文系主任謝六逸所寄，說明復旦大學新聞系開辦繁難，希望能任教相助。天鵬返抵上海，立即投入復旦新聞系的創建。首先，參照日本課程和中國新聞界急需，擬定學程大綱：

一、基本知識：國文、中外史地、英文、社會及自然科學；

二、專門知識：新聞學概論、採訪、編輯、新聞史、報館組織與管理、廣告、發行、印刷、速記、攝影等；

三、輔導知識：政治、經濟、外交、社會、以及英、美、日、俄等各國史地等；

四、實際知識：評論、採訪等寫作方式、記者會觀摩、報社實習及參觀。

其次，成立新聞研究室。民國十九年寒假期間，天鵬擬定了詳細方案，內部設備分為陳列部、圖書部、學術部、實習部和調查部五大部門。其中，實習部為一個小型報社，調查部為考察新聞事業。民國二十年春天，中國教育史上第一個新聞研究室正式成立，校方聘請天鵬為主任。

天鵬向報界廣徵資料，申報館將內部設備拍攝成系列照片，從採訪、編輯、印刷、發行各部門，皆附實物說明，配上器材及圖表，成為完備的教材。天鵬將自己珍藏的中外新聞學典籍、專門著作、書牘古籍等，捐獻出來，許多為海內孤本，統計共二十五類、一百餘冊。國外刊物部分，商請出國訪問的記者代為選購，《時報》王萬葉和夫人李昭實曾大力協助。短短三個月研究室已粗具規模，成為學生課外學習、研究、舉辦學術活動的重要場所。

學生引頸企盼的校外教學為上海申報館，逐層參訪印刷機器間、編輯部、排字部、研究室、剪報室、圖書室、營業部、辦公廳、大講堂、教室和各種專用室等，屋頂為花園、電報臺、氣象臺和信鴿臺等。天鵬認為，完備的新聞學系，必須有一棟像報館的專用建築，發行學校化報紙，由教授指導，讓學生進入職場後能得心應手、游刃有餘。

記者豐富的人脈讓天鵬得以為學生安排實習採訪、會見官員、模擬記者會實況。最盛大的一次為民國二十一年春季首都南京遊覽，由國民黨中央執行委員梁寒操和法學專家張知本接待，同學們踴躍發問，從國父遺教、五權憲法、國民政府約法、起草過程、內容要旨、到政治制度及運作等，梁張兩人知無不答，如同一場精彩的憲政史專訪。

復旦大學新聞系開設兩種講座：一、報學講座，廣邀國內外學者傳授新聞學、報紙得失及技術層面知識；二、特別講座，為專家短期演講和指導研究。天鵬從同學的筆記本中，挑選出二、三十篇主題，包含學理、國內外媒體、報館組織、報社前景、畫報變遷、評論與廣告等，選輯編排後請演講者校正，出版《新聞學演講集》，代表了當時學界主流對於新聞的見解。

《時事新報》為上海三大報之一，民國前五年創刊，與《申報》、《新聞報》齊名，原為進步黨的機關報，鼓吹立憲，在言論和編制方面，走在時代前端。以往報紙副刊皆是文藝小品，《時事新報》於民國七年在原有的《報餘叢載》之外，增加《學

民國十九年，天鵬（中）帶領復旦新聞系同學參觀申報館。

燈》一版，討論新思潮，引起轟動，成了新文化運動的鼓手，《報餘叢載》後改稱《青光》，大受學子推崇。民國十六年八月《時事新報》由上海報界組織合記公司承接，與政治脫離關係。

民國十七年張竹平和汪英賓購得《時事新報》股權，兩人分別擔任董事長和總編輯，新官上任，大加革新，民國十九年改組為股份有限公司，成立通信部，延攬天鵬為主任，將不適用的稿子加以評註、修改寄回，讓訪員和一般投稿者得以修正採訪方向及撰稿內容，以便稿件適合報館需求。

為培養新人才，《時事新報》擬開設實務課程，正值滬江大學校長劉湛恩籌設城中區商學院，雙方洽談、一拍即合，隨即由天鵬和汪英賓籌辦新聞科成立事宜。

中國傳統「士大夫觀念」根深柢固，有志就讀新聞系課程者，志在編輯而非經理，以致於業界欠缺專業出身的管理菁英。天鵬強調，報紙需有盈餘才能順利運作，擬定的課程為編輯與經營兩部分，前者包含採訪、評論、校對、圖片等；後者為報館管理、廣告與發行等，兩者不分軒輊，同等重要。

新聞科上課地點剛開始設在《時事新報》三樓會議室，待滬江大學城中區商學院落成後便遷至博愛路大廈上課。學生可依志願選擇至張竹平的報業集團實習，以收教學相長、互相應證之效。試辦獲得好評，隔年增添學程，改稱新聞系，隸屬滬江大學商學院。

天鵬學養豐富，授課詼諧有趣，上海民治新聞學院董事長于右任和校長顧執中邀請天鵬開設「新聞編輯」課程、新世紀函授學校聘請為新聞科主任，著有《新聞學講義》等。暨南大學、勞動大學、中國公學、杭州報學講習所皆設有新聞講座，天鵬經常與陳布雷、戈公振、董顯光、潘公弼等人前往演講。

革新版面　創要聞版　洛陽紙貴

陳布雷為國民黨文膽，曾任《時事新報》編撰、主筆、總主筆，為人正派清廉、愛才惜才，轉入政壇後，大力推薦天鵬入職《時事新報》擔任編輯。

平津的報紙偏重新聞、副刊和學術論文；上海側重廣告與娛樂，為了遷就客戶需求而犧牲版面的完整性，廣告和新聞參差交錯，來回跳躍。在天鵬主導下，《時事新報》頭版改為國內外要聞版，採用混合編輯，力求新穎鮮明、一目了然；各項消息以專版類聚，每天維持大量的時事消息；廣告依不同性質分散在各版，對於指定版面廣告，限制欄位，以免喧賓奪主，絕不受客戶左右任意伸縮新聞篇幅，為中國報業創下嶄新的面貌。

天鵬理想中的新聞紙，「非惟報之，並應導之」。編排方式，體現了中國古典藝術與美學修養，刊頭為書法題簽，依各版不同性質而酌量飾以繪畫和插圖，整體而言，簡潔、對稱、和諧、大器。標題兩大原則，一為提綱挈領，便利讀者；二為標奇炫異，引起注意。內涵方面，以時事做為主軸，藉由充實評論質量、增加評議對象，進而貢獻立言機會，形成輿論之總匯。天鵬以史官自詡，報紙累日成月，積月成年，年初時回顧過去一年國內外大事記，匯整成史，以「附錄」形式，提供讀者收藏。為節省成本，各項投稿，概無酬資，並斟酌情形，贈閱報紙；索酬者必須於原稿註明，如為曠世鉅作，恐成遺珠之憾，一經採登，將如數奉上要求之稿費。

人生如戲，報紙為平面舞台。評論如文武老生，須台步工穩，嗓音爽亮，節短韻長，讓觀者心領神會；要聞為正淨，也就是大花臉，字眼板眼須唱得清楚明白，如同報紙標題必須一清二楚，內容詳實並處處以古本對證，才是上乘。社會新聞如同青衣花旦，重在描摹，若過頭了，反顯得誨淫誨盜，有傷風化；副刊為小丑，伶俐狡黠、語言有味，為嚴肅的電報和不關痛癢的官樣文章注入清流，提神醒腦。

民國二十一年《青光》元旦增刊時，天鵬請同仁仿京戲行當串起戲來，內外場人員一起登場。張竹平首度演出〈跳加官〉，手拿捲軸，一面寫著「公理戰勝」，另一面為「和平統一」，主筆潘公弼為老生清唱〈青光旦旦〉，武生為運動界鼎鼎大名蔣湘青大嗓唱唸〈球場如戲場〉，青衣省齊主人汪英賓和花旦雲伯衡分別描繪〈報人多事〉與〈老頭兒家宴〉，唸白有戲劇界大師陳大悲〈戳破自

時事新報

民國二十一年二月四日《時事新報》。

民國二十一年《青光》元旦增刊。

己西洋鏡〉和小說家陳慎言〈故都秘錄的背境〉，內場排字房三傑：王松發〈報界元旦〉、陳體強〈英兒的元旦〉、黃啟良〈賀年不忘救國〉，皆為鉛槧中磨成鐵筆的佳作，文牘陳元良〈如此新年〉、排字部健將張保康〈公有公理〉全都粉墨登場，經理熊少豪彈奏〈抗日徵兵歌〉，布景由書畫馳名的朱應鵬詠：「結得芳鄰朱應少，畫個天鵬睡矇矓」，醉翁題道：「編完電報，等看大樣，偷得片暇，黃粱入夢」。黃粱小丑天鵬最後登場道：票友初次下海，全館客串一齣答謝戲，請看戲的客官們海涵捧場並祝身體康健。

《時事新報》特殊風格與精良的內容，引起大眾閱報的興緻，帶動發行量與廣告，倏忽之間，成為眾所矚目的改革派模範報紙。天鵬所寫的系列報導與專欄，立論新穎、邏輯清晰、敘事生動、意在言外，每每令人拍案叫絕，「天廬」一躍成為家喻戶曉、同業追逐報導的寵兒。

編寫之餘，天鵬心繫於推廣學術研究。《新聞學刊》和《報學月刊》引起群眾對新聞事業的注意；《新聞學概要》、《中國新聞事業》、《新聞文學》等書為業界和學者的重要參考；然而大眾對新聞認知模糊——經營者只看到營利，執政者視報紙為宣傳工具，學者高談願景卻流於空洞，坊間少數幾本相關著作與實務脫節，多半翻譯自日本和歐美，理想中的「中國式新聞學」還未成型。

天鵬認為，應從唯物史觀來解決實務上所遭遇的瓶頸，報社惟有財務穩健，才能確保營運；要確保營運就必須提供民眾所需訊息，以提高閱報率；在此前題下，必須以公眾利益為準則，為民喉舌，監督政府；只有與讀者站在一起，才能得到讀者認同，進而發揮輿論的影響；相對的，讀者也能以集體力量給予報社有力的監督和制裁，催生社會所需之新聞紙。

為了讓讀者關心新聞、閱讀新聞，甚至立志從事新聞事業，天鵬嘗試以近乎小說的體裁，寫下了《新聞記者的故事》，一幕幕重現東方報館街滄桑浮沈的奇情豔事，桃花豔遇有《京報》楊翠喜案、梁啟超遇豔紀事詩；捨身就義如北京邵林殉報記；文字冤獄詳錄《蘇報》章鄒禍；報界奇才首推天南遯叟的《循環報》等，詭異古怪，引人入勝，天鵬邊寫邊吟：「舊院風流數頓楊，梨園往事淚沾裳。樽前白髮談天寶，零落人間脫十娘。」

書商告知，《新聞記者的故事》銷路遙遙領先，超過一切新聞學書刊紀錄；《申報》專欄〈書報介紹〉對天鵬以敘事筆法，灌輸新聞常識，大加喝采。天鵬受此激勵，再接再勵，把英、美、法等脫離常軌的預言式報導、獨一無二的價值觀，以及趣味橫生的新聞圈秘聞軼事，串演成劇，集結成《新聞記者外史》。

天鵬心中還有一個懸掛三年的承諾。大學時代，一個春風沈醉的夜晚，酒酣耳熱時，友人蘋君俏皮地問道：「怎樣做一個新聞記者？」天鵬楞楞地想了一會兒，正色回覆：「這是一本二十四史，有志從事新聞業的青年，都應該先看看這樣的書，待我深思熟慮，再持筆直書，完成後第一本贈送給你，可好？」蘋君點頭微笑。之後每次相聚，總是問起書的進度，東渡留學後此事便擱置了。

回到國內，朋友設宴洗塵，地點正是三年前初見蘋君之處，言猶在耳，卻鳳去樓空，青春已成夢境。天鵬文思泉湧，下筆成篇，以一首神秘女子所寫的新詩代替序言：「理想中的記者，不為名、不為利，以博愛正義之心，忠誠的記載事實，提供真善美的精神食糧，攝映繁鉅活動的真實影像；稱職的記者，有冷靜的頭腦，豐富的知識，熱烈的感情，勇敢的精神，靈敏的手腕，在冰天雪地、曉風月夜裏，奔波驅馳，在茫茫人海中求真探祕；踢開石礫，拔除荊棘，傳達真相，為報業翻開新頁，高唱人生進行曲。」

天鵬將三年來的經歷與心得，在數夜之間，集結成《怎樣做一個新聞記者》，第一本沒有裁開裝訂，擺在案前，遙寄相思。

東北採訪　急電示警　日軍侵略

國民革命軍北伐成功，中國達成形勢上的統一，依循外交途徑與各國談判，民國十七年六月十五日對外發表宣言，取消不平等條約，改立新約。日本表面上協商，實際密謀宰割東北。民國十八年六月，日本承認國民政府，七月民政黨濱口雄幸繼田中組閣，宣布對華無侵略之意，民國十九年五月六日中日訂立關稅協定，實行互惠稅率。然而主戰派認為，中原歷經八個月大戰，元氣大傷，東三省駐兵減弱，少帥張學良長期留在北平，此時奪取東北，輕而易舉。

天鵬在相片背面題：「丁年白山黑水驅馳」。

民國十九年五月，日本關東軍高級參謀坂垣征四郎表示，滿蒙問題只有訴諸武力，擬有「攻瀋要領」。民國二十年初，樞密院副議長平沼騏疾呼，日本經濟蕭條已達頂點，必須發展軍事力量。日本軍方早就圖

萬寶山全景，天鵬（左）與市政處人員勘察。

謀以武裝佔領東三省，六月，陸軍省與參謀本部擬「解決滿洲問題方案」，加快製造中國內亂。

日本侵佔東北首要目標為長春萬寶山三姓堡一帶，此處為滿州和朝鮮邊境，屬低濕貧瘠地質，寥寥幾戶農舍散落於此，一片蠻荒，卻是重要軍事戰略地，鄰近中東鐵路，一旦發生事端，直取米沙子車站便可中斷交通。

日本安排一齣自以為天衣無縫的「逐鹿東北大戲」。民國二十年四月以「煽風點火」作為開幕式，指使韓國人申永均勾結長春稻田經紀人郝永德，私定合同，在六月初招攬兩百多名韓國人墾田。先在伊通河馬哨口地，向北挖長三十里、寬一丈五的引水溝渠，作為灌溉之用。所經之處，大片農田損毀，引發中國與朝鮮農民爭吵不休，長春縣政府派員出面協調，風波迅速擴及整個朝鮮半島，華僑持續遭受攻擊。

七月二日第二幕「實彈演練」火爆登場，農民聚集上千人，將溝渠填平至五、六里時，日警開槍射擊。當晚，日方召集軍隊將領，研究出兵方略，命令軍警待命，由韓國農民組成敢死隊做為先鋒，並在壕溝附近建臨時軍營。血腥第三幕「中韓相煎」場景轉到仁川，日本策動朝鮮人殘殺華僑，總計一百二十七人罹難，搶奪財產二百五十多萬元。中國反日情緒高漲，全面抵制日貨，日本以更強硬手段確保商業利益。

東北三省上有蘇俄宣傳赤化，下有日寇侵略爭奪，夾在兩強之間，岌岌可危。新聞界高度關注，張竹平決定派集團旗下無懼艱險者，至東北採訪，考慮天鵬曾經在北平和日本求學，因此，由天鵬代表申時電訊社，與《時事新報》何中孚、英文《大陸報》鄭鐵然，同赴萬寶山。

天鵬勉勵自己勇於任事，報導真相，喚起國民憂患意識，共謀救亡圖存之道。臨前行向吳鐵城辭行，鐵老在《出關調查手冊》題：「不到東北不知中國之博大，不到東北不知東北之危機。」指示三點：一、日本侵犯東北，軍事佈置已經完成，隨時可藉口發動，在攘外必先安內的前題下，必須忍辱負重。二、此行由大連乘車至瀋陽，藉著參觀撫順煤礦公司，轉往長春萬寶山實地調查，多攝肇事照片，提供中央。三、事畢轉赴齊齊哈爾，繞道哈爾濱、滿洲里，再轉內蒙返回關內，所見所聞，必有珍貴收獲。

八月七日一行人來到碼頭，潘公弼及鄭鐵然夫人前來送行，九點整所乘大連丸啟椗離滬。天鵬在船艙內瀏覽中外書報雜誌，站立甲板上觀天望海，四顧茫茫，正像中國現今的處境。

八日中午抵達青島，登岸拜會青島市長胡若愚。胡若愚曾任張作霖鎮威上將軍公署顧問，後任張學良的副官，對東北局勢瞭如指掌，不但預測未來發展，還建議考察重點。

五時原船離開，轉赴大連，經南滿鐵道至瀋陽。天鵬由王小隱介紹，參訪皇宮博物院，院長金梁親自解說皇宮史蹟典故。金梁為瓜爾佳氏，滿洲正白旗人，清末翰林，曾任內務府總管，坦言時刻惦記清朝復辟事宜。憑窗眺望，見宮頂蔓草叢生，恐有傾圮之虞，金梁卻欣然說，美國遊歷團至此，訝異中國有屋頂天然花園。天鵬詫異，諷刺之言居然當成溢美之詞，如此言行，生平未見。

日本主導的第四場劇碼為「碟影謎雲」。關東軍陸軍大尉中村震太郎受命化裝成農民，執行秘密任務，至興安嶺索倫山一帶偵察地形，南返途中在葛根廟附近、蘇鄂公爺府，被駐防中國屯墾軍補獲，從棉褲中搜出調查筆記、軍用地圖、所經地區地形、可容駐兵力等，間諜證據確鑿而處以死刑。

日本避談特務活動，肆無忌憚地渲染中村被中國士兵殺害。在八月十七日發表〈關於中村大尉一行遇難聲明〉，聲稱是日本奇恥大辱，激勵軍民強烈抗議，在報章推波助瀾下，滿洲國隨時爆發戰爭的言論，甚囂塵上。天鵬電告館方和中國執政當局：「事態急迫嚴重，日寇即將實行武力侵略」，卻被告知：「內患方殷，無暇遠顧。」

日俄覬覦　山雨欲來　提十對策

接續行程為媒都撫順，考察媒礦的開採與產銷情形，結束後赴關外惟一重鎮——長春。

沿途視察，車上持草帽者為天鵬。

長春原名寬城子，位在松花江及遼河沃野中，東接吉林，西通懷德，南連伊通，北鄰懷安，是東北中部最大農場，物產豐富。交通方面，掌握三條鐵路的咽喉，日本侵略東北大本營南滿鐵路以此為終點——中東鐵路自此北行，約五百里抵哈爾濱，越西伯利亞，達歐洲；東面吉長路直達省城；經大連至海，可通太平洋沿岸。

驕陽似火，長途跋涉，天鵬在市政處專員及警衛人員陪伴下，乘坐運載農作物的簡陋馬車，終於來到萬寶山馬家哨口。溝渠兩側堆了像小山丘般的泥土，一路綿延，大批農地無法耕種。

天鵬訪談官員及萬寶山案主嫌郝永德，得知來龍去脈。郝永德將東北農民土地租借當地朝鮮農民，農民為了灌溉，鑿渠引河導致破壞中國農田，這些皆為冰山一角，幕後主謀日本，經營滿蒙，借力使力，以移植韓國人民做為侵略先鋒，極盡所能煽動朝鮮人排華，以「派警協調保護」，借題發揮，擴大紛爭。

行至松花江鐵橋，俯視江流，有風雨欲來之感。天鵬依原先規劃，由吉長路至吉林、中東路至哈爾濱、北至黑龍江呼海鐵路而南返，在瀋陽轉北寧路至山海關、秦皇島、唐山各地，考察實業。

山海關是熱河屏障、平津門戶，形勢險要，天鵬自塞外入關，俯視巍峨長城，蜿蜒起伏，箭樓匾額「天下第一關」五個大字高懸，筆力雷霆萬鈞。關前有一小坡，居民告知，此坡有兩個名稱：「望鄉嶺」和「歡喜嶺」。入關的人到了坡上看到家鄉，心生歡喜；反之，出關者過關後，回首望鄉，依依難捨。天鵬憶起袁凱詩：「戎馬無休歇，關山正渺茫。一杯柏葉酒，未

萬寶山農田被毀，挖成通水之溝渠，中立者為天鵬。

天鵬（左）採訪萬寶山主嫌郝永德（中）。

飲淚千行。」

辭別山海關，經平津南下，循津浦鐵路過首都而歸，九月十三日安抵上海。行期一個多月，為程一萬五千里，所見依輕重緩急，或通信或電報，共三、四十篇，陸續發表，以警惕國人事態嚴重。

天鵬面見鐵老，報告視察結果：東北地廣人稀，物產豐饒；農作物以大豆、高粱、小米、大麥、小麥、玉蜀黍為主，出產充沛，品質優良；林業以鴨綠江沿岸大興安嶺最密，可供數百年採伐，堪稱世界森林之首；礦業有鐵、鉛、銅、銀、煤、滑石等重要出產，富甲全國，若投資開採，加以改良，足以供全國所需。發展東北經濟，將利國富民。

話鋒一轉，天鵬指出，東三省為中國最富庶之區域，農工商業因政治關係，未能開展，一切利益皆被外國人強取豪奪。營謀最力者，首推日本，形成日本壯大軍備、侵犯中國的「經濟特區」，不可不慎。隨報告附上實地照片及十大對策，由鐵老轉呈最高當局。

哀痛瀋陽　淪為異域　慈烏反哺

中共謂「抗日必先反蔣」，國民黨稱「攘外必先安內」，蔣中正的大軍忙於圍剿江西紅軍，聲言未剿滅共匪前，不輕言抗日。九月六日，張學良命瀋陽軍事負責人：「無論日人如何尋事，須萬分容忍，不與抵抗，以免事態擴大。」十一日，蔣中正再度強調避免與日本衝突，調派張學良至江西督師剿共。

新聞界一片嘩然，不抵抗政策猶如拱手出讓國土。天鵬斥責：「憤國人之瞶瞶晦晦，生死關頭，除了鐵與血一致對外，還有什麼出路？」號召新聞界，對於救國大計，應有殊途同歸言論，免得大眾徬徨歧途，莫知所從。

天鵬東北行，深入鄉野。

日本關東軍自導自演的「壓軸戲」，九月十八日登場，在瀋陽北部柳條溝鐵軌引爆炸彈，謊稱為張學良部隊和中國武裝盜匪所為，為了制止顛覆份子、保護日本人性命與財產，別無選擇只能即刻進行軍事制裁，震驚中外的「九一八瀋陽事變」爆發，為日本「窮兵黷武．挑釁大戲」的開幕。

中國東北軍約二十萬人，半數駐在關內，然而，邊防司令長官張學良及黑龍江省府主席萬福麟皆在北平，吉林省政府主席張作相居遼西錦州，僅遼寧省主席臧士毅在瀋陽，因事前毫無警覺、未作準備，日本關東軍一萬多人在短短幾個小時內佔領瀋陽城、軍營、兵工廠與飛機場，在門柱貼上「非日人入者即行射殺」。

消息傳回上海，《時事新報》館內，編輯部所有同仁皆怒髮衝冠，無法嚥下晚餐。天鵬悲從中來，無法置信足跡所到之處，幾日內淪為異域，徹夜編寫亡國警報，口誅筆伐、譴責日寇卑劣暴行，哀告國人奮勇爭先，從軍殺敵。同時，聯繫好友任白濤、翁毅夫、袁殊，以新聞學研究者名義，發起緊急請求，盼新聞界團結一致：「即日起永不刊載日本帝國主義宣傳機關的電訊、所有媒體捐棄成見，火速成立統一意志與態度的新聞供給中心、義務刊載抗日救國廣告」等。懷著匡時救國之志，天鵬創辦綜合性刊物《微言》，以春秋筆法審時度勢，提供建言，希望微言大義，風行草偃；統一槍口，抵抗入侵。

接下來幾天，報館編輯部燈火徹夜通明，接收電報時，總是驚心動魄：

「九月十八星期五夜，日軍由朝鮮奉命經安東進入滿洲，七班軍用火車，載滿士兵。」

「九月十九星期六夜，日軍又派出四班火車載滿士兵，由同一點進入滿洲，日本人逮捕學校校長、禁止講授三民主義……部隊與學生被捕即解除武裝……」

長春、營口、安東、吉林等地，一一失陷。十月，日軍空襲遼寧南部錦州，此處被視為中國對滿州管轄權最後據點，也是第一次世界大戰結束後首度遭到空襲的城市。

十一月，日軍進攻洮南昂綏鐵路嫩江橋，代理黑龍江省府主席馬占山誓言收復國土，否則將以身殉國。將士不畏強敵，以一當百，埋伏陷敵，在嫩江橋擊敗日寇，媒體競相報導馬占山精神。後關東軍再犯，馬占山力戰七日，寡不敵眾，齊齊哈爾失守。

蔣中正對「九一八」事件決定按「國聯盟約」、「非戰公約」與「九國公約」，訴諸國際公論。國聯調查團民國二十年十二月十日決議由英、美、法、德、義五國組成，一年來走訪東京、上海、北京、瀋陽、長春、哈爾濱等，於民國二十一年十月出具報告，主張東三省自治，由中、日政府、東三省代表、中立國觀察員等，合組顧問，建立自治政體方案，南滿鐵路改為商營等，另責成國聯成立十九國委員會，監督決議案的執行。日本拒絕接受，於三月二十七日退出國聯。

天鵬在《青光》撰文痛批：

> 清官難斷家務事，國聯本是帝國主義集團，向國聯懇求公理，無異與虎謀皮，何況國聯成員國各懷鬼胎，以自身利益為最大考量，東三省自治等同要求中國放棄主權，讓各國利益均霑。
>
> 當權者不思自拔，反求外人主持公道，有如愚夫愚婦向木偶祈禱排難解紛、求得符咒以扶弱抑強保平安。天下惟自助者乃得人助，中國不需要公共審判廳來宣洩不平。
>
> 全面對強敵入侵，要以鐵和血抗敵，鐵即物質，血為軍隊。現代戰爭勝敗關鍵在於，國民經濟是否能支撐足夠的國防力量：對內要自力更生，提供戰時所需資源；對外不受帝國主義宰割，以求民族生存。

行筆所至，盡是痛心疾首、肺腑之言；此時反思，東北考察月餘，踏入關內短短數天，錦繡山河頃刻為日寇佔領。午夜夢迴，腦海中浮現父母身影。悵望潮州，彌增哀思，慈烏反哺之心愈加熱切，歲暮年終時，天鵬將雙親從千里之外的潮州，接至上海。

黃母莊世光。

黃母見愛兒瘦骨嶙峋，面頰凹陷，手臂青筋爆起，靜脈和骨骼清晰可見，悲不可抑。天鵬告知，正值壯年，能在報館任職，又能在大學授課，心願逐步落實，更何況「天降大任於斯人也，必先苦其心志，勞其筋骨，餓其體膚，空乏其身。」以此觀之，實不足道矣。

事實上，天鵬不敢直言，日常寢食俱廢，病痛纏身、由來已久——神經衰弱兼失眠且患心痛之疾。黃昏至報館工作至次日清晨；接著回家稍事整理稿件後才進入夢鄉；中午備課、寫作，省略午餐；下午一、三、五至大學任教，二、四到辦公室值日辦公；六、日進行採訪並參與應酬，忙裡偷閒，辦理平日無暇顧及之生活事項。

入門見牆上一幅對聯：「萬裡飄蓬雙布履，十年回首一僧衣」。此詩出自明末清初廣東佛門領袖天然和尚，其人學養深厚，研修有得，處世倔強，風骨錚錚，性雖嚴峻，心悲塵剎，國變後，士紳遺老，多皈依其下。原詩為：

> 恨望湖州未敢歸，故國楊柳欲依依。忍看國破先離俗，但道親存便返扉。
> 萬里飄蓬雙布履，十年回首一僧衣。悲歡話盡寒山在，殘雪孤峯望晚暉。

天鵬見母親神色憂悽，坦然表明：

> 國破縱使離俗，亦作不了和尚；親存欲返扉，歸去時，恐怕已找不到來時路；
> 國家需才孔急，僧侶請纓殺賊，固違大戒，而除卻孽障，廣渡眾生，我入地獄，亦佛慈悲之旨。

黃母平素鑽研佛教經義，通曉釋家哲理，曾訓子以蒼生為念，對天鵬所言，暗自嘉許，然愛子心切，再三叮嚀，早日成家，勿讓父母憂心。

淞滬戰役　主持午刊　鼓舞士氣

日本為了轉移列強對北滿行動的注意力，在中國商業重鎮惹事生非，將軍艦駛進中國港口，集中於上海及長江一帶。上海市民群情激憤，組成抗日救國會，抵制日貨，天鵬在《青光》鼓吹民眾，愛國從日常做起，以實際行動拒買日貨、樂用國貨。

民國二十年，歲末將盡，街頭巷尾一片歡樂，報館編輯部的氣氛卻極度緊張。天鵬放下工作用的紅筆，盯著時鐘，長短針一前一後，滴滴答答地走；思緒交錯，雜亂無章，有如千軍萬馬般奔騰，心想：天禍降臨，錦州的砲火取替爆竹，民國二十一年到底會以什麼樣的姿態揭開序幕？或許瓜分的慘禍就要隨著新年而來？可憐上下仍歌舞昇平，醉生夢死！

一月十八日前後，日本陸軍少佐田中隆吉慫恿中國群眾攻擊日本日蓮宗僧侶，海軍少將鹽澤幸一逼迫中方道歉賠償。一月二十六日，日本駐滬總領事村井倉松強求上海市長吳鐵城，在四十八小時內取締抗日團體。日軍將軍艦、飛機、陸戰隊員，陳兵黃浦江畔，炫耀武力。

情勢危急，十九路軍官開會討論，守衛在閘北的一五六旅旅長翁照垣毅然決定：「日寇再有挑釁行為，我們應奮起反擊。」後接獲「防地移交憲兵團」指令，全旅官兵遲遲不予換防。

二十八日下午二時，吳鐵城全盤接受日軍要求，並和日本總領事發表聯合公報，載明中日談判已經「圓滿結束，言歸於好」。然而上海居留民協會的刊物上居然刊載：「日軍司令部強制中國軍隊午夜十二點前撤離閘北，否則將進行攻擊。」

午夜十一點，萬家燈火，逐一熄滅，日軍發動襲擊，十九軍開槍回擊，軍長蔡廷鍇、總指揮蔣光鼐和全體士兵，眾志成城，共同抵禦，「一二八淞滬戰爭」爆發。

天鵬在編輯部忙碌，聽到槍響，心情激動，奔上頂樓，附近建築物制高點全站滿了租界居民，炮彈此起彼落，火光燭天，在不抵抗主義下忍氣吞聲的民眾，對國軍還以顏色，欣喜若狂，盼能驅逐日寇。觀看入神之際，忽然傳來總主筆潘公弼的聲音：「國家和敵人在生死線上，國人應各就崗位，快下樓編你的報！」天鵬主持《時事新報》午刊，擔任總編輯，火速提供戰情，辛勞萬狀，報紙銷售量直線上升。

猛將翁照垣和天鵬同屬潮籍，一晚，天鵬乘小吉普車前往慰問勞軍，途經大場，敵機投彈，同車參謀和司機受過軍事訓練，停車開門跑伏至農田中，天鵬文弱儒生，不知戰場應變，昏倒在後座。事後參謀和司機都受到重傷，天鵬反倒安然脫險。

一二八戰役受到人民大力支持，將士捨生忘死、衝鋒陷陣，日本吃足苦頭，加派援軍。令人瞠目結舌的是，日軍居然在清晨四點轟炸人煙稠密的閘北，血洗千家萬戶，倖存者逃向公共租界，彈指之間湧進逾二十萬難民。二月一日，日本軍艦砲擊南京，國民政府遷往洛陽，至此，蔣中正決定與日本決一死戰，令裝備最佳的第五軍增援，再調江西剿共軍東來，力戰月餘。

砲聲隆隆、炮火無情，天鵬奉養父母心願落空。雙親倉皇收拾行李，行前語重心長勸說，黃家歷經粵變後，日感寂寥冷清，天鶴三子洪年剛出生，盼能過繼給天鵬，以延續宗嗣，也讓天鵬以綺年為女，一子一女，好事成雙。

日本極端蔑視中國，以為中國人無知飢饉，是烏合之眾，只要一擊就倒地不起，松滬戰役令日本刮目相看。國軍武器遠不及日本精良，卻奮不顧身，集體肉搏數十次，全軍死傷官兵近九千名，為繼馬占山嫩江橋之戰後又一次悲壯抵抗，迫使日軍三易主帥，三次增兵，付出侵略中國有史以來最大代價。

上海為重要通商口岸，戰事一起，各國利益大受影響，英美一致譴責並介入談判，五月五日簽訂停戰協定，抵制日貨運動告一段落。七月七日，日軍撤出公共租界和虹口越界築路以外地區，恢復了一二八事變前的原狀。在天鵬看來，這無異於在外交史上新增一項喪權辱國的談判。

東北方面，民國二十一年一月二日，日軍進入錦州，東北全境百日內淪陷，十六日關東軍司令部召開東北政務會議，宣布「滿洲國」獨立，三月一日建國，長春改稱「新京」。三月九日，溥儀就任滿洲國執政，年號「大同」，國防、治安由日本主導，鐵路、港灣由日本管理興建，礦產資源由日本開發，日本有權向滿洲國移民。

自動加入救亡行列者，前仆後繼、如火如荼，達二十多萬人，包括鎮守使李杜、代理中東鐵路護路司丁超、吉林民政廳長誠允、團長馮占海等；民間有王德林、唐聚五、黃宇宙等，稱作「自衛軍」或「救國軍」，全力捍衛家園與國土。民國二十一年九月，捷報頻傳，振奮人心，黑龍江旅長蘇炳文在滿州里起義，聯合馬占山向齊齊哈爾前進，十一月擊敗日軍，李杜克復佳木斯，王德林亦獲勝。民國二十二年一月蘇、馬、李、王鎩羽而歸，分別退到俄國、遼寧、熱河邊境，在極端艱苦環境下，奮戰不懈。

日軍於民國二十二年一月三日佔領山海關，三月三日進入承德，五月三十一日，中日在塘沽簽訂停戰協定，冀東二十多縣實同淪陷，日本侵略已由東北擴及至河北。民國二十三年三月一日，溥儀改稱滿洲國皇帝，年號「康德」，聲稱不忠於滿洲皇帝就是不忠於日本天皇，儼然為日本殖民政權。天鵬大張撻伐：

> 眾人皆醒、溥儀獨醉，仍稱孤道寡，小朝廷如同舊制，遺老跪拜一如大清帝國，每逢祭典，日本人行禮如儀，帝子之風猶存，殊不知日軍在傀儡國訓練傀儡軍，作為侵略武力，擁溥儀復位為名，進而拉攏失

意軍閥政客，如法炮製，建設華北獨立國，逐步吞併中國。

天鵬針砭時弊，大快人心。黨政要人潘公展推出新型政論報上海《晨報》，邀天鵬加入團隊，然而天鵬矢志在獨立於各黨派運作的報館工作，以保有言論自由。

青光閃閃　隨筆心至　佳潮如潮

滄海橫流，人間何世？凌晨四點許離開報館，從四馬路到太平橋的歸程中，鶯歌豔影，銷魂之聲不絕於耳。伴隨殘月，回到窩居「逍遙閣」，為國事悲痛之情，傾巢而出。馬占山拒敵成功時，天鵬歌頌馬將軍為華冑爭光，是全民表率；戰事失利時，天鵬振臂高喊，徒悲無益，應再接再厲，驅敵復土，反敗為勝；時時感慨，天下大亂，過去盼望真主出世，救民水火，今日祈求民族英雄收復國土，卻忘了上下一心，各盡本份，因為勝負不只在戰場，政治、外交、經濟、後方準備都互為因果，只有人人捨身為國，才有勝算的把握。

天鵬將「本位救國」發揮到淋漓盡致，主編《青光》，隨報發送「從軍志願書」，公開徵集：一、抗日救國的精悍言論，二、日軍侵佔東北的暴行記述，三、悲壯沈痛的寫實文藝等。稿件如大雪紛飛，劍英〈日人的詭計〉，揭發日本處心積慮侵略中國卻在國際上造謠作假；霞仙〈在雨中演奏〉重現前線女同志，以口琴吹奏行軍進行曲，獻給十九路軍英雄；〈女兒書〉專欄匠心獨運，表達兒女滿懷悲憤、同仇敵愾的愛國情操，有稚氣的小女孩口吻、有熱情奔放的女學生、也有以文言文筆調，感激將士保家衛民、奉獻犧牲的書信。

小說易於普及，天鵬奔走遊說下，催生了「小麗貞」，一個甜美的、典型的南方少女，微黑的皮膚、活潑的笑容、健康的身軀、黑溜溜的大眼睛，帶有一種惆悵似的憧憬。她從炮火中逃出，在傷兵院中看護忠勇的將士，把所歷所見，將士忠肝義膽、寧死不屈的故事寫給摯友，為悲戚的黎明留下記錄。《小麗貞》是新時代中國的象徵，也是天鵬獻給讀者，數以千萬、不屈不撓、永不滅亡的抗戰故事之一。

天鵬邀請作家加入《青光》行列，訂下準則：筆法雅俗共賞、標題力求新穎、每日字數一定、每篇自成段落，以適合報紙連載需求。當代文豪一一現身，包括海派作家林微音、劇作家陳大悲、左翼作家魏金枝、新市民小說家予且等。葉靈鳳首度嘗試的大眾化小說《時代姑娘》，描繪一位逃離家庭桎梏、勇於追求愛情的當代奇女子，企圖吸引從舊小說轉向新文藝的讀者。悲觀主義黃淑儀（廬隱）《女人的心》否認女子片面的貞操、打破藩籬與舊勢力，為一切階級的人挺身而出，譏諷所有的不公不義。

《青光》與時俱進的同時，不忘傳統，已成孤本的譴責小說《負曝閒談》，由光緒年間翰林侍讀學士徐一士，分段標點，逐回考證說明，呈現晚清時期軍機處、王公大臣等貪賄弄權與維新黨在青樓談革命、論哲學事跡。

隨副刊發行《彌羅週刊》，宗旨為：用文藝提高愛情，以愛情美化人生；「琴」象徵文藝的纏綿悱惻，「劍」體現男性的慷慨悲壯；劍膽琴心，剛柔並濟。翻看其中，俯拾皆是感人肺腑、盪氣迴腸的詩篇。

《時事新報》成為引起共鳴的文藝殿堂。潘公弼說：「《青光》自天廬主編綻放異彩，讀者常讀其浩翰雄渾之文，當益喜其小品之清新平實。」中央大學教授徐仲年讚賞天鵬個性豪爽，散文活潑有如會話一般，善男善女都應該聽聽天廬和尚說些什麼。大東書局總編輯章衣萍說：「天鵬是不講則已，一講口若懸河，他拿那種會說、會笑、會搗亂的精神，來寫隨筆，當然妙語連珠，趣味雋永，天下之人，沒有不歡喜讀天廬的隨筆。」

天鵬為《青光》所寫共赴國難、抗日救國的短文，彙編成《逍遙閣隨筆》，出版一個月內售罄，旋即再版；後應書商與讀者要求，選編日常感想，成《逍遙夜談選》；至於意味深長、帶些禪意的筆談，編製為《黃粱集》。新聞學相關記述，搖身成為《新聞學入門》，提供有志從事新聞事業的青年，做為借鏡。

天鵬獨坐「逍遙閣」書房。

第四章｜成家立業　哀樂相隨

一二八戰事平定後，王姓友人扮起月老，將小姨子盧小珠介紹給天鵬。細看五官，蛾眉皓齒，杏面桃腮，嘴角含笑；再瞧裝扮，一頭時髦的捲曲短髮，配上剪裁合身的絲質旗袍，牡丹刺繡蕊心上有著黃色花粉與層層片片開展的花瓣，栩栩如繪，用色超脫；論及行為舉止，端莊恭敬足以形容，一言概之，豔冠群芳，天鵬心裡浮現了唐詩〈牡丹花〉：「似共東風別有因，絳羅高卷不勝春；若教解語應傾國，任是無情也動人。」

識得佳麗　南歸大婚　雙親大喜

小珠民國二年生，比天鵬小了四歲，祖籍江蘇廣福鎮，卜居嘉定，六歲入企雲小學，稍長入縣立師範學校，畢業後欲前往南京升學，盧母顧月仙以「父母在，不遠行」勸之，親自傳授精湛的畫繡工藝，並跟隨姨丈陸舉人學習賦詩作詞，見詩如見人，小珠文筆如同晴空秋月，秀逸溫婉。後盧母生病，小珠輟學家居，親自侍奉湯藥。

小珠姊姊如珠嫁給王氏，定居上海福開森路王宅，盧母恢復健康後，小珠上海依親，就讀於衛理教會設置的中西女中，畢業後考取浸信會所辦的滬江大學商學院新聞系。

小珠一入學，立即成為眾人追捧的滬大校花，惟獨在滬大授課、又住同一院落的書痴天鵬未曾留意，經常嘆自己生平最大的遺憾是不曾感到女性的柔情；轉念一想，年少時單相思，苦戀著娜的那種寂寞人間味，總又覺得不如繼續做和尚來得清靜。

王宅為花園洋房，天鵬除了就寢之外，所有時間都投入工作。小珠在姊夫有意促成下，經常請教天鵬寫作事宜，並在校選修天鵬開設的課程，耳濡目染下，嚮往記者生涯，兩人不僅有師生之誼，還經常會晤，逐漸了解彼此，相知相惜。天鵬生性耿直，行事光明磊落，不願兩人交往的傳聞落人口實，善解人意的小珠在大三時轉學至普陀區大夏大學，就讀教育學系，直到畢業取得學位。

天廬和尚桃花不斷，經常有女性朋友邀約，當告知要前往金嗓歌后周璇的餐會時，小珠一笑置之，不聞不問；和影后胡蝶聚會小酌，小珠也只是淡淡的回說：知道了。心如止水、波瀾不起。

每逢佳節，編寫應景題材時，嶺南的一景一物浮現腦海。丘逢甲詩：「故鄉風景想依然，月滿東南半壁天。海外陰晴終有定，人間圓缺古難全。」就在端午節前，天鵬寫了篇思鄉之文，小珠閱報，摸透天鵬心思，邀約品粽，天鵬喜孜孜談起家鄉。

馬公柵節前節後，家家戶戶簷前屋角，掛滿了三角形米粽和枕頭形見粽，吃完粽子去看龍舟賽，正午到溪邊取午時水回家煮功夫茶。獨在異鄉為異客，天鵬吟誦屈原〈招魂〉：「魂兮歸來！去君之恒干，何為四方些？舍君之樂處，而離彼不祥些！」隨口嘆道，上海廣東餐館大多有賣米粽，卻沒有見粽。小珠默記在心，托在洋行做買辦的親戚購得見粽，天鵬嚐到家鄉味，又驚又喜。

天鵬喜以文言文敘事，滿腹經綸，奔赴腕下，字體潦草，無瑕整理，數不勝數的手稿，只能隨寫隨棄。小珠興致勃勃逐一檢閱，加以謄寫，成了《逍遙閣隨筆》書中《黃粱殘稿》。

天鵬寫信告知雙親，識一窈窕淑女。黃父千里迢迢，遠從潮州北上，小珠前來拜會，黃父用心端詳：一雙柳葉眉、丹鳳眼；面頰飽滿、光彩照人；凝脂酥臂，體態豐腴；罕言寡語，安份隨時；應對進退，謹守禮節；視瞻平正，氣度恢宏。《人倫大統賦》云：「貴賤定於骨法，憂喜見於形容……和媚有常者貴重……睛瑩澈而多貞。」心中大喜，問了生辰八字、家世背景，擇日拜會小珠父母盧仰韓和顧月仙。盧仰韓，族名保琦，出身廣福鎮望族，少棄儒隱於市，卜居嘉城，疏財仗義，親戚故舊窮困者，無不周撫之。育男女七人，多殤折，存者僅如珠及小珠二人，過繼宗人子秀三以光門第。兩家相談甚歡，盧家將小珠庚帖交由黃家。

三日後，黃父將天鵬庚帖親自送達盧家，敲定民國二十二年十月十日國慶日舉行文定。這天，天鵬與小珠互戴定情戒，男左女右，執子之手，與子偕老。

十二月八日，天鵬攜小珠南歸，依潮州禮俗舉行大婚，花轎迎娶，導以鼓樂，下轎跨火堆再進門。先至祖祠祭拜，再回升益居跪拜父母伯叔，夫妻相拜後，鞭炮鼓樂聲，劈里啪啦響起。黃家大擺筵席宴請親族好友，酒過三巡後，黃母帶著小珠向賓客奉茶水和青橄欖，分享喜悅之情。

黃家盛裝打扮，拍照留念。闔家歡中，黃父戴著如意帽，穿著中式長袍馬掛；黃母為寶石絨布小帽，配上典雅寬鬆旗袍。黃家三子鶴、鵬、鳳齊聚，穿著長衫的天鶴帶著長女景年、長子柏年一同入鏡。英氣煥發的天鳳剛自黃埔軍校畢業，在地方警備部隊服役。新郎官穿著淺色西裝外套，搭配斜紋領帶，身形略顯消瘦；新娘子身著玫瑰刺繡緞面旗袍，華貴高雅，秀外慧中。

省港蜜月　訪胡漢民　為談世局

小倆口婚後蜜月行可謂「革命朝聖之旅」，參訪革命軍首度東征棉湖戰役期間總部駐地興道書院、至廣東中山縣翠亨村遊覽孫文故居、赴廣州黃花崗弔唁七十二烈士、繞道香江探訪胡漢民及黨政要員等。兩人將潮汕風情及港省行，寫成《南遊漫記》，在《時事新報》連載長達三

前排左起莊世光、黃毓才。後排左起黃景年、盧小珠、黃天鵬、黃天鶴、黃天鳳、黃柏年。

左起黃天鳳、黃景年、莊世光、盧小珠、黃毓才、黃天鵬、黃天鶴、黃柏年。

月，後由漢文正楷印書館出版單行本。

胡漢民，字展堂，別號不匱室主，光緒五年（一八七九）出生，光緒二十四（一八九八）任廣州《嶺海報》記者，光緒三十一年擔任同盟會機關報《民報》主筆，以不做滿清臣民而為大漢之民「漢民」為名，宣揚三民主義、鼓吹革命，與保皇立憲派激辯，辭鋒銳利、筆無不達，推升《民報》成為清末最成功的政論性刊物。天鵬年幼時多次跟隨黃父拜訪胡漢民，仰慕其博學多聞、才氣縱橫、氣吞河嶽。

胡漢民在民國二十年辭去國民政府委員及立法院長，民國二十一年元月寓居香港，民國二十二年推出《三民主義》月刊，著手徵集革命史料，編撰孫文年譜。雖不親政，言辭不離黨國，詠國難詩〈九一八〉云：「錦州再撤兵，猶曰取進止，冠蓋走洛陽，效顰豈其似；彌月戰滬濱，幸未及桑梓，坐令失援敗，夸毗者諱子；登顛已窮行，濟盈惟有溺，如何終不圖，日蹙國百里。」

天鵬在《青光》感慨，胡漢民身為黨國大老，卻避亂隱居，不肯出面主持朝政，還悠哉摹練〈曹全碑〉，預備寫總理墓誌：「難道讓四萬萬阿斗眼睜睜坐以待斃？晉朝國祚在士大夫清談之時付之一炬，中華民國也許就在黨國要人養病咏詩時，改變國號？」

南行至香港妙高臺半山上一處巍峨幽靜的洋房，大門內有站有兩名印度大漢及兩名活現的看門人，門禁森嚴。天鵬稟告姓名後得以登堂入室，經過一片綠油油的草地，再穿過姹紫嫣紅的花棚，轉進會客室，佈置為中西合璧，牆上掛著中國書畫，鮮艷的黃色窗簾襯托室景的莊嚴。

胡漢民穿著中式長衫，面貌祥和，見到天鵬，談起年少時與黃父毓才一同致力革命、追隨總理之事。接著指陳自己反軍事獨裁，不容於南京政府，避居香港實不得已。談到國事日危、外患日急，言詞愈顯慷慨激昂，感慨萬千幾致淚下，並一一駁斥將另組新黨之謠言。義憤憂愁與愛國之心，溢於言表。

天鵬一改先前看法，從政不易，詭秘莫測，步步驚心，實感無奈。對胡高瞻遠矚、老誠謀國，備感崇敬。胡漢民當場臨摹〈曹全碑〉字體，為

天鵬黃花崗前留影。

《時事新報》增刊題詞：「報之時事，告以主義，國民興起，功在文字。」

胡漢民於民國前七年就讀東京法政大學時，加入中國同盟會，輔佐孫文革命長達二十一年，參預決策，精誠無間，形影未離。民國元年，孫文在南京任大總統，胡為總統府秘書長；民國十年，孫文當選非常大總統時，任總參議兼文官長及政治部長；民國十三年就任廣東省長，代行大元帥職權，孫文北上前將黨 政、軍全部職務交由胡代理，然而黨內卻蘊釀新勢力。

蔣中正民國前五年夏季，入保定陸軍速成學堂，結識張群，次年以公費生赴日，與張群入振武學校 並加入同盟會。民國前二年六月首次會見孫文，民國七年應孫文之召赴粵，助陳炯明經營福建，任作戰課長及支隊長，民國十一年，陳炯明叛變，蔣與孫在廣州省河軍艦共患難四十日，事後得孫倚重，民國十一年八月奉孫之命，率團訪問蘇俄，民國十三年五月任黃埔軍校校長，民國十四年率校軍東征，所向皆捷，在黨內地位扶搖直上，掌握軍事大權。

孫文辭世後，蘇聯共產黨採取分化策略，在國民黨中物色三人，詳加考慮，此三人考語分別為胡漢民「難相與」、戴季陶「拿不定」、汪精衛「有野心可利用」。其中，汪胡兩人留學日本時，朝夕相處、切磋學業、策劃革命行動，情誼如膠似漆，回國後汪精衛謀刺攝政王載灃被捕，胡漢民極力設法營救。戴季陶為黃埔軍校政治部主任，和蔣中正為金蘭之交。蘇聯利用國民黨消滅國民黨，汪精衛雀屏中選。

民國十四年七月一日，廣州大元帥府改組為國民政府，在蘇聯的策劃下，主席為從未擔任行政要職的汪精衛，胡被指為右派，飽受

天鵬（左）與胡漢民（中）合影，右為盧小珠。

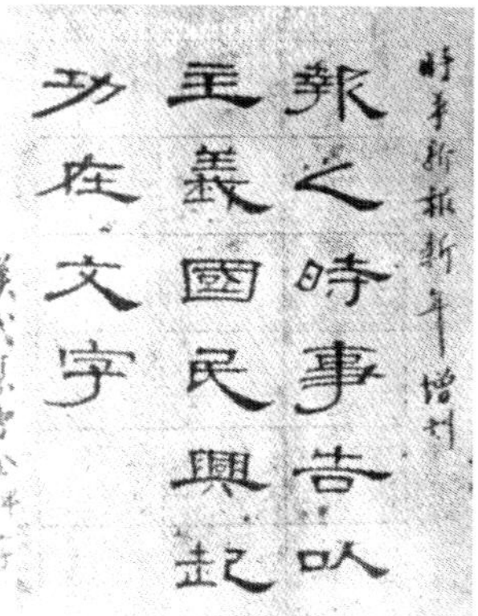

胡漢民題詞。

攻擊。八月二十日國民黨元勳、黃埔軍校黨代表廖仲愷遇刺殞命，汪精衛、蔣中正等組成特別委員會，總攬軍政，宣布戒嚴，聲稱胡漢民涉有重嫌，禁於黃浦。九月將胡派往莫斯科考察，形同放逐。直至民國十七年十月由胡出任立法院長，與中央箭拔弩張的關係稍形緩和。

民國十九年十一月十二日，國民黨三屆四中全會在南京召開，討論國民會議及制定《訓政時期約法》，胡堅持從緩起草，蔣以反對政府為由，於民國二十年二月將胡幽禁於南京東郊湯山，三月二日胡辭立法院長，八日由湯山返回南京雙龍巷寓所。國民會議五月五日召開，通過《訓政時期約法》，六月一日公布施行。

民國二十年七月廣州國民政府討伐蔣中正，九月，粵、桂軍進向湖南，中央軍亦向湖南出動。日軍乘勢而起，九月十八日佔領瀋陽，國內民情沸騰，籲請團結禦侮。中共趁機造勢，以抗日之名大事鼓動，九月二十二日通電組織群眾鬥爭。同年十二月，共產國際指示，一切民族革命戰爭先決條件為傾覆國民黨政府。

十二月五日蔣辭去國府主席兼陸海空軍總司令，二十八日推林森為國府主席，孫科為行政院長，蔣、汪、胡為中央政治會議常務委員兼中央執行委員會常務委員，但三人均未到職，孫內閣未獲支持，財政棘手。

民國二十一年一月二十八日，日軍進攻上海，群龍無首，蔣再度復出，二十九日任軍事委員會委員，旋升委員長，汪為行政院長，宋子文任副院長兼財政部長，孫科拒絕接受立法院長一職。一直至十二月國民黨四屆三中全會決定籌辦憲政，孫科才同意擔任立法院院長，隔年一月命梁寒操為立法院秘書長，隨後憲法起草委員會成立，孫科為委員長，張知本為副委員長，負責草擬憲法。這段時間，天鵬奉調至南京採訪，深知凝聚共識之難、憲法得之不易，一連寫了十多篇分析報導，刊登在《南京通信》和《東方雜誌》。

黃父離世　岳父母亡　子女誕生

民國二十三年元旦，天鵬蜜月旅行結束，回到上海，在同興樓回宴親友，到場男女嘉賓兩百餘人，大多是報館同仁、教授和盧家親友。劉湛恩夫人王立明席間大談快樂家庭之道，影星上台高歌〈愛的花〉，詩人柳亞子贈詩云：「映海驪珠小，搏天鵬翼高」。杯觥交錯，賓主盡歡。

小倆口居住上海福履理路合群坊三十號，為紅瓦黃牆歐式二層樓洋房，一樓為客餐廳與廚房，二樓為臥室，

天鵬上海宴請親友。

天鵬與小珠新婚倩影。

庭院裡栽種紫藤、大理花、夾竹桃、櫻花與龍柏。

工作上更加忙碌，夜晚至《時事新報》主持筆政；白天在復旦大學、滬江大學授課、至國立勞動大學及附屬中學暨中國公學、吳淞公學等校演講新聞學；任《北平晨報》特派員，筆名「黃衫客」；餘暇將散見報章作品彙編為《時事叢編》，並為中華書局編撰《新聞學概要》，列為「中華百科叢書」之一，取材於學理之外，兼重報館實際情形，作初學者的入門課本及自修之用。

深夜在報館，偶爾想起獨守空閨的妻子，心中便湧上一股暖流。歸程踏著星月，腳步變得輕快輕盈。昏暗中，躡手躡腳地開門、以貓步輕輕地上樓，進了臥室，在夜燈下振筆疾書。幾度想著，是否聽從妻的勸告，找個白天正常上班的職業，一同作息，夫唱婦隨？看著妻子沈睡的笑容，心中漾起甜蜜的漣漪。

凡事樂極生悲，婚前岳翁盧仰韓棄養，婚後父親黃毓才辭世，兩家喜氣洋洋籌辦婚事的情景，倏忽即逝，天鵬匆匆返鄉奔喪。喪禮儀式從大殮、封棺、上孝、出柩、回靈、做功德、走五方、轉輪等，皆遵循古法進行，親族齊聚，涕泗縱橫，情淒意切。

五七之期，誦經設奠，備極哀榮。前來弔唁者絡繹於途，普寧流沙交通為之堵塞。國民政府主席林森、行政院長汪精衛、監察院長于右任、國民政府委員葉楚傖等均致上辭輓；其中，北大國學館館長葉譽虎之哀辭，黨國大老吳稚老之像贊，尤為不朽，黃家編印《哀思錄》專冊，記載黃父生平事蹟，天鵬將輓辭、輓聯彙編成《黃毓才先生訃告》。《申報》於九月九日刊載〈粵東耆宿黃毓才先生之哀榮〉：

嶺南名宿黃毓才先生……少舉於鄉，奔走國事，晚年歸隱，侍親教子，睦鄰興教，致力公益，碩德耆年，望重鄉邦，不幸上月因疾溘逝，海內同聲哀悼，白馬素車，弔者塞途。

民國二十四年七月四日，天鵬長女珮珮來到人世，學名佩玉，分娩時，施以手術，母女得以安然無恙。一家三口返鄉探視，在家中廳堂合照，黃母穿上深色彩蝶繡花旗袍，小珠身著白色滾邊旗袍，天鵬仍是一襲淺色西裝，身形更顯消瘦，黃母心知，文人所得有限，為了家計，鵬兒身兼多職，勞苦奔波。民國二十五年，小珠再度懷身懷六甲，天鵬微笑低吟《詩經．小雅．斯干》：「乃寢乃興，乃占我夢。吉夢維何？維熊維羆，維虺維蛇。大人占之：維熊維羆，男子之祥；維虺維蛇，女子之祥。」

樂之所至，哀亦至焉。岳母撒手人寰，小珠悲不能抑，寢食難安，健康大受影響。捱至十一月四日，長子出生，以「文」字命名，表達對孫文的尊崇。

佩文體質虛弱，四個月大時罹患驚風，送醫急救，西醫診斷為急性腦膜炎，抽水注入血清二、三十次，病情日益惡化。治療三星期後，群醫宣告束手無策、回天乏術。

辦理出院後，天鵬請國醫顧雨時診治，判斷為剛痙，病雖險惡，仍有生機，服用中藥，不到十日竟豁然全癒，天鵬大喜，贈送「華佗再世」匾額，並虔誠上香祈禱，感謝祖宗積德。

黃母抱孫，左為天鵬，右為小珠。

左至右為小珠、天鵬、黃母莊世光。

中樞阢隉 西安事變 統一抗日

國民黨原本視中共的反抗無足輕重，然而星星之火可以燎原，紅軍數年內已遍布各地。民國二十二年四月，蔣中正至南昌，準備對中共蘇區進行第五次圍剿。十月，國軍攻佔贛南黎川，紅軍被迫撤退。民國二十三年十月，紅軍突破贛、粵封鎖線，渡過贛江，進入潮南，十一月突破第二及第三道封鎖線，進向廣西，十二月，經湘南入黔東，全部僅存三萬餘人，在貴州建立根據地。民國二十四年一月佔領黔北遵義，並舉行政治局擴大會議，毛澤東被選為中央政治局常委，代周恩來任中央革命軍事委員會主席，確立了黨內的領導地位，周恩來及朱德任副主席。一至三月，紅軍經貴陽之東，西趨黔西，四月入雲南，五月北渡入西康，奪佔大渡河、瀘定橋，北入四川，八月紅軍三路出動，九月毛澤東率北上先遣支隊到達陝北，十月與紅軍第十五軍團相會。計自江西突圍來以，為時一年，軍行二萬五千里，「長征」初始九萬之眾僅存三千人，加上陝北紅軍，總數約一萬人。

民國二十四年十一月，國民黨第五次全國代表大會在南京開幕，十二月二日召開五屆一中全會，胡漢民被推中常會主席，汪精衛為政治會主席，蔣中正為兩會副主席，表面上三虎同心，但汪遇刺受傷，胡遲遲未進京，中央由蔣一人主持。天鵬憂心如焚，在《涇濤》雜誌發表萬言書，指陳蔣胡冰炭不容，引起西南興師中央；日人乘勢而起，瀋陽事變爆發，數千萬方里版圖變色，三千萬同胞降為俘虜。蔣被迫辭職，中樞空虛，國人力勸下，促成蔣汪合作，中樞雖奠，國難未消：

> 東敵之深入，危如履虎，竄川黔之赤匪，禍亂無已，吾人不禁為此炎黃裔族一哭，往事已矣，來猶可追。值此國家民族危急存亡之際，執政當局不應作意氣之爭、也不應為權利而戰，應同心同德。胡漢民若能北上共商國事，有助於穩定政局，打開新局，致力生產建設與發展軍事國防，鞏固瀋疆，救阽危之域。

民國二十五年一月，蔣中正約見各地校長和學生代表談話，表明絕不簽訂有損領土主權條約，如至最後關頭，不惜一戰。五月胡漢民病故，廣東政局一度變化。上海成立全國各界救國聯合會，主張建立抗敵統一政權。毛澤東抓緊時機，謀求中共的生存，八月函請救國聯合會領袖斡旋各黨派進行談判。九月十七日中共中央議決停止內戰，一致抗日，建立民主共和國。十二月九日，蔣中正勉勵張學良部屬，謂「剿共已至最後五分鐘階段」，同日西安學生示威，要求國民政府停止內戰，蔣中正威脅以機關槍壓制。

張學良內心翻騰不已，他承襲了父親張作霖綠林俠義、草莽英雄的性格，既效忠領袖，對日又有深仇大恨，在民族主義驅使下，主張對外抗日、反對內戰，卻奉蔣之命容忍，民眾譏笑為「不抵抗將軍」。天鵬以極盡諷刺的筆調，痛批少帥：

> 歷史上曾有夷兵大舉入侵，亡在眉睫，主帥早定下退兵神算，卻以遊山下棋安定人心；少帥對收回東北失地、援助苦戰義軍，應是胸有成竹，不妨靜觀「百年」，以得知退兵錦囊妙計。

一齣改變國共情勢的歷史大劇「西安事變」，十二月十二日上演，張學良人馬圍攻蔣中正駐在地臨潼，槍殺侍衛三十名，劫持蔣中正、幽禁中央文武官員十多人。

中共得知，驚喜交集，政治局會議上，毛澤東主張「除蔣」、「罷蔣」、「審蔣」，給以「應得」制裁，命紅軍南下助張學良作戰，派周恩來前往西安。

老謀深算的史達林評估：當前只有蔣中正能統率中國各種政治勢力，為「抗日民族統一戰線」的惟一人選，若遭遇不測，親日的汪精衛很可能掌握大權，對中共與蘇俄不利。當日即致電中共指出，此為日本陰謀，張學良不能領導抗日，蔣如回心轉意，是抗日唯一領袖。

國民政府急於謀求營救之道，十二日開會決定由行政院副院長孔祥熙代理院事職務，軍政部長何應欽、考試院長戴季陶、司法院長居正等人主張立即討伐，孔祥熙主張和平談判，務必保全蔣的性命。

十九日，何應欽下令出動空軍，轟炸渭南、華縣等處，蔣夫人宋美齡不滿，認為置蔣於死地。二十日，張學良要求蔣「停止內戰、國共聯合、全力抵抗日本侵略、改組政府」等，蔣不同意。二十二日宋子文偕宋美齡前來，宋美齡勸蔣先離開西安，再言其他；對張說，蔣已同意改組政府，聯共抗日，願代蔣承受一切。

二十五日，蔣離西安飛洛陽，次日抵南京，張學良隨行。這段時間，輿論熱切討論失去蔣中正的中國是什麼樣子，蔣的聲望達到頂點，成為全國領袖，此時大可持續剿共，然而經此事變，蔣準備抗日，認為將獲蘇俄支持，陸續裁撤剿匪司令部。

中共轉危為安，過去極力爭取的「抗日民族統一戰線」終獲實現，陝北蘇區領域增大，中共中央自保安遷至延安，毛澤東時代自此開展。

中國內訌不已，日本虎視眈眈。十二月二十八日關東軍放話，中國政府若接受共產主義、對抗日本，將採必要方法，防衛滿洲國及維持東亞和平。

寒冬將盡，東京市中心，卻是疾風驟雪、驚魂動魄之時。昭和十一年（民國二十五年）二月二十六清晨五點多，一千四百多名全副武裝的士兵，戕殺內大臣齊藤實、大藏大臣高橋是清等，襲擊首相岡田啟介官邸，歷經此一叛亂，海陸軍控制中央，三月廣田弘毅繼任首相，等同傀儡，任由軍方增強政治影響力，廣田內閣持續不到一年，昭和十二年一月總辭，繼之組閣為林銑十郎，維持了四個月，同年六月近衛文麿繼起成為首相。野心勃勃的軍人掌控政權，蠶食鯨吞，變本加厲至走火入魔，中國面臨世紀浩劫。

主持筆政 凌駕各報 南報問世

國家多難，報業也不平靜。《時事新報》早在民國二十年底，因經濟左支右絀，裁撤編輯部職員十九人之多，天鵬為了聲援同事，和另六名編輯一起主動請辭。事件雖然和平落幕，天鵬得以留任，報館財務卻未見改善。民國二十三年二月十四日除夕，《時事新報》宣布解雇三十多名職員，張竹平無奈表明，報館營業日漸疲乏，長此以往，全體職工不免同歸於盡，只能以局部緊縮來維持現狀。經上海記者公會交涉長達一年，終獲同意全部復職。

張竹平實有難言之隱。一二八松滬戰役中，張竹平支持第十九路軍抗戰愛國行動，然而聲譽卓著的第十九路軍，戰後卻被調入福建，將領蔡廷鍇與陳銘樞等人，民國二十二年十一月二十日在福州成立「中華共和國人民政府」，宣布反蔣抗日，李濟深任主席。張竹平接受二十萬元投資，以四社——申時電訊社、《時事新報》、英文《大陸報》和《大晚報》作為福建人民政府的宣傳機構，並發表一系列社論，指責蔣中正不抵抗政策，民國二十三年元月福建人民政府消滅之後，蔣中正決心干預四社的經營。

民國二十三年七月十八日，申時電訊社舉行盛大的遊園茶會，到場中外佳賓三百多人。張竹平早知集團前景難料，內心惶恐卻故作鎮靜，宣示將立足上海，放眼天下，代表國家民族，溝通國與國間的文化，消除隔膜、闡揚正義與公理。上海市長吳鐵城繼而表示，聆悉張竹平報告，得知其保育勤護之功，至可欽佩，盼繼續努力，也望新聞界盡量扶持。

九月十七日，四社中的《時事新報》和《大陸報》以刊稿問題，遭到「暫時停止郵電」處分，集團營運頓時陷入困境，負債漸增、難以支撐。天鵬以國難至此，非吾輩苟安之時，仍盡忠職守，維持報館運作，雖然生活困頓，仍甘之如飴。

四社聯合辦公計劃加速進行。《大陸報》在民國二十三年下半年由四川路十一號遷至愛多亞路一六〇號新址；民國二十四年二月一日，設在望平街的《時事新報》與位於四川路的《大晚報》，兩報編輯部、採訪部和印刷廠移到新址，原址只留營業部；設在四川路的申時電訊社也在同一時間搬遷。

民國二十四年五月一日，張竹平在各大報刊出啟事：「鄙人一病經月，遵醫生囑，急須遷地休養」，聲明指出，他已辭去四社董事及總經理，職務暫由上海青幫大亨杜月笙代理。五月二十四日，《時事新報》、《大陸報》取消郵電登記長達八個月後，准予恢復郵電，「租界以外，行銷無阻，國內外直接訂閱者，即日照常郵寄」。

六月十六日《時事新報》、《大晚報》和申時電訊社舉行股東會，改選董事及監察人，浙江興業銀行董事長徐新六為三社董事長，魏道明為總經理，陳布雷任《時事新報》監察人，實際掌權者為獨攬全國經濟命脈的孔祥熙，此後，財政部指定《時事新報》專門發佈財務公告，逐漸成為全國性的政治、金融、財政報紙。天鵬調升為副總編輯，主持筆政與編務，朝氣蓬勃，十月八日發行一萬號，印行《特刊》一冊。為培養人才，報館開班授課，由天鵬編寫《時事新報新聞講習班講義》，時事出版社印行。

民國二十四年十月十七日，憲法草案審查完畢，正逐一修正，預備在民國二十五年五月五日公布，稱之《五五憲草》。為了採訪，天鵬經常前往南京，有時孫科交代原則與立場後，便囑咐梁寒操闡述。立法院過去是舊王府，粉牆朱廊，飛檐黛瓦，繁花迷離，曲徑通幽，寸寸園林步步景。梁坦然告知，談話內容有些不得公開，有了默契後，兩人園中毫無忌憚的交談，天鵬得到許多「特訊」和「密聞」，所寫的政治新聞和社論獨領風騷。此時《時事新報》規模可與《申報》、《新聞報》兩報並駕齊驅，而水準早已超越這兩大報。

民國二十五年，孔祥熙邀天鵬創辦《南報》，模仿法國最成功的大眾化報紙《小巴黎人報》（Le Petit Parisien），該報標榜政治獨立，內容簡短扼要，增加社會、體育等新聞，連載小說，採用最新設備，售價低廉，是法國最普及的日報，日銷約一百六十萬份，比第二大報《巴黎日報》百萬份銷量多了六成。

天鵬將《小巴黎人報》的優缺點綜合評估，訂出《南報》編輯方針，採用大型報新聞之長、小型報藝文之優，標榜三精：新聞精編、評論精悍、副刊精雋，好友張一葦出任總編輯。

籌備就緒後，《南報》於民國二十六年三月三日推出。版面雅潔，標題與綱要一清二楚；內容方面，新聞靈敏確實、評論洞隱燭微、副刊包羅萬象；篇幅雖小，選擇審慎，去蕪存菁，質量與一般大張日報，不遑多讓；副刊所載時事側影、政海秘聞等，足以與正面記載互相印證；其他如社會各階層之解剖，各色人物之形態，全囊括其中。

新舊藝文，精妙入神。七大專欄包括：

一、凌霄漢閣談薈：凌霄老人喜怒笑罵，皆成文章，每日撰小品一章，以娛讀者。
二、逍遙夜話：天廬主人〈逍遙夜談〉，膾炙人口，再度以清麗隨筆方式，記錄每日所感。
三、世界獵奇記：張若谷著作《遊歐獵奇印象》，風行海內，觸角將延伸至世界，舉凡各國奇風異俗、淫艷怪誕之事，全囊括在內。
四、黑貓皇后：林微音創作的連載小說，敘述舞場上演之怪誕荒謬卻又扣人心弦的故事。
五、近代閨秀詩選：由湘蓮館女史搜集詩詞，加以評註。
六、七種才情傳奇書：此珍本小說已成為海內孤本，情寄幽思，無限纏綿，堪稱佳作，宜供案前細讀，小說家胡寄慶評定，排定日期刊載。
七、艷異秘記：作家佚名，然翻看便知出自名家手筆，凡秘密奇案，妖狐蕩女，如燃犀角，此中有人呼之欲出，獵奇君子當撫掌贊嘆。

營運方面，集合新聞專業人才，以辦大報之經驗，經營小型日報，收費低廉，紀念定戶三個月收費五角，可免費試閱一星期。創刊以來，銷售激增，成為異軍突起之小型日報，原址不敷使用，三個月後便擴而充之，遷至新址大陸商場五百一十號，並發行增刊，收錄張若谷、曹聚仁、張崇文、趙景深、胡寄慶、徐凌霄、陳慎言、鄔孟暉、天廬等名家大作。

中日大戰　搖五嶽筆　掃千人軍

盧溝橋位於北平西南宛平縣城北，為「燕京八景」之一，由金章宗開工興建，明昌三年（一一九二）竣工。橋柱上有五百隻形態各異的石獅，義大利人馬可波羅曾驚嘆世上難有與之媲美之橋。

民國二十六年七月七日，屹立於此已逾七百年的古橋，傳來震天動地的砲火聲，日軍演習夜戰，晚上十一時，借口一名士兵失蹤，要求進入宛平縣搜索，故意挑釁，藉題發揮，驟然進攻，我駐軍團長吉星文拒退，「七七事變」爆發，宣傳局通知全國報業，隨時做好應變準備。十一日中國同意撤退盧溝橋及附近駐軍，日本政府卻命令朝鮮和滿洲駐軍開往華北，第二天擊潰北平天津附近冀察政務委員宋哲元軍隊。

事件發生時，蔣中正在避暑勝地江西牯嶺廬山，準備舉行國事談話會，商討華北局勢。十七日，蔣中正宣布：「事變能否不擴大為中日戰爭，全繫於日本軍事行動，和平根本絕望之前一秒鐘，我們還是希望和平……任何解決不得侵害中國主權與領土完整。」

二十日，日軍砲轟宛平縣及長辛店，二十九日宋哲元離開北平；天津激戰後於三十日陷落。日軍備妥《停戰條件》、《國交調整案綱要》，準備談判，認為所有懸而未決的事項，透過軍事手段，便可予取予求。

蔣介石決定另闢戰場，全面抗戰。日本機械化部隊適合在一望無際的華北平原，奔馳作戰；煙雨江南，地形複雜，河流交錯縱橫，湖沼星羅棋佈，國軍在此築起防禦工事，將戰場轉移到外僑人數最多的上海，讓地域性「華北事件」放大為日本故意挑起的「中日大戰」。

七月下旬，日本駐上海艦隊司令長谷川清重施故技，借口陸戰隊一名隊員失蹤，在上海閘北部署了重重軍力。蔣中正決定背水一戰，八月十三日上午九點十五分，國民政府宣布自衛抗戰，封鎖海岸，抵抗登陸。天鵬胞弟天鳳是警備大隊長，調駐上海閘北，配合駐軍，對日寇進行反擊，「八一三」大戰奏起了中華民族生死存亡的進行曲。

天鵬寓居的上海，成為外國人眼中的停屍間，數以萬計的難民帶著家當湧入公共租界和法租界，人潮摩肩擦踵，橋道壅塞，車行緩慢近乎停滯。

八月十四日星期六，鎖定轟炸日艦「出雲號」的空投魚雷掉在南京路上，匯中飯店慘受波及，煙霧散去後，燒成腥紅色的屍塊散落一地。另一個炸彈掉在購物大街愛德華七世大道，上千名中外人士死於非命，理應安全的公共租界，成為恐慌之城。

八月十五日，日本動員編組上海及華北派遣軍。二十日，中國劃分南北各戰區，勇猛進攻，「各地將士，聞義赴難，朝命夕至，以血肉之軀，築成壕塹，有死無退」，頃刻間，繁華擁擠的大街成了溝壕，十里洋場鋪陳人間煉獄，屍橫遍野，滿目瘡痍，震驚中外！

日軍逐巷佔領上海，大火延燒，每日報章新聞令人不忍卒睹，其中一則報導形容：烈焰從黎明前開始，持續延燒一整天，北邊華人市區捲入火海，濃煙上升數千英尺，隨著南風飄移，籠罩吳淞鄉下地區，吹送到長江日本軍艦集結處。

報館營運危如朝露，工作人員命在旦夕。天鵬誓言，堅守媒體崗位至最後一刻，以筆刀當寶刀，以紙彈殲敵，柳亞子為天鵬寫了一對聯：

消磨身世詩千首，搖落江山酒一杯。

葉楚傖認為，這是名士派，沒有革命黨人的氣魄，改寫成：

消萬古愁，憑一樽酒；搖五嶽筆，掃千人軍。

日軍發動大規模空襲，中國訓練不足、裝備未齊，外人以為支持不到一週，沒想到長達十週。蔣中正心知肚明，國軍三個月傷亡人數達十八萬七千人，不可能再增加更多兵力死守上海。十一月八日，下達撤出上海秘密令，卻對外放出煙幕彈，宣布「上海南市區將誓死抗戰到底」，一直到十二日才公布，城南孤軍已經撤退，軍事總部移至武漢，在此部署華中保衛戰。

中央通訊社二十日發表《國民政府移駐重慶辦公宣言》，指陳：暴日傾其海、陸、空軍之力，連環攻擊，要我為城下之盟，為長期抗戰起見，國民政府移駐重慶，以最廣大之規模，從事更持久之戰鬥，「寧為玉碎，不為瓦全」。國民黨中央宣傳部副部長周佛海悲觀至極，藉酒澆愁，長嘆：「命運已定，無法挽回矣！未知吾輩死在何處也。」

《時事新報》即將在十二月九日慶祝三十週年紀念，獲悉政府移駐重慶，上海已落入日本之手，「不甘奴顏事敵」，十一月二十六日自動停刊，天鵬與報社同仁張羅西遷事宜。

四川古稱天府之國，地形險峻，易守難攻。東部重慶，地處長江、嘉陵江之會；東下夔荊，西指成都，南走黔滇，北顧漢中，居水陸總樞；地形上，背靠青康藏高原，東南北面有大巴山、巫山和大婁山，平均海拔一千公尺以上，具雄奇險峻之天然屏障，而長江三峽數百公里的川江航道，灘險流急，峭壁懸崖，是天造地設的戰時政府根據地。

十二月一日，蔣中正和宋美齡在南京度過結婚十週年；七日，兩人離開南京；八日，日軍開始進擊南京中國守線，五天後南京淪陷。日兵在城內及鄰近六個農村，大肆燒殺姦淫赤手空拳的平民婦孺，手段泯滅人性、人神共憤，光是第十六師團在進城的第一天就集體屠殺三萬兩千多名中國戰俘，推估三個月犧牲者超過三十萬人。十二月二十四日，絲綢之府杭州陷入日軍殘暴之手。

中日大戰爆發，天鵬仍堅守新聞崗位。

第五章　出生入死　筆軍統帥

沿海各省及長江、黃河下游為人口、工業、學校、商業及新聞媒體集中地，也是中日主要戰場。戰事開始，百姓向大後方遷徙，人數一度高達一億，佔全國人口的百分之十五至二十。然而長江水道及鐵路設施在八一三戰役受到敵機密集轟炸，導致交通中斷，眾多新聞從業人員在內遷途中流離死傷，器材焚燬散失，正在進步建設中的報業，被破壞殆盡。

民國二十六年十二月，天鵬和《時事新報》總經理崔唯吾，帶著報館器材和大批工作人員，繞道廣州，經粵漢鐵路赴漢口，轉船入川。在羊城作客時，廣東省主席吳鐵城遊說天鵬留下，為潮汕家鄉服務，但天鵬已經答應孔祥熙將協助《時事新報》在渝復刊，仍依原定方案入川。

升總編輯　聲望銷路　登峰造極

遷川的報社匯聚全國精華，陣容浩大。最早佈局的是南京四大報之一的《新民報》，民國二十七年一月在重慶發行，新聞精簡，副刊精彩，取材多為花邊新聞，著重掌故、小說，以小市民為發行對象，屬鴛鴦蝴蝶派[6]之小型報。

---

6 鴛鴦蝴蝶派取自〈花月痕〉：「卅六鴛鴦同命鳥，一雙蝴蝶可憐蟲」，原指才子佳人相悅相戀，分拆不開，柳蔭花下，像一對蝴蝶、又像一對鴛鴦，後泛指通俗文學。

其次入川者為上海《時事新報》，以新式輪轉機印報，印刷時間短，較早出報，內容豐富，政治和金融新聞詳盡，副刊《學燈》享有盛譽，由於資金充沛、設備完善、人才濟濟，以壓倒性的優勢，迅速站穩腳跟，領導重慶新聞界。

直屬國民黨的《中央日報》抗戰後先遷至長沙，民國二十七年九月遷渝，社長為程滄波，社論由黨報社論委員會供應，撰稿者皆為一時俊彥，編採部和印刷廠設在會仙橋，管理部和業務部設在新街口。

無黨無派、標榜中立的《大公報》十月在漢口發表氣壯山河的休刊詞：「本報決移重慶，而吾人之心魂仍在大別山英雄之旁」。十二月在重慶復刊，由於事先未雨綢繆，廣招新人，營業與發行，很快步入軌道，主持筆政的張季鸞活躍於政壇與新聞界，受到廣大讀者信賴。

遷渝的報紙還有以軍事消息見長的《掃蕩報》、天主教主辦的《益世報》、關注教育與知識界的《世界日報》、民營的《南京晚報》、共產黨創設的《新華日報》，至於通訊社有中央通訊社以及十多家地方通訊社。

天鵬事前調查，重慶報紙大多數為地方軍政所辦或是財團津貼支持，具濃厚的地方色彩與割據稱雄傾向，四大報各有特色：

《新蜀報》民國十年創刊，由四川軍人出資，社長陳愚生，總編輯劉泗英，發行數月後因觸怒當局而被查封，民國十一年復刊，實際負責人為周欽岳。以軍事消息見長，主旨為「輸入新文化，交流新知識」，編輯方式仿京漢各報，副刊可圈可點。

《國民公報》為四川省銀行總經理康心之買下成都《國民公報》招牌，於民國二十五年遷移至重慶出版，編輯人員曾服務《大公報》，版面印刷有相似之處，重視抗日救國宣傳，經濟消息靈通，在市民眼中為代表金融實業界報紙。

《商務日報》創刊於民國三年，由重慶總商會會長曾禹欽等人創立，社址在商會內，目標為推進會務，重視商業消息，反映商民意見，勸惡揚善，啟迪民智，外界譽為「衛生報」，讀者以商行從業人員為多。

《人民日報》前身為民國二十四年創刊的《枳江日報》，董事長為涪陵縣長李子儀，總編輯為梁佐華，內容以針砭時弊為主，發行四個月停刊，改為《人民日報》，編輯輯仍為梁佐華，社長改為軍事委員會重慶行營少將參議雷清塵，對於地方事件，常有露骨的攻訐，曾刊登俄國十月革命及宣傳蘇聯社會主義成就，民國二十七年五月改組為《西南日報》，社長為汪觀之，總主筆為雷清塵。

這四大報分別以軍事、金融、商會、時勢見長，以地方報而言，具備一定的水準，但若和京滬大報相比，不免黯然失色，為求生存，群起革新。此外，從沿海各大都會區來到重慶的新聞工作者，高達五、六百人，加上世界各國主要報紙及通訊社皆派駐記者，重慶得到前所未有的發展，一躍成為國際新聞中心。

天鵬於民國二十七年二月十八日抵達重慶，晉陞為總編輯，行政事務異常繁多，冠蓋應酬接二連三，絲毫沒有喘息之日。繁華上海僅此一家大報在渝出版，備受矚目。《申報》指出，「《時事新報》創刊已達三十週年，因為反對日本干涉，而遷至重慶，繼續發行，總經理崔唯吾和總編輯黃天鵬正積極籌備中，短期內可出版。」

忙亂中，終於在四月復刊，編輯方針充滿濃厚的天鵬色彩，年少時堅持的公益與中立、研究與監督，成為報館政策，藉由社論，多次向讀者傳達，《時事新報》是一份學術性的商業報紙、公用型的文化機關，在權利義務對等下，擁護並監督國策，論事評人，促進建設，而中心思想為抗日救國。編務在天鵬的主持下，氣象萬千，成為重慶報業中，聲望和銷路僅次於《大公報》的全國性大報。

對廣告的招攬，天鵬周詳擘劃，將財政部公告全部以廣告型式刊載，拉抬並烘托其餘廣告，各行各業樂於在此宣傳，《時事新報》資金周轉和外匯調度成為報業之冠。

名校遷渝　獻身杏壇　弦歌不輟

抗戰期間，陪都不僅是新聞事業中心，也是新聞教育中心。北平、天津、南京等各地名校陸續遷移至此。

位在南京的國立中央大學民國二十六年八月遭受空襲，九月利用長江輪船將圖書和儀器運至重慶市郊沙坪霸新校舍，十一月初照常上課。最後留在南京大勝關一小部分農學院牲畜，在首都淪陷前三日渡江，經蘇、皖、豫、鄂各省，遊牧入川，一年內安抵重慶，校長羅家倫為此寫了首《校慶感賦》：「嘉陵江上開新局，劫火頻摧氣益遒，更喜牛羊明順逆，也甘游牧到渝州。」

中央陸軍軍官學校同年八月，由南京，經九江、武漢、銅梁，隔年十一月到成都，四易其地，歷時十六個月。位於八一三淞滬戰區中的復旦與大夏大學，組成聯合大學，在民國二十七年一月輾轉至重慶，二月開學，招收舊生、新生、轉學生，共八百多人，在市中心菜園垻上課。五三、五四大轟炸後，市區成了焦土，新聞系遷到北培。民國三十一年夏季由北培黃桷鎮移到夏壩。

民國二十七年四月，羅家倫偕同中央大學中文系主任胡小石登門造訪，天鵬茫無頭緒。羅家倫笑說，中大雖然已有「新聞學」課程，但開在政治系，教授為林森的秘書鄧亞魂；中文系擬定的「新聞文學」，偏向寫作與編輯，希望天鵬訓練學生編寫新聞、社論及演講稿等，以勝任報館和政府機關新聞室任務，有更多就業機會。自此，天鵬往返沙坪道上長達三年。

九月，培養戰術將領的中央陸軍軍官學校向天鵬招手，此校前身為孫文指示成立的黃埔軍校，民國十六年遷至南京，現至四川。政治部主任鄧文儀邀請天鵬主持教務，職位同少將編審委員，天鵬立即應允，為軍校開設傳播課程，訓練新聞將才，以利戰時宣傳需求。

民國二十八年春，中央政治學校新聞系主任馬星野到訪。早在數年前，馬星野就多次邀天鵬從上海前來南京授課，當時天鵬在報館主持編務，凌晨三、四點下班時乘京滬路夜車，早上到達南京後，直接到校授課，下課再乘下午車返滬，第一日的上半夜和第二日的下半夜仍然在報館工作。受限路途遙遠，無法進行常態性教學，只能儘量抽空前往演講或進行專題座談。

馬星野多次公開表示，天鵬一生學習新聞、從事新聞事業及教育，興趣之高、信心之強，無人能及；著書立論，強調專業之重要，激發青年學習與從事新聞業，為中國新聞界的先驅者與拓荒者，和戈公振併列為南北開路先鋒。

中央政治學校在民國二十六年秋天遷至廬山牯嶺，民國二十七年春天轉赴湘西芷江，秋季又遷往重慶南泉的小溫泉，《時事新報》已經遷渝，如今馬星野三顧茅廬，天鵬慨然允諾，主講「報館組織與管理」，後來中央宣傳部與中央政治學校合辦新聞專修班，主任潘公展延攬天鵬教授「新聞寫作」、「廣告與發行」等。

天鵬授課內容精彩生動，在理論課程之外，經常穿插報界趣聞。中央政治學校學生

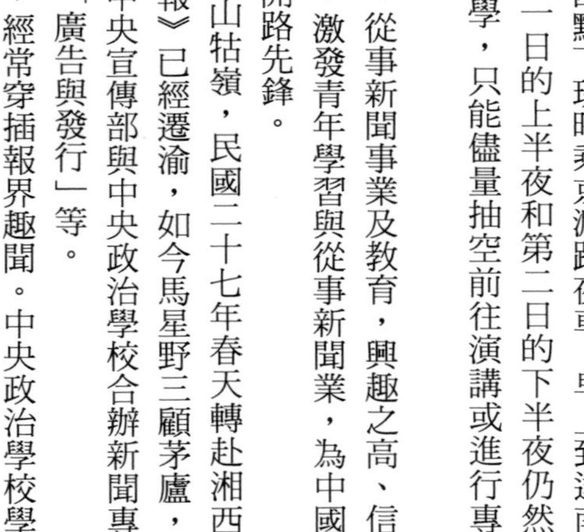

中央軍校徽章。

程其恆說，同學們看到黃教授穿過操場走來，遠遠的就嚷著：「廣告來了，廣告來了」。一次，課堂上，天鵬說了一段故事：胡文虎的萬金油、八卦丹，起先不肯登廣告，上海某家報紙，忽然大篇幅登出一句話：「胡文虎意欲何為？」結果電話與信函交相詢問，胡文虎苦惱不堪，隔了幾天，在原版面登了一句話，「胡文虎要登廣告」，轟動一時，成為茶餘飯後的閒談，也讓產品更廣為人知。

邀請天鵬授課的還包括復旦大學，校長吳南軒以天鵬為復旦資深教授，多次以舊燕歸巢遊說，天鵬因報館事務繁忙，兼課已多，分身乏術，只抽空演講「戰時新聞管制」、「報業經營」等。

速戰速決 用細菌戰 建新政權

日軍侵略，步步近逼。民國二十七年一月十一日，裕仁在東京主持御前會議，首相近衛文麿提出處理中國的基本政策，包括賠款及分割華北地區等，要求國民政府在七十二小時內接受。十六日，日本宣布將擴大「以戰養戰」策略。蔣中正展現鋼鐵意志，一月底宣布堅守徐州、保衛武漢。日軍持續轟炸武漢，越過淮河，深入魯南，進攻臨沂。徐州東北台兒莊為期四週的攻守尤為激烈，日本祭出催淚瓦斯和大砲，國軍百折不撓，截斷日軍補給。是役，日軍被殲一萬六千人，四月七日突圍逃跑，國人士氣大振，抗戰精神逐漸在民間流傳。

日軍很快地修改作戰方式，增調兵馬，改向魯豫交界及皖北進攻，在難分勝負的激戰中使用化學武器。五月十五日，蔣中正批准撤退，國軍借由猛烈的風沙和濃霧，十八日離開徐州。戰場移至豫東，六月五日開封失守，華軍掘毀鄭州以東花園口黃河堤防，洪水向南泛濫，替國民政府爭取足夠的時間撤退至重慶，然而代價高昂，五五英尺高的大水淹沒華中五萬四千平方公里的土地，估計死者高達五十萬人，難民超過三百萬人。

八一三戰後中國唯一海口廣州，十月二十一日被日軍佔領，十月二十五日武漢棄守。三十一日蔣中正宣告全國同胞，中國採持久戰與消耗戰，以空間換取時間。

日寇揚言三個月內使中國屈服，從七七事變至武漢會戰已達十五個月，侵佔之地包括東北、沿海及長江下游城鎮及交通，無法深入鄉村，中國仍擁有廣大的西北、西南、華北、華中、華南大部分。日軍只懂侵略，卻不知如何重建秩序。幽燕之地，自古多豪傑，各地攘臂起義的武裝自衛隊，發動游擊戰，勢如破竹，日本極欲建立新傀儡政權。民國二十七年十二月二十二日近衛宣布「更生中國」方針，欲徹底消滅國民政府，與新生政權相互提攜。

民國二十九年三月二十九日，汪精衛政權成立於南京，自任國民政府主席兼行政院長，兩年多前成立的「北平臨時政府」改為「華北政務委員會」，由日本直接控制。為避免戰情拖延，日本開始使用細菌武器，實施戰略性轟炸和殲滅戰，訂下「三光政策」——燒光、殺光、偷光，遇害中國百姓超過二百四十七萬。

五四紀念　彈如雨下　民族祭日

重慶是西南交通重鎮，為大後方政治、軍事、經濟、文化中心，更是戰時政府所在地，遭到轟炸次數最多、規模最大、持續時間最長、損失最為慘重。

民國二十七年二月開始，日軍展開空中偵察和試探性攻擊，撒下宣傳單告知：投彈目標為抗戰司令台、政府單位、軍事和新聞機構，並誇下海口，要炸到中央社停止發稿、廣播電台禁聲、報社全面停刊。

十月二十五日，日軍侵佔武漢後，將娛樂競技場漢口萬國和華商賽馬場，改建成司令部、兵營、飛機廠、彈藥庫等，成為毀滅中國的出擊地。西洋聖誕節，日軍下達滅絕人性指令：「攻擊重慶市街，震撼敵國政權上下」，日本軍機飛入市區進行轟炸，空襲警報響徹山城，硝煙瀰漫，烈火焚燒，居民措手不及，陷入驚恐，亂成一團，就連警察也不知道該如何應變，勸導老百姓關門躲在家中，讓小孩藏在桌下，當作簡易防空洞。國民黨中央黨部職員許蔭松一家九口，魂歸一彈，重慶政府加速進行防空工程。

中國空軍有六百架，可供戰爭之用不足一半，日軍作戰飛機五千架，憑藉強大的優勢，展開全方位、無差別、連續性、高密度、無限制、地毯式疲勞轟炸。

民國二十八年五月三日，豔陽高照，萬里無雲，有利飛行員鎖定目標，目測投彈，日軍三十六架中型攻擊機，在午後一時，背著太陽，利用反光掩護，飛到重慶市中區，炸彈紛紛落下，子彈連續發射，驟然之間，爆炸聲和房屋傾倒聲，撼天動地，街上遍布斷頭、斷手、斷腳，肝腦塗地、支離破碎。這天，日軍共投下爆炸彈九十八枚、燃燒彈六十八枚，炸毀房屋一千零六十八間，六百七十三人朝生暮死。

從兩江匯合處朝天門到中央公園兩側約兩公里繁華市區，為落彈最多處，也是報館集中地，市區二十七條主要街道有十九條成為廢墟。《時事新報》和《中央日報》位在上城區的新街口、中央社位在鐵板街、《國民公報》和《新華日報》位在武康街；而《大公報》、《新蜀報》、《商務日報》位在下半城。《掃蕩報》、《新華日報》和《大公報》編輯部和印刷廠被炸毀，《大公報》工友王鳳山在搶救器材中，遇難亡故。

天鵬為了確保報紙正常出刊及工作同仁的安全，顧不得自身及家人風險，在報館中研議疏散方案，未料日方別有用心，企圖將「五四運動」二十週年「紀念日」，搖身一變，成為天降橫禍的「民族祭日」。

五月四日，二十七架飛機進入重慶市區，大規模狂轟濫炸，燃燒彈挾在炸彈中投下，加上前一日餘火未燼，火焰勢如狂熾，市區成了火葬場。機關、學校、工廠、領事巷等，無一倖免；都郵街十五家絲綢店全部塌陷；國泰電影院二百餘觀眾傷亡；三十多家銀行中有十四家遭到襲擊；古老的羅漢寺、長安寺被火舌吞噬；安息會教堂、中華基督教會等外國教會同遭大火焚毀；就連紅十字會、英國大使館、法國領事館、德國大使館也全部中彈，難逃一劫。

渝中地區二十多平方公里的彈丸之地，一日之間十六處燃起熊熊大火，其中橫躺著許多焦灼的骷髏。火舌吐出毒焰，愈燒愈旺，無法撲滅，高壓水槍不夠用，消防隊員只能以手撲打不斷竄出的火苗。房屋崩折，樑柱倒塌；四處散落的瓦片，伴著飛灰騰舞；東倒西斜的電桿電線和連根拔起的樹木，雜亂交錯；屍體遍地，走在路上往往會踩到斷肢、碎肉、肚腸，簡直寸步難行。

天鵬從寓所中冒著火燼前進。到了《時事新報》，水電中斷，工作人員失散，報紙無法出版。四處檢視，機器房中有一未爆彈；登樓一望，山城浴在火海中，前一夜整齊的樓房如今已成瓦礫和烟火，中央社總社被炸全毀，武漢分社主任李堯卿、《中央日報》記者張慕雲、劉治平、戰區電台主任劉柏生等人殉難。

竹節和木樑斷斷續續發出爆裂聲，淒厲絕望的哀號從四面八方傳來。烽火中、斷垣殘壁裡，隱隱傳來歌聲，是這麼唱的：「任你龜兒子

五四當天，天鵬拍下浴火中的重慶。

凶，任你龜兒子炸，格老子我就是不怕；任你龜兒子炸，任你龜兒子惡，格老子豁上命出脫！」任誰都會熱血沸騰，天鵬內心怒吼：

> 日本軍閥對這不設防城市，盲目摧毀，野蠻兇暴，慘絕人寰，陪都人民遭受無比的慘痛，愈增加復仇的火焰。

五四這天，日機共投下七十八枚炸彈，燃燒彈四十八枚，三千三百一十八人被炸死。三、四兩日，近四千人罹難，約五千間房屋被炸毀。

掌聯合版　無懼生死　與彈共眠

在《中央日報》主持編務的劉光炎，五月四日從南溫泉住家搭公車返回重慶。一路上，乘客們神色倉皇、七嘴八舌陳述轟炸情形，接近海棠溪時，忽然司機飛也似地奔下車，乘客跟著以迅雷不及掩耳的速度下車，伏在草地上，抬頭上望，二十一架大型繪有紅太陽圖騰的日本轟炸機急速從重慶回航。

敵機走遠後，劉光炎重新上車，趕到江邊，對岸有十多處大火，有些高達二、三十丈。渡江進城，至新街口《中央日報》社，沒想到辦公的人員比平常多，原來是會仙橋編採部被大火燒成灰燼，只好集中至此。報社火灶壞了，沒有飲用水，劉光炎口乾舌燥，至對面的《時事新報》報館取水。

天鵬與編輯部同人正共進晚餐，邀劉光炎加入，佐餚只有鹽鴨蛋和開水，大夥卻視為珍饈美饌，大塊朵頤，覺得可口無比。窗外熊熊大火，天鵬若無其事的說，《時事新報》已經中彈，入地數尺，尚未爆炸，機器設備仍能正常運作，可供借用。

劉光炎臉色大變，仔細評估，多數報館已被炸毀，《中央日報》若要出刊勢必借用《時事新報》排印出版，然而此處位於經濟部和中央銀行旁，為敵機必炸之處，工兵警告說，地面上的炸彈達五百磅，無法剜開，隨時可能引爆。另一選擇為位在遠處、未被轟炸的《國民公報》，在安全考量下，《中央日報》寧可捨近求遠，至設備較差的《國民公報》出報。

各報陷於停頓狀態，天鵬代表《時事新報》和《中央日報》、《國民公報》、《大公報》討論聯合出版事宜，決定編輯用輪流方式，營業各自獨立；公共費用平均分擔，假設承印報館遭到轟炸意外，損失由四家共同賠償；印刷由《國民公報》承接，其餘三家，先行遷移。

五日上午，四報主管議論中，傳來軍事委員會委員長蔣中正手諭，下令各報疏散到郊外，停刊期間，發行「聯合版」。下午各報分別舉行會議，當晚決議，籌組堅強陣容，除了先前四報之外，加入《掃蕩報》、《新蜀報》、《商務日報》、《新民報》、《西南日報》等，一共九報，六日開始發行。

各報負責人聚集到領事巷康心之公館，商議組成《重慶各報聯合版》，最高組織是「重慶各報聯合委員會」，相當於董事會，下設經理委員會、編撰委員會和遷移委員會。互推程滄波為主任委員，職務等同董事長；天鵬為經理委員會主任委員，等同總經理；《大公報》王芸生為編撰委員會主任委員。各報總經理依專長興趣參與各委員會工作，總編輯分別擔任聯合版每一版的主編，各報社長依專長興趣擔任主筆或負責經理業務。

五月六日，《重慶各報聯合版》在砲火中問世了，頭版刊登九報〈發刊聯合版啟事〉及〈發刊詞〉：

一、最近敵機的狂炸重慶，是抗戰開始後敵人獸行表現最野蠻殘酷的一幕……聯合版的發刊，在報業史上，永遠是慘痛悲壯的一頁。

二、聯合版所表現的精神，最顯著的是團結。重慶的報界，現在本是集合京滬津漢的精英，在人力物力比以前格外充實。

三、敵人對我的各種殘酷手段，我們的回答是加緊我們的組織，粉碎敵人的陰謀詭計。

共產黨原先致函《中央日報》及《時事新報》，表明未與國民黨中宣部交涉前，《新華日報》不加入聯合版。中共中央南方局書記周恩來為《新華日報》董事長，負責宣傳與發行，並親主筆政，考慮到同業關係及開展統一戰線，旋即面見中宣部長葉楚傖，得到「聯合版只是臨時措施，絕對不會讓《新華日報》就此停刊」的承諾後，五月七日《新華日報》加入聯合版，至此組成份子共有十家。

聯合版第一天就《國民公報》原有設備編印，出一中張，工作人員也集中至此。當晚，編輯部負責人劉光炎就寢時，身上奇癢無比，開燈一看，上千隻臭蟲分三路圍攻，用手撥開，東抹西捺，整個床單都染成紅色，卻無法趕走臭蟲。徹夜未眠下，巡視工房，看到排字工人無所事事地抽煙談笑，一會兒領班來了，順手拿了個竹製籮盤，把所有稿子放置其中，將籮盤向上一拋，稿子紛紛飛起落下，每位工友拾得一份，各自去排字。由於長短不同，有些人一下子排完，逕自回宿舍休息；有些稿件太長了，排了許久仍無法完成，不免忙中有錯。

清晨翻開報紙，果然錯誤百出，領班卻泰然自若，認為如此分配工作，最好最公平。劉光炎心想，《國民公報》人事管理不良、工作效率差，比較之下，《時事新報》位在市中心，交通方便；工班來自上海幫，態度積極認真；機器裝置先進新穎，雖然為空襲重點區域，但附近有經濟部設備良好的防空洞，只要不考量地下的未爆彈，便是最佳選擇。五月九日開始，聯合版遷至《時事新報》辦公，並由《時事新報》承印，由一中張擴充到一大張。

發行之初，一切混沌不明，經理委員會八日成立，下設總務部及業務部；總務分文書、會計、庶務三課；業務設廣告、發行、印刷三課；另設總稽核室。各部門的辦事人員從各報館調用，由於成立時間過於倉促，管理不易，工作支配難以盡善盡美，天鵬建立行政系統，規定工作時間，厲行考核辦法，改善工作效率，會務立刻步入正軌。

編輯委員會職責為編輯新聞、撰寫評論與審核稿件，由各報編輯人員輪流。然而各報訊息取捨、編排格式、字體大小，甚至於標題作風等，完全不同。每個人都依原來慣例、標題欄數、發稿時間，依序作業，發完就走，不看大樣，工人根本就無法配合。

天鵬眼看情形不對，整夜坐鎮指揮調度，由於白天還要辦公，索性搬一只行軍床住到樓上留守，置生死於度外，毫不擔心一樓地面的未爆彈，只盼聯合版能順利按日出版。

編輯後來採用天鵬的建議，仿傚經理委員會，改用專任制，並擬出固定編制形式，各報各調一人參與，過去風格迥異、龐雜紛紜的版面，終於有了統一的架構。聯合版運作，從經營、管理、編輯、印刷至發行，天鵬肩負了實際的責任。

五月至八月，是重慶最熱、能見度最佳的季節，敵機趁此日夜轟炸，導致百業蕭條，水電經常中斷，一宿一食皆感艱辛。夜半警報響了，躲入防空洞，解除後又回到辦公室，在搖晃的燭光下編稿排印。好幾次工作人員在防空洞中站立了四、五個小時，整夜未眠，警報一解除，仍然照常完成任務。

一次，整夜警報驚擾，直到上午報紙才編排完成，卻沒有電力印刷，葉楚傖拿著最高當局的手諭，要當天的報紙，天鵬只好臨時僱用大批工人，以人力印刷。

五月二十五日，警報響起，天鵬和同事忙於編報，在敵機已經侵入市空時才匆匆離開報館，在美豐銀行前，突然一聲巨響、落彈爆炸，天鵬眼前一片漆黑，原以為大限已至，待鎮定後發現自己安然無恙，而站在前面和旁邊的同事皆不幸罹難。

《重慶各報聯合版》工作同仁，右二為天鵬。

又一夜，日軍進行疲勞轟炸，天鵬和記者匆忙奔出報社躲避，遠方不時傳來爆破聲，突然敵機飛近，瘋狂掃射，硝煙四起，天鵬感到天昏地暗，搖搖晃晃站定後，聽到一聲巨響，同行的記者直挺挺的倒在地上，而天鵬只是外衣中彈。

接著又有幾名工友，因職務關係，來不及進入防空洞，其中四名被炸受傷，一人傷重殉職。由於《時事新報》所在地新街口為轟炸密集處，為了確保同仁安全、穩定工作情緒，天鵬購買經濟部及青年會防空洞證，分發職工備用。同時也以《新民報》遷至近郊大田灣的印刷廠為第二工廠，七月十二日編輯部和印刷部移至此處，經理部仍在原址冒險工作。

重慶精神　浴血奮戰　不朽傳奇

聯合版始終供不應求，經常上市一、兩個小時內就銷售一空，就連報販也買不到報，於是大報販抬高售價，小報販以更高的價格在街道兜售，有些異想天開，在碼頭和大街上收購別人看過的報紙，再轉賣他人，定價五分的報紙漲了一倍以上。為了舒緩亂象，七月一日開始增加數量，由兩萬多份提高到最高三萬八千份，每份定價由五分提高至六分，並函請憲警，取締哄抬價格行為。

天鵬掌管的廣告部門，天未破曉，櫃台外已大排長龍，好似名伶演劇，觀眾爭先購票般。大轟炸後進行大疏散，市民、商店與公司行號大多遷移至鄉間，尋人啟事、遺失聲明等廣告眾多，還沒有到辦公時間，就有許多心如火焚、搓手頓足的排隊人潮。通常第一天交登總要到第三天才能登出，有時無法應付，只好暫時停收一、二日，絕對不會為了盈利而擴充廣告版面，並且拒絕刊登一切有「毒素」的廣告，例如花柳、梅毒與惡意攻訐之類。

戰時紙貴如金，平時每令十幾元的報紙，市價已達六、七十元，並持續上漲中。聯合版一張紙也沒有，天鵬從早到晚，東奔西走，四處張羅，初期紙張向《時事新報》、《國民公報》及正中書局借用，往往只能勉強維持幾天，多方交涉後，由中宣部出面向貿易委員會商議，將先前運存昆明的捲筒紙，載至重慶，才順利取得紙張，每令四十多元，聯合版意外出現盈餘，若照市價購紙，虧損將嚴重到無法收拾。

聯合版為戰時首都惟一報紙，然而冒著生命危險的工作人員，待遇比原服務報館還少。編輯人員輪流工作，只略發車資；各會委員除主任委員及兼負一部分責任者略支車馬費外，其餘為無給職，膳食由會中供給。經理和編輯兩部門人員加起來大約一百五十人。

如此艱困環境下，聯合版卻是有史以來將輿論的力量發揮到極致者。戰前內憂外患，輿論鼎沸、譁眾取寵；政府缺乏足夠的應戰實力；共產黨以抗日號召民眾；日本軍閥以防共要挾國民政府。一直到宣布長期抗戰後，紛歧龐雜的言論才漸趨統一。中宣部組成社論委員會，由部長主持，每週開會三次，報告時局、判斷情報、決定社論題目，推派執筆委員，撰寫聯合社論，展現團結、刻苦、奮鬥之「重慶精神」。

中央期許聯合版維持運作，持續發行。外在的刻苦環境皆可克服，反倒是內部人事複雜，超乎想像。工作人員生命時刻處在威脅中，經常萌生不如歸去之感，偶爾意氣用事、草率行事。另外，各報意見分歧，《新華日報》一再要求提早復刊，「七七」紀念日時獨立發行特刊，有意繼續發刊。

劉光炎回憶，編輯人員代表的報紙五花八門，各逞其能，各標立場，不肯從屬一尊。《新華日報》擅長宣傳，總是抓住各種機會在標題和附註上大做文章；《大公報》總編輯王芸生眼高於頂，膽子卻極端的小，偏偏每次當班都遇到大轟炸。一次，王芸生在陝西街的防空洞躲警報，因為人太多，空氣不夠，洞內上千人拚命往外跑，推擠中，弱者倒下無法起身，強者往上踩過，王芸生個子矮，洞口又高，頭上被許多人踩踏，幾乎嚇死，推說有心臟病，躲到離市區一百多里的北培溫泉區，再也不來聯合版上班了。

如何整合？實在棘手！簡直是天鵬近二十年新聞生涯中，最艱鉅的一段。在聯合委員會中，天鵬建議：一、戰時有必要集中輿論力量，實行合理分配，將性質相近報紙合組成一報，戰爭結束後，各報可依原來狀況復刊；二、為解決大都市「報剩」、內地「報荒」情況，政府必要時應適當分配各報出版地點。然而聯合版十家報紙各有特點與背景，整併不如疏散容易，何報應留？何報應遷？斟酌再三，難以決定，只好順其自然。聯合委員會第十四次會議決定八月十二日結束，十三日各報復刊。

聯合版從五月六日創刊至八月十二日，歷時九十九日，譜寫中國報業史上最輝煌、最值得紀錄的樂章。劉光炎直指，新聞界全才天鵬功勞最大，不但在大學教書，又會編報寫作、更具備文人普遍欠缺的營運管理知識，最重要的是擁有過人膽識、蹈鋒飲血，死守老營，日夜不離。《大公報》特派員陳紀瀅說，天鵬實為聯合版唯一舵手，其餘的人皆是船伕；他也是光明製造者，其餘的人都是湊亮的；聯合版在天鵬的掌舵下，反映出急難中存亡與共的精神，是新聞史中值得大書特書的事蹟。

馬星野形容，重慶被轟炸，日以繼夜，鬼哭神號，流血浮丘，如果人民沒有報紙看，必定謠言四起，民心士氣備受打擊，在此危急時刻，天鵬毅然決然接受聯合版總編輯重責，人家可以逃警報、避鄉間，這首都唯一的總編輯卻要冒生死之險，坐鎮危樓，讓人打從心中佩

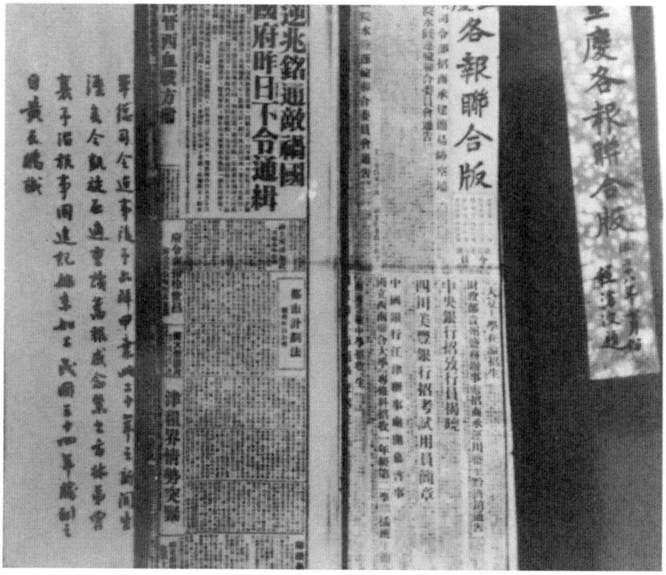

天鵬收藏之《重慶各報聯合版》，由程滄波題簽。

服。法學專家阮毅成稱讚天鵬立論公正，謀事忠誠，臨危不亂，具有報人的堅貞意志與頂天立地精神，立德立言，將傳之永久，成為典範。

陳布雷奉命嘉獎天鵬，蔣中正特別召見嘉勉。葉楚傖封天鵬為「筆軍總司令」，題聯合版合訂本：「此一戰役，天鵬同志出入敵機彈雨中，以紙彈殲敵，寫下輝煌之一頁」。贈詩：

人情重故舊，天意在春秋，燕婉心千里，乾坤花一樓。
文章宜並世，兒女亦同仇，會乘鐃歌發，輕揚下瀨舟。

筆軍總司令黃天鵬。

五三、五四大轟炸中，《時事新報》一度承接代印《重慶各報聯合版》而有了意外盈餘，主筆薛農山要求總經理崔唯吾與員工分紅，遭到拒絕，爭吵之下，挑出了手槍，指向崔唯吾，氣氛緊張至極。旁人勸解，火爆場面平息後，薛農山向軍警指控崔唯吾侵吞捐款利息，接著鼓動編輯部和印刷工人罷工，導致報紙停刊數日。崔唯吾無奈下引咎辭職，撰文苛責薛農山有所圖謀、蓄意挑釁。

中央銀行人事處副處長張萬里繼任總經理，上台後大張旗鼓更動人事，各部門主持人全部更換，民國二十八年九月十七日，《時事新報》在頭版刊登〈緊要啟事〉：「本報協理兼總編輯黃天鵬先生業已去職」。消息傳出，聘函紛至沓來。新加坡《星洲日報》總主筆潘公弼邀天鵬同至星島發展；黨政要員推薦天鵬出任《中央日報》總主筆；海外部部長吳鐵城約天鵬到中央社社長蕭同茲家見面，開門見山指出，南洋大部分是潮州人的世界，尤其是泰國，潮語幾乎成為泰國國語，天鵬是潮州人，應到海外部任職，為家鄉盡份心力。天鵬婉謝所有盛意，但竭盡所能協助鐵老，擬定規模龐大的東南亞《天南新聞出版公司章程及施行辦法》。

進軍委會　階同少將　軍報得益

天鵬早就立志從軍，盼能奮身殺敵、報效國家。副總統陳誠兼任軍事委員會政治部部長，民國二十八年時成立「部報委員會」，主任委員范揚經常和天鵬談及軍報的前景，並安排面見陳誠，會中拍板定案，天鵬新職務為「部報委員」，階同少將，主要工作為主持教務，建立軍報系統，管理軍用報紙並指導宣傳事宜，兼任中央訓練團新聞研究班總教官及教務長，培訓軍中新聞尖兵。

戰時難免謠言四起，如何鼓舞士氣、傳達政策、避免敵人分化、打擊反動勢力，軍報扮演重要的角色。天鵬五度巡視前線，深入敵後，觀察交戰雙方如何運用宣傳。在天鵬規劃下，部報委員會每日收集中央社及政治部簡報，拍發軍報資料，有共同社論、軍政要聞、敵情研究、一般新聞、副刊文稿及編輯注意事項。

軍報分三類，一是全國性大型對開《掃蕩報》；民國二十一年創刊於江西南昌，宣傳剿匪，以「掃蕩」為名，由軍委會政治部直接管轄，成立之初借鏡美國《星條報》和蘇俄《紅星報》之長，最初只在軍中發行，後來擴充成《掃蕩日報》，為一般性報紙，民國二十四年遷到漢口出版，二十七年遷到重慶，發行遠及海外。

二為各戰區的中型四開報《陣中日報》，在各重要城市設立，由戰區司令長官政治部發行，供應所轄戰區軍民閱讀，當時全國分為十個戰區，每區都有《陣中日報》。

三是小型《掃蕩簡報》，為配發到各部隊和前線的小型報，以收發報機和新式輪轉自動油印機做為配備，即使在荒郊野外、窮鄉僻壤、或是戰爭進行中，都能隨時隨地出版，讓前線部隊每天看到戰事進展及國內外消息，以穩定軍心，為隨軍進退的油印報，又稱「一擔報」。

在三種軍報中，以《掃蕩簡報》為中心工作，計劃每一師旅營部，都配備「簡報班」，原有一百五十班，計劃增加至三百班，需大批新聞幹部，因此設立中央訓練團新聞研究班，抽調辦理宣傳人員並徵集有志青年予以訓練。第一期在沙坪壩上開課，授課內容為一般新聞訓練、政治訓練、戰事採訪和戰場應變知識。第二期移至通遠門外浮屠關，延聘專家講授新聞課程，並至軍報實習。

天鵬勉勵軍中記者，採訪寫作側重地域性、相關性與人情味，將讀者當成情人，以平易近人的敘述方式，娓娓道來。全新規劃下，軍報生動活潑，深獲好評，長沙會戰時，《陣中日報》曾在戰壕中編了十天，一切採實地材料，將士受到英勇事蹟的鼓舞，戰鬥意志高昂，評論者認為，這些振奮人心的報導和長沙大捷高度相關。

團本部結業典禮時，委員長兼團長蔣中正特別親臨致詞：「過去新聞記者工作活動範圍限於大都市機關團體或俱樂部，現在為內地、鄉村、戰地與前線；過去習於悠閒安適，今日多數緊張堅實而勇敢；昔日分歧散漫，如今認識時代使命，重視國家前途，擁護國策，遵守法令。新聞界進步，足以策進國家民族之進步。」一、二期受訓人數達六百人，全派至前線軍師部服務，成了軍報主要幹部。

政治部改組後，開辦軍中文化工作人員訓練班，由天鵬主講「軍報管理」和「出版事業」等。天鵬主張《掃蕩簡報》用字在一千字內，讓識字不多的士兵也能閱讀；在士兵讀物方面，以《識字課本》做為編用字標準，讓士兵在守望或休息時，每天認識三至五個字，一年一千多個字，便能輕鬆的閱讀《掃蕩簡報》。備課的同時，天鵬將管理軍報經驗撰寫成〈建立軍報體系〉，供當局參考。

同年，天鵬在中央警官學校校長李士珍邀請下，至重慶市南岸教授「出版法」，內容為新聞紙法令及一般常識。天鵬將授課內容執筆寫成《出版法釋義》，附上圖書、雜誌、報紙戰時檢查制度，由中央警校印行。

一日，《中央日報》登刊〈中央宣傳部尋找黃天鵬啟示〉，天鵬不明就裡、一頭霧水，到宣傳部後才知道副部長潘公展急著要天鵬來新聞處任職，天鵬告知，初到軍委會政治部服務不久，不便脫離，潘公展笑著說：「只好為你保留這個職缺了。」隔年天鵬調任設計委員兼任中央經濟調查處專員，潘公展見天鵬在政治部已駕輕就熟，以宣傳部更能發揮所長，力邀天鵬擔任編審兼新聞事業處指導科科長。

新職務連三并四而來，民國三十年中央宣傳部設「文化運動委員會」，天鵬兼任委員，黨部秘書長吳鐵城又邀至中央黨部任秘書處專員兼中央訓練團黨政班指導員，後又接獲派令，任「中央圖書雜誌審查委員會」秘書與行政院參議。民國三十一年天鵬兼行政院「國家總動員會議」專門委員職務，負責審理法規。

戰爭已歷經四載，空襲成為家常便飯，歷次警報皆秩序井然，民眾按部就班進入隧道。日軍為了催毀戰鬥意志，改變策略，實施長時間疲勞轟炸，每隔一、兩小時轟炸一次，讓市民疲於奔命、無法休息。民國三十年六月五日，夜襲共投炸彈五十五枚、燃燒彈十四枚，警報從上午十時到夜間一、二時才解除，夏天悶熱，防空洞內有如火爐，其中，僅能容納四、五千人的大隧道防空洞，擁入一萬多人，因擁擠、缺氧、難以呼吸，大約晚上十點，民眾開始擠出隧道，但在外市民又因聽到日軍施放毒氣彈，紛紛向內衝撞，一千多人因窒息、踐踏而傷亡，為「重慶大隧道慘案」。

民國三十年十二月八日，日軍偷襲美國太平洋海軍根據地珍珠港，攻打暹羅、馬來亞和菲律賓，太平洋戰事爆發。美國對日本宣戰，國民政府隔日跟進。民國三十一年元旦，美、英、俄、中等二十六個同盟國發布聯合國宣言，全力對德、義、日軸心國作戰，中國列入四強，美國總統羅斯福推蔣中正為同盟國中國戰區最高統帥，美國空軍援華參戰，打破日軍空中優勢，自此，日軍對重慶轟炸逐漸減少。

整頓出版　指揮若定　主席嘉勉

民國三十一年六月，國民黨「中央出版事業管理委員會」成立，天鵬代表中央秘書處出任委員兼執行秘書，這正是為騷人墨客與千萬讀者建立健全體制的機會，天鵬熱血沸騰，著手調查全國書局、印刷店、出版社及出版品。戰前百家爭鳴，刊物蕪雜，內容新奇百怪，少數惟利是圖的書商，大量翻印舊小說和休閒書刊。隨著戰事升溫，風花雪月及無病呻吟的作品，被砲聲一掃而空，讀者關心戰事發展，抗戰救國的新文藝大行其道。

出版業先前集中在上海，新出版物佔全國百分之八十六，現在轉移至重慶，但重要印刷設備陷在上海和香港，內遷甚少，散佈各地的小規模印刷廠成為出版圖書的重要支柱，地區作家亮相機會大為增加，藝文、小說、戲劇、詩歌等各種體裁，如雨後春筍般出現。

天鵬規劃出版事業與管制辦法，獎勵優良刊物、扶助作家生活、促進工業化及推行憲政，使文化、經濟與國防相輔相成，形成戰時特有的出版風氣。因應戰時紙張取得不易、印刷設備缺乏，採取對策為：必要書刊減少篇幅、與抗戰建國無關者暫緩發行、限制廣告刊登數量、減少運輸成本等。

黨營出版事業組織龐大，各單位間缺少密切聯繫，因補助費充足以致於有恃無恐，逐漸具有機關衙門的積習，人力物力多所浪費。天鵬改弦易轍，將黨內附屬的六個機構，全部改隸出版會，以統一管理，包括原直屬執行會之正中書局、屬宣傳部之中國文化服務社及獨立出版社、屬中央秘書處之文化驛站、原屬青年團之青年書店及拔提書店，均陸續接管，劃分刊物類別與目標讀者。籌備編、印、運、銷四個單位，以營利為前題，內部組織編制依照商業規例，精打細算，量入為出，合理分配運用經費，建立統一會計制度，定價低廉的宣傳書刊，由盈餘項下補助虧損，務求達到年終結算時損益兩平。

《出版會報》為天鵬又一創舉，讓各界得以了解中央出版工作，以助會務之進行。為增加可讀性，各種座談記錄挑選具價值者，以新聞記載體發表。不徵外稿以節省支出。創刊號十二月十五日發行，版式為十六開本，初版二千冊，包括土紙本一千九百冊，白報紙本一百冊。內容分五類：

一、特載：為主任委員及副主任委員重要論文或演講稿。

二、公牘：選載中央出版事業管理委員會與各方往來重要公牘。
三、紀事：分一般、指導、編審、稽核、人事五項，各就性質，分類彙編歷次召開之座談會、會務紀錄、每月工作報告及各直屬單位之動態等。
四、法規：選載重要法令規章及工作計劃。
五、文獻選輯：選載總理遺教、總裁語錄、中央出版事業之新聞紀事、報章雜誌刊登之管理出版事業相關文獻，包括《時事新報》資料室摘譯之〈美國戰時出版界鳥瞰〉及石志洪所撰〈日本政府統治下的紙業與印刷出版業〉等。

民國三十二年，天鵬兼任中央文化驛站總管理處處長，編纂整理《黨報史略》及《總理印刷工業遺教之研究》。八月，國民政府主席林森逝世，蔣中正當選主席，在就任大典後，以天鵬黨務工作優良，召見嘉獎，褒揚天鵬「報業生涯，功在國家」，頒發勝利勛章。十一月獲國民黨頒發革命十年以上勛勞證書。

美國加入戰局後，勝利在望，《掃蕩報》持續擴充以應復員的需要，發行量日益增加，分支機構遍佈海內外。一日，天鵬接到派函，要求兼任《掃蕩報》總社總編輯，霎時，有關於中國報業前景浮現腦海——報業應有整體規劃，平均分佈全國各城市，區隔內容與閱報對象，軍報在國家支持下，有更多資源與黨辦民營報紙配合，做通盤檢討與改善。繼而思考，文驛處主導國家出版業，各項業務持續推展，若兼任《掃蕩報》總編輯恐心有餘而力不足，因而回函婉辭。不料，梁寒操剛接任宣傳部長一職，要求天鵬納入麾下，天鵬左右為難，坦然相告，願以編譯名義，撰寫文稿，處理交辦事項。

民國三十二年，蔣中正就任國民政府主席，與官員合影，後排左三為天鵬。

民國三十三年，天鵬調任中央秘書處專門委員，兼掌中央印刷所，資金規模一億五千萬元左右，媲美大型獨立出版社，主要業務為承印國民黨中央各機關書刊並得承印外件。中央出版事業管理委員會年度工作完成後，改組為中國出版社，由天鵬掌舵。其間，天鵬因事曾赴北碚小住。

寓飛來寺　烽火錫婚　集詩紀念

詩云：「凌虛市起山無地，霧隱城高日少晴」。重慶常年多霧，遠望若隱若現，成為戰時首都後，文豪齊聚，激發了無數藝文創作靈感。

民國二十七年底，潘公展出任中央宣傳部副部長，寓居通遠門外飛來寺。天鵬造訪時，恰為黃昏，一秋斜陽，半落江裡，景物如畫，彷彿泰山觀日出。打聽之下，渝北重慶中二路一帶的庭院別墅，屋主大多為了躲避空襲而遷居鄉下，天鵬順利租借了飛來寺十三號小別

勛字第叁叁弍號

中國國民黨中央執行委員會證明書

茲查黃天鵬同志業經本會革命勛績審查委員會決議認為確合於公務員任用法第二條第四款所規定致力國民革命十年以上而有勛勞經證明屬實者之資格准予發給證明書此證

中國國民黨中央執行委員會
革命勛績審查委員會
主任委員　吳敬恆

右給黃天鵬收執

中華民國三十二年十一月　日

民國三十二年國民黨革命勛績證書。

民國三十二年中央社防空洞來賓證。

天鵬配帶勝利勳章。

墅，加以整修，以天廬額其門，逍遙榜其居。新居背山臨水，景色遼闊，入內樹影搖曳，露紅煙紫，半樓半閣，池亭呼應。素月星辰引領下，登閣憑欄，波影嵐光，恍若仙境，令人想起詩句：「疏影橫斜水清淺，暗香浮動月黃昏」、「蘿蕙樹色分偎閣，縹緲花香汎御溝」。每逢假日，文友聚集於此，吟詩賞月論政，緩解了戰時緊張生活。

天鵬重慶留影。

中央大學文學院院長汪旭初蓄著小鬍，總穿著一襲長袍，俊逸如仙，精通經史子集與詩文書畫，為樸學大師章太炎弟子，號稱東王，為四大天王之首。對天鵬收藏的莊起鳳〈駿馬圖〉、龐薰琴〈敦煌壁畫〉、任伯年〈蘇武牧羊圖〉等，嘖嘖稱奇，在〈敦煌壁畫〉上題記：「此敦煌壁畫，可見唐舞之妙，或云所舞為盧媚孃，即逍遙仙子也，以贈天鵬伉儷，尤為巧合。」一日文酒會後，為天鵬繪下〈天廬逍遙閣圖〉，千巖萬壑，碧水縈迴；蒼松翠柏，高下相間；琪花瑤草，鳶飛魚躍；寫景也寫意。

同樣在中大任教的胡小石，魁梧雄偉，聲音宏亮，主講文學史及甲骨文，喜聽大鼓，一日約天鵬至河上聽歌。胡小石說，藝人董連枝最初登台於秦淮河畔，為避戰亂西行武漢流唱，最後落腳渝市，胡曾寄一詩箋：「聽汝秦淮碧，聽汝漢水秋，聽汝巴山雨，四座皆白頭。」一座上邂逅自稱尋求寫作靈感而來的狄君武，他奉勸天鵬，年紀尚輕、不宜涉足歌壇。天鵬笑著說，一樣為求靈感而來。

鄒魯（前排右二）、鄭彥棻（前排中間）、與天鵬（第二排左）、小珠（前排左）合影。

擅長詩書文、名滿天下、官運亨通者，首推梁寒操，官邸位於重慶兩路口金城別墅，離政治部不遠，經常高朋滿座，議論風生。一日，天鵬應邀作客，進門時，寒老正在揮毫，豪爽地說：「為你題幾個字吧！」落筆揮灑成「逍遙閣」，接著想了想，題筆飛舞：「鵬翼垂天雲卷舒，珠光照夜月難如，樓題推仔傳佳話，閣榜逍遙今豈輸？」解釋說，明末詩人歸元恭把居室題為「推仔樓」，「推仔」二字拆開，為「才子佳人」之意。

民國三十二年，天鵬慶錫婚紀念與四十初度。細究之，足歲僅三十四歲，至滬江大學任教前，友人在人事資料表中，將其年齡多添四歲，延用至今，粵俗出生即一歲，逢九慶十壽，由此算來，正是四十初度。小珠笑說：「戰爭時期，延年益壽是奢求，誰不盼多增幾歲？冀望能像辛棄疾〈水龍吟〉所言：綠野風煙，平泉草木，東山歌酒。待他年，整頓乾坤事了，再為先生壽。」

旅蜀故舊門人醵資慶祝，鄒魯題序趙淑嘉書：

> 良辰將銘，柱石之勛，宜有涓埃之獻，旅蜀朋舊，爰集詩文書畫成冊，採取雙棲海上逍遙閣本事，題曰：逍遙伉儷紀念集，播諸歌詠，用示不忘，而後之視今，亦猶今之視昔，他日鹿車偕隱，白髮盈顛，舉行鑽婚紀念盛會時，同時恭祝期頤上壽，請以此冊為左券焉。

一時名公俊彥，藝苑清流，相約題詠，為詩張之。

孫科：文緣天錫。
蔣中正：鴻案相莊。
于右任：鴛譜珠玉。
林森：逍遙伉儷紀念集。
吳敬恆：十載重合巹，四秩慶齊眉。
孔祥熙：鵬翼垂天九萬里，珠光照地三千尋。
徐凌霄：鵬程共展冲天翼，小語能成紀事珠。
戴傳賢：熾而昌，壽而康，為家之慶，為國之光。
吳鐵城：十載隨唱，萬里于飛，祝嘏不惑，奏凱同歸。
孔德成：春花十笑，明月百圓，天長地久，玉潤金堅。
黃之岡：鶴觀詩人宅，鳳岡仙女家，蓬萊有仙島，雲母似天花。

逍遙伉儷紀念集。

鵬筆參霄漢，珠池孕海霞，連詔誇錫治，發蘊見光華。

馬元放：春色無邊慶壽巵，雙星還是少年時，風流京兆江郎筆，半著文章半畫眉。

周鍾嶽：一樓燈雨賦春宵，寶硯硃奩要福消，珍重書眉好詩筆，十年影事待重描。

汪旭初：垂天雲翼自逍遙，跨鳳還攜弄玉簫，佳話人間專愛集，與君伉儷共風標。

張恨水：黃花開作天鵬樣，秋日薔薇結小珠，十年聚首風霜裏，真個生涯畫不如。

董顯光：十載閨中文字緣，詩情綺思湧如泉，何時再見雕龍手，自作新詞付管絃。

黃炎培：吾家天鵬才權奇，四十有聞吾畏之，夫人亦復工文詞，十年肇錫名佳期。
銀婚金婚方蕃滋，文字因緣信天錫，維鈞欣欣題此冊，吾雖不文敢惜墨。

柳亞子：伉儷逍遙十度春，雙棲依舊蜀京辰，錫婚紀念頭銜好，官紙徵詩氣象頻。
黃氏牛醫原夙慧，盧家少婦倘傳薪，桂林陽朔西南美，何不移樽醉小滑。

張一葦：三生石上舊因緣，福慧雙修到人間，樓稱推仔傳佳話，閣榜逍遙豈羨仙？
珠光照海連霄漢，鵬翼垂雲搏九天，遙祝故人一杯酒，金婚銀婚兆萬年。

老舍以小說聞名，少有詩作，卻為天鵬題下了傳世佳作：

曠代黃山谷，天才碧海流。鵬程九萬里，珠驪八千秋。
月上飛來寺，詩成斜倚樓。高歌迎勝利，把酒莫須愁。

江南才子盧前以點絳唇次，姜白石韻[7]，寫：

閣榜逍遙，十年轉眼抛人去，幾多甘苦，一聽巴山雨。

天鵬、小珠、佩文（左）、佩玉（右二）出遊合影。

7 和韻有同韻與次韻之分，同韻只要和詩的韻同即可，次韻不但要求同韻，且韻的前後次序也必須相同，為詩的一種體裁。

鵬翼珠光合向飛來住，情如許，海天今古，抱作華姿舞。

郭沫若任軍委會政治部第三廳廳長，與天鵬熟識，贈詩：

聖人四十已不惑，歐諺言從四十始，天鵬今日兼有之，表裡通澈乘風起。
重天健翮逍遙遊，況有孟光共白頭。文辭華漢壯山嶽，筆削嚴謹成春秋。
慧福雙修道已聞，即不百年亦何憂。丈夫憂先天下耳，須更甕牖之子如公侯。
鳳凰鳴矣朝陽昇，為人當爭第一流。

朱南強曰：憶唐人說薈《杜陽雜編》載，仙女盧媚娘美而慧，能於尺綃上繡《法華經》七卷，更善作飛仙，蓋工巧絕倫，憲宗供奉禁中，後放歸南海，錫號逍遙。今先生夫人亦盧氏，豈其前身乎？真神仙眷屬也。在中土，錫婚播諸歌詠尚屬創見，不可不記也：

十載因緣徵永叶，雙棲無處不逍遙，操觚濟世聲先著，強仕功名意正饒。
月近清流堪入座，雲依遠岫欲相招，青春結伴能如此，富貴於人未足驕。

中大教授、江西派詩人汪辟疆引黃山谷詩：

男兒四十未全老，此語君家亦自豪，但說林泉堪避世，爭知海上一樓高。
朝治文書千管禿，夜圍燈火一鬟親，要知天下無雙士，合稱逍遙閣裏人。
及取春風問指環，年時舊夢未全刪，如今收拾閒情了，好奏膚功破虜還。
跌宕圖書又一奇，紀年紀事本分馳，要增伉儷人間重，此是生辰變體詩。

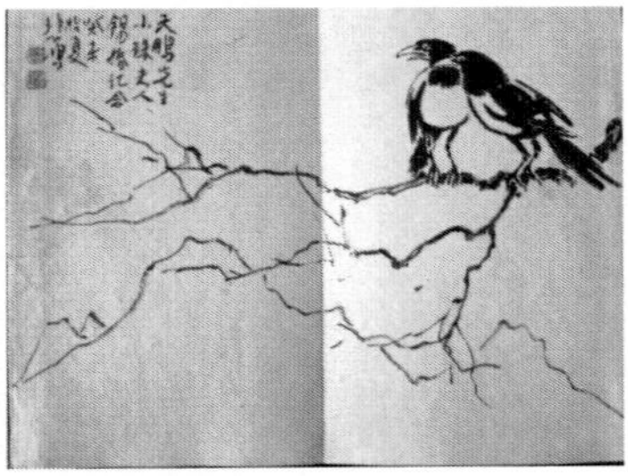

徐悲鴻〈雙棲圖〉。

繪圖有徐悲鴻〈雙棲圖〉、伍蠡甫〈逍遙遊圖〉、潘公展〈白頭偕老圖〉等，潘題詩〈飛來寺外夕陽永繫〉：雙棲海上逍遙閣，十載人間夫婦花，記取眼前好風景，飛來寺外夕陽斜。總計得詩詞畫文逾百，彙編成《逍遙伉儷紀念集》，分贈親友。

天鵬十月慶訂婚十周年之喜。十一月四日，為佩文舉行生日派對，邀請親友及稚齡玩伴歡聚，一起享用蛋糕甜點。回想起佩文剛出生時，病入膏肓，與今日生龍活虎模樣，形成鮮明對比，天鵬感激上蒼垂憐、祖宗庇佑。

悲喜互繼，錫婚與慶生歡愉，瞬間變調。十一月五日上午，東川郵局汽車經七星崗肇事，致死一人。同日下午四時許，佩玉和佩文從巴蜀小學放學後，由司機載送回家，途中司機因故將車停在重慶中二路四十一號首都醫院旁，褓姆下車和司機談話，姊弟兩人不耐久候，下車察看。

福無雙至，禍不單行。東川郵局汽車下午由司機江福廷駕駛，從上清寺開往觀音岩，在首都醫院前撞上了佩文，送醫不治，魂歸西天。天鵬得知厄號，激動痛哭，悲憤至極，小珠終日以淚洗臉，夜不成眠。不久前才向天鵬道賀的故舊友人，轉而勸慰天鵬節哀順變。

虛妄同盟　號召青年　從軍救國

日軍侵佔中國沿海沿江重要城市，英美喪失原有特權，經交

天鵬與佩文、佩玉合影。

一家四口，和樂融融。

涉後，民國三十二年一月十一日，中美、中英新約簽字，廢除一百年來的不平等條約。然而中國無法和列強平起平坐，同盟國爾虞我詐、各自為謀，美國承諾維持飛機五百架、每月物資五千噸，言而無信。俄國決定併吞新疆，雙方關係惡化。

十一月二十三日至二十六日蔣中正與美國總統羅斯福、英國首相邱吉爾在開羅會面，這是中國惟一一次參與同盟國首領會議。與會代表邱吉爾自私頑固、態度輕蔑；羅斯福表面信誓旦旦，保證將進行威脅日本跨東南亞補給線的「海盜作戰」與光復緬甸的「泰山作戰」，實則大玩兩面手法。十二月發布《開羅宣言》，聲言日本須無條件投降，並歸還中國太平洋島嶼、東北四省、臺灣和澎湖，朝鮮獨立。就在蔣中正飛往重慶途中，史達林、羅斯福和邱吉爾十一月二十八日在德黑蘭會面。史達林主張歐洲優先，保證德國投降後，蘇聯會加入對日作戰。邱吉爾勸羅斯福收回對蔣的承諾，海盜計畫十二月五日取消，同盟與互助皆虛妄之言。

美國指派的參謀長史迪威，在緬甸議題與蔣中正幾近絕裂，讓中國處境雪上加霜。日本為防止中國駐印軍東進，向緬北增兵，史迪威要求發動攻擊。蔣中正憂心中國僅有的精銳部隊和美軍戰鬥機若是調離華中，形同門戶大開，日軍恐長驅直入；無獨有偶，美國駐華大使高思得知諜報，日軍正在河南佈署。然而史迪威不顧一切示警，要求蔣中正調派軍隊前往作戰，以示對盟國具有價值，在美方壓迫下，國軍西渡。

高思的軍情，正確無誤，日軍在民國三十三年一月二十四日啟動有史以來規模最大戰役「一號作戰」，企圖一舉打垮中國，建立「作戰走廊」，利用鐵路打開華中至法屬印度支那「大東亞交通線」。四月中，五十萬日軍、兩百架轟炸機，備妥八個月用量燃料和兩年所需彈藥，強力猛撲，攻入河南，蔣中正要求調回中國駐印軍隊以保衛昆明，史迪威拒絕。五月至八月，洛陽、長沙、衡陽相繼淪陷，失敗主義在重慶漫延。

史迪威剛愎自用，氣燄囂張，要求羅斯福下令讓他擁有統率中國全部軍隊的絕對權力，蔣中正衡量局勢，準備亮出底牌，辭去中國戰區最高統帥，以扭轉乾坤。九月十八日，史迪威親自面交羅斯福電報，要求逐字宣讀，內容指陳，蔣未依美方建議採取斷然行動，致使戰情十萬火急，措詞強硬，荒謬惡劣。蔣神情緊繃，默默地翻轉了茶杯蓋，眾人離去時，流下了英雄淚，要宋子文轉達「不接受有損中國國格之事、中國軍民也絕不為美國奴隸」，直指史迪威欠缺軍事判斷，造成華東大損失，中美關係急轉直下，瀕臨破裂邊緣。

十月十八日，羅斯福召回史迪威，另派魏德邁出任中國戰區美軍總司令兼參謀長。史迪威離開後，美國媒體出現許多詆毀污蔑蔣中正的報導。

十一月二十四日桂林失守，十二月五日，獨山陷落、貴陽吃緊，日軍離陪都重慶只有四百公里之遠，國軍精兵猛將被調至滇緬戰區，在西北的兵團因交通關係，來不及到前線，人心震動，謠傳中央將遷都西昌，英、俄大使館準備撤僑，部分人士已經收拾家當，向成都撤退。蔣中正緊急在黔北布防，堅守重慶。

湘、桂戰事千鈞一髮，蔣中正號召知識青年從軍，成立「青年軍」，吳鐵城提出了「一寸山河一寸血，十萬青年十萬軍」口號，風從響應。從募集、報到、彙轉，由國民黨中央黨部主持，各省市黨部團部承辦，爬羅剔抉，精挑細選，若非身強體壯，恐吃閉門羹。梁寒操時年四十五，辭去中宣部長一職，報名從軍，眼見軍委會已通知報到，自己卻毫無下文，詢問之下才知因年齡過大被拒於門外。總計民國三十三年十二月召募到十二萬驍勇善戰青年。民國三十四年四月至五月，日軍進攻湘西芷江，為青年軍擊退，六月、七月相繼收復柳州、桂林。

民國三十四年春，美國以燃燒彈攻擊東京、名古屋和大阪等。二月四日，羅斯福、史達林、邱吉爾會於黑海雅爾達，討論蘇俄對日作戰條件，會中出賣中國，要求外蒙古獨立、中東與南滿鐵路及附屬事業歸蘇俄所有、旅順大連為軍事港等。七月十七日史達林、邱吉爾和杜魯門在柏林波茨坦會面，二十六日發表宣言，以最後通牒方式要求日本無條件投降。

戰時第一顆原子彈綽號「小男孩」，重達四千四百公斤，八月六日在廣島引爆，氣流將火焰推向高峰，中心點出現熾熱火球，輻射四散，逾三平方公里的面積瞬間化為灰燼，十至十四萬生靈塗炭。九日，暱稱「胖男人」的第二顆原子彈，落在長崎，四萬多人立即斃命。杜魯門宣稱，日本若不投降，將持續投彈。史達林惟恐失去參戰機會，同一天對日宣戰，進軍滿洲，加速對中國談判，十日，日本照會美英俄中，接受無條件投降，惟須不損及天皇皇權。

八年抗戰結束，全城鼎沸，民眾捶胸頓足，仰天長嘯，大口喝酒，縱喉高歌，放聲痛哭，鞭炮聲四起。中央社生怕各報漏收此重大消息，連發十五遍〈日本向四強請求投降〉電文。各大報連夜印發號外，一上市頃刻搶完。

十四日，中俄簽定「中蘇友好同盟條約」，蘇俄以極少的代價收到最大利益。十五日，蔣中正廣播「不念舊惡、與人為善、以德報怨」。二十一日，關東軍向蘇俄投降。九月九日，日本中國派遣軍總司令岡村寧次向中國陸軍總司令何應欽投降，八年中日戰爭劃下休止符。中國躍上國際舞台，成為「四強」之一，在聯合國扮演永久的、核心的角色，從道光二十二年（一八四二）大清帝國簽署南京條約以來，中國百年來首度恢復完整主權地位。

發行南風　記錄抗戰　輯憲政書

戰後天鵬奉派參加籌劃還都事宜，隨吳鐵城視察收復區域，清點日寇及汪精衛政府在東南所有財產，彙編成統計專書，並整理黨務、擬定復員方針，擔任中央印務局總管理處處長，主編《敵情》等。

八年來血淚斑斑，啼聲處處，邁向勝利之路是黎民百姓心中一刀又一刀的刻痕，估計共有一千五百萬至兩千萬人喪生，八千萬至一億人淪為難民，財產損失約四千八百八十億美元，剛萌芽的現代化全毀於戰火，政治混亂、官員貪腐、生產蕭索，共產黨伺機而動，中國危如累卵，一觸即潰。

傷痕難以撫平，家園極待整頓，歌聲輕吟迴旋：「南風之薰兮，可以解吾民之慍兮！南風之時兮，可以阜吾民之財兮！」、「和煦的南風呵，可以驅散萬民的怨怒！適時的南風呵，可以增加萬民的財富！」天鵬將餘瑕獻身於最愛的出版事業，創辦南風出版社，發行《南風》月刊，盼一切悲切激昂的哭喊，在微風吹拂下，化成雲開見月的詩篇。編輯方針以「論政談藝」為經、「新知逸史」為緯，風格輕盈雋永，既有文藝的風趣，也不忘諫言獻策，鼓吹和平建設、促成民主統一。內容包括：

一、抗戰史料：將士殺敵守土事蹟、英雄義士傳略、戰地小說與詩歌。

二、文史叢載：史地、隨筆、遊記、掌故、逸聞、書評、序跋、考據、札記、金石、畫畫、黨史、人物等。

三、世界名著：戰時文藝、小說、戲劇、散文等。

四、時事論壇：政治、經濟、軍事、教育、外交、國際等評論。

五、特輯：每年擬刊四號，性質應時勢需要而定，包括《古代民主政治》、《南京特輯》等，收錄〈凱旋之路〉、〈南京風土〉、〈六朝史話〉、〈新政新氣象〉等。

編輯委員為有潘公弼、陸丹林、徐蔚南、曾虛白、老舍、祝秀俠、謝冰瑩等，作者群包括陸丹林、羅香林、易君左、謝冰瀅、盧前、老舍、蘇雪林、孫伏園等。

創刊號民國三十四年二月出版，由吳敬恒題簽，天鵬署名「記者」，在頁首發表〈迎接勝利年〉，文豪王向辰寫〈南風吹〉：

南風吹，吹渡大江東，陰霾消盡見晴空，草長鶯飛，依舊畫圖中；
南風吹，吹渡大河北，寒冰遍地化流水，土厚山高，依舊見雄偉；
南風吹，吹渡故園春，桃花含笑柳垂金，燕子歸來，依舊識梁門。

友人一粟〈奉題南風月刊〉：

一篇解慍譜薰風，大澤猶多劫後源，收拾河山重潤色，書生文字策奇功。
文章治術兩兼之，鐵網珊瑚妙一時，羊角扶搖九萬里，鵬程今日發南池。

致力實現「人生佛學」、與「人間淨土」的高僧太虛大師，寫下〈南風歌〉：

南風浪浪兮，吹來大地春光，萬紫千紅群欣賞。
南風薰薰兮，吹開慘霧愁雲，青天白日共歡欣。
南風煦煦兮，吹盡魔氛殺氣，民主同盟慶勝利。
南風浩浩兮，吹去塵勞俗套，人人快活無煩惱。

天鵬撰有〈南風之薰兮〉、〈海外黨務改進意見〉、〈南天萬里〉等，以歷史前例指出，隨著軍事的勝利，接續的是無窮的災禍，因此，應防患未然，建設戰後新中國，鼓舞政治新風氣。天鵬引用《史記．五帝本紀》傳賢不傳子的禪讓德政和《淮南子》「堯置敢諫之鼓，舜立誹謗之木」，說明中華民族固有的民主精神，和現代選舉議會制度、檢討政府施政和言論自由風格，暗相符合，舊史新知，如啖諫果，其味彌永，盼民主政治發揚光大。

發行方面，特別印製勞軍成本版，照定價七折實收，若量大僅收紙張和印工成本。初版上市迅速銷售一空，即行再版；勞軍版也獲各界響應，大興工業公司總經理謝濟川、民眾胡慧培等，大批訂購，寄贈前方將士。報酬方面，未在他處發表之稿件，一經揭載，每千字致贈二百元至五百元酬勞；然而物價波動急遽，約莫半年，稿費已漲兩倍以上。刊物定價全年六百元，發行一個月後不得不調漲六成，卻仍追不上通貨膨脹，只好出奇招，改「自由訂戶」，每戶先繳款一千元，出版後先行寄上，按定價九折計算，款盡時再結算通知續訂。

友人經常勸天鵬再寫幾本新聞學專著，以應讀者需要。中國文化服務社社長劉百閔擬定書名和綱目，要求限期交稿；中訓團新聞班同學將天鵬舊作搜集編目，希望能圈定重印。天鵬將重慶時期所寫的稿子彙編成《蜀中三作》。第一篇為〈中國報紙聯合發刊的試驗〉，詳述《重慶各報聯合版》發起、組織、管理、人事、發行、廣告等實際運作。第二篇〈新聞教育的教學合一〉，是管理軍報時，開設新聞研究班的經驗匯整。第三篇為〈中央出版政策及其實施〉，闡述國父印刷工業理想、中央推行辦法、介紹出版界現況、比較戰前和戰時的出版品，附有〈言論自由與實施憲政〉、〈論民主的教育制度〉、〈新縣制與地方自治〉等。

天鵬推出一系列憲政叢書。《中國政治制度》，根據天鵬授課講稿修訂而成，敘述歷代政治制度變遷、得失興亡，側重民國時期的憲政體制。《中國制憲史略》為中央訓練團主講憲法時的講義修訂而成，內容包含制憲經過、現行憲法精義與特點等。《國父印刷工業計劃研究》計有中國印刷與造紙調查、實施方案、印刷與文化概況。孫文學說部分，包括《三民主義淺說》、《五權憲法精義》、校印《國父遺著未刊本──三民主義》附徐文珊所撰〈未刊之三民主義與演講本之研究〉，由張繼題簽；發行《三民主義》精校本，請鄒魯題跋。

行憲國大召開之際，天鵬整理編輯《憲政叢刊》，其中《行憲法規彙編》載明各種選舉罷免

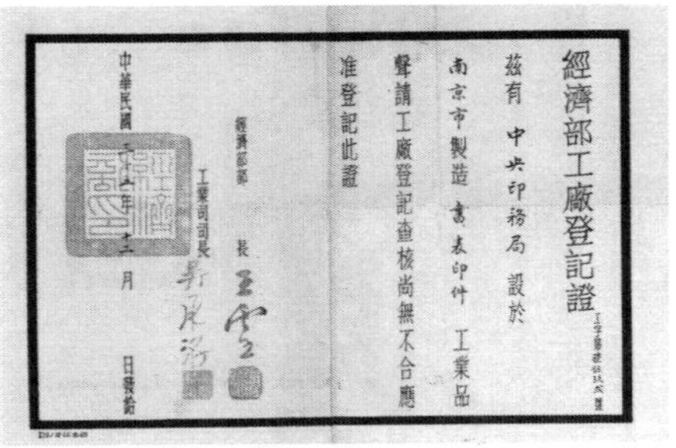
經濟部工廠登記證

茲有 中央印務局 設於 南京市 製造 書表印件 工業品

聲請工廠登記查核尚無不合應

准登記此證

中央印務局工廠登記證。

土地所有權狀

中央印務局土地所有權狀。

法、府會組織法、憲政準備、憲法制定及實施，附有《國大代表及立委選舉條例》暨選區分配表，提供有志參選公職者仔細研讀。

國民大會制憲會議結束後，天鵬將制憲一讀、二讀、三讀原稿印製《中華民國憲法》甲種袖珍本、乙種註釋本共十萬冊，照成本發行。

天鵬策劃印行的民國史重要書冊有：孫文摯友林百克博士所寫《國父傳記》以及《蔣主席書翰》、《蔣主席關於憲法憲政之言論》；提供一般民眾閱讀書刊為《國民叢刊》系列，包括：《孫文學說》、《民權初步》、《軍人精神教育》、《三民主義》（鄒魯跋）、《建國大綱》、《五權憲法》、《實業計劃》、《大學》、《中庸》、《禮運大同篇注釋》（方思仁著）、《黨史概要》、《蔣主席言論選輯》等十二種，附有〈天鵬校讀記〉。總計天鵬編印黨員必讀書刊二十萬套，印行三民主義八十萬冊，中央宣傳部以「勤勉任事」，頒發獎狀嘉勉。

國共衝突 物價飛漲 民不聊生

日本投降後，派兵接受淪陷區、收繳日軍武器成為當務之急，然而蘇俄對日宣戰後，立即進兵東山省，並與外蒙軍進入熱河、察哈爾，扶持中共，阻撓國軍進入，偏偏國民政府主力軍在西南和西北，距離遙遠，而華北和華東為日軍主要佔領區，共軍捷足先登，滿洲國軍紛紛來歸，民國三十四年十一月組「東北民主聯軍」。

南京西華門三条巷天廬。

民國三十五年一月，長春、瀋陽、哈爾濱市長就職，國軍二千多人入駐瀋陽，接收有了曙光，不料共軍進攻營口、鞍山，蘇俄加緊扶植共軍。四月，共軍佔領長春、哈爾濱。五月十六日，國軍反擊，與東北民主聯盟激戰。七月共軍改稱「中國人民解放軍」，美國為使國民政府對中共讓步，實施禁運軍火令十個月。

東北情勢緊張，民國三十五年元月，天鵬奉派視察京滬接收情形，擬定報告，四月率領中央印務局員工還都復廠，一開始設址在中山東路三九二號，隨即遷至西華門三条巷五十四號。五月五日，國民政府自重慶遷回南京。

天鵬在三条巷置產，做為安家立業之處，入門為一庭院，蔓延的紫藤和繁密的天竺牡丹，姿態各異，爭奇鬥艷，紅磚洋房大門旁懸掛門額「天廬」；居家佈置樸素典雅，藏書豐富，盡顯書生風采。夜間經常步行至夫子廟書攤，搜集散佚古籍、簡牘和法帖，偶拾孤本，便興緻勃勃研究至廢寢忘食。姪子黃壽年、黃洪年、外甥王佩武、許為俊等，皆寄住天廬，家中熱鬧非凡，假日親友一同遊覽名勝古蹟，為一大樂事。

文人逸客與名公巨卿經常結伴，悠遊於六朝古都。一日，天鵬與葉楚傖、柳亞子、阮毅成、羅家倫同遊莫愁湖，山石涼亭，錯列有致，松竹花木和堤岸垂柳令人目酣神醉。亭中一楹聯：「一代紅妝嬌富貴，千秋青史並王候」，眾人咸認恰恰形容天鵬夫妻，葉楚傖和羅家倫分別揮毫書寫成對聯，贈予天鵬。

漫步於曲徑迴廊，亭台樓閣前，佳作連篇，訴盡興衰起落，天鵬感同身受，記下其中二聯：「憾江上石城，抵不住遷流塵夢。吳宮何處？晉代無蹤！轉羨他名將美人，燕息能留千古跡；問樓頭明月，照過來多少年華？玉樹聲銷、金蓮跡杳，惟對這湖光山色，鶯花猶是六朝春。」、「世事如棋，說甚麼一局勝輸，請看二水三山霸圖幾變；湖波似鏡，照不盡六朝衰盛，贏得千呼萬喚名字亦香。」

日本投降後，政府有九億美元外匯，民國三十六年初僅餘一億，大多流入權貴之手，市井小民、公職人員及官兵皆不得溫飽，幾個月內，米價每石由四十萬元躍至一百多萬元，至三十七年七月突破三千萬元。

國共對立，戰後更形嚴峻。民國三十六年七月四日，國民政府宣布全國總動員、戡平叛亂，中共決定一決勝負，全面進攻，作戰致勝有賴士飽馬騰，然而士兵無法維持最低限度的生活，馬匹乾糧嚴重縮水，亂世之中簡直引頸待戮。流行一時的歌謠傳唱：

當娼不如從良（管「倉」庫監守自盜，徵「糧」舞弊），

從良不如下堂（食「糖」國營，中飽私囊），

下堂不如專賣（指火柴、捲菸、酒類專賣）。

「反饑餓」、「反迫害」、「反內戰」、「反美國扶植日本……」各項示威遊行與學運，排山倒海而來，工潮一波未平、一波又起。輿論指出，蔣中正、宋嘉澍、孔祥熙和陳其美四大家族，分別控制國民政府、銀行、企業和國民革命軍，「蔣家天下陳家黨，宋家姐妹孔家財」。民間仇視傳聞中揮霍無度的宋美齡，宋靄齡夫婿孔祥

熙被指為史上最大的貪官，宋子文也成為民怨沸騰的焦點。參政員傅斯年舉證歷歷：「孔祥熙當權，財政惡風數百年來前所未有；宋子文摧殘國家，國人欲得而食之不厭；上行下效，誰為禍首罪魁？如果不能徹底肅清侵蝕國家的勢力，政府必然垮台。」

仗義執言　扮黃衫客　敲警世鐘

天鵬接受專訪時，毫不諱言，十年禍亂，民窮財盡，政局沈重如此，當局以「拖」應付一切，令人苦悶欲絕。身處政界，犯顏直諫，無異以卵擊石，天鵬以「黃鐘」為名，敲響「警世鐘」，發表「警世文」。在〈三十三年總檢討〉和〈憲政與信用〉中，痛陳國民黨與北洋派大同小異，將中華民國視為己有，若政府不能得到民眾的擁護，絕望於民眾，前途盡失矣：

> 排斥異己，漠視國計民生，把一黨、一派、家屬及個人利害置諸國家人民之上。北洋派已亡，國民政府必須大澈大悟，承認中華民國乃國民所共有，國民也要覺醒，不要放棄對國家應盡的義務和應享的權利，才能建設現代化國家。
>
> 國民黨曾在民國十八年規定訓政時期為六年，二十四年實施憲政，到期後，一再改約。「民無信不立」、「人而無信，不知其可也」，為求國家統一與建設、獨立與自由，同時也強固國民黨，必須儘早還政於民，實施民主與憲政，以獲取人民支持。

「俠之大者，為國為民」，黃鐘期許記者必須具有仁慈俠義之心，才能代表輿論、指導輿論，進而監督政府、匡正時弊；更盼報社將品德與道德列為任用記者標準。黃鐘化身傳說中見義勇為的豪士「黃衫客」，呈現

黃天鵬（右）與張一葦（左）、王基鴻於南京合影。

出一篇又一篇官場現形記。〈嗚呼哀哉〉一文指出，為官之道，首先得問有沒有人情靠山？能不能逢迎拍馬？上司指黑言白，下屬務必尊為聖旨：

首腦懷著五日京兆之感，屬下更以鑽門子為能事，聚賭、嫖娼、下飯館，美其名曰交際應酬，實為取悅於私人。一批舊人去，一批新貴來，上台首倡刷新，大刀濶斧，裁員停職，夫隨妻貴，函聘人員源源而來，短期間氣象一新，生氣勃勃，不數月一元復始，嫖妓打牌。如此官場，嗚呼哀哉。

貪污舞弊的執政者在黃衫客眼中為「王八」和「縮頭烏龜」，腦滿腸肥、虛偽逢迎，〈信口開河〉描述得維妙維肖：

忘八，在菜市場叫甲魚，據說這位大人，最喜歡貪贓，只要有油水，一塊抹桌布，便會引他上鈎，他沒有烏龜那麼硬的蓋子，卻也不很軟，伸出頭來亂幌搖，大大咧咧沒正形，遇事縮頭縮尾，抽冷子咬你一口不撒嘴，狠極惡極，看著雖不怎麼出色，蒸熟了掀蓋一看卻很肥，尤其能表現他的特性的，便是他的肉，跟猪肉一塊煮豬肉味，跟雞肉一塊煮雞肉味，忘八沒準性，順風轉舵，此忘八之所以忘八者也。

天鵬白天為黨國務服，夜間扮演黃衫客。

生計為最大困擾，民國三十五年立法院通過《公教人員調整薪津辦法》，向行政院建議：「由三月份起，薪水加成一千倍，生活補助二十萬元。」行政院以國庫支絀，立法院調薪幅度過大，無法接受，只能依各地區狀況，分別調整。

黃衫客打抱不平，詳列各區及各部門調薪幅度，故鄉廣東月薪加成三百倍，招商局月薪加了二千六百五十四倍，中央航空公司為二千五百八十六倍，郵政總局一千七百倍，四行兩局四月份一千一百倍，海關一千三百倍，水激則石鳴：

國營事業公務人員，又何以如此優待？難到提高他們待遇不會影響國庫麼？要想養成廉潔的風氣，要想提高行政效率，就要改善一般公務人員待遇，讓他們不會受不起生活的壓迫而貪污、怠惰、分心、轉業。改善生活，單單加薪還不是妥善辦法，把物價同時平抑和合理配發實物，才是澈底有效辦法。

黃衫客為民請命，也揶揄自己手不停毫，卻連自己也養不活，倘若有幸石麟降世，但求勿作新聞記者：

吃盡挫折、飽受折磨，在飢餓中脫胎換骨成為新聞記者，得到的地位和待遇，與付出的血汗和肩負的責任，不成比例。訪察真相、為民喉舌的偉大情操，換來的可能是無妄之災。

十個記者九個窮，薪俸低微，被迫割肉補瘡，緊縮衣食，已屬清苦，然新聞記者的妻子更難溫飽！吃的是草，榨出來的都是牛奶，還不管風吹雨打，整天整夜在文化田裡耕耘，生活像牛般的新聞記者，我真希望我的兒子，將來不要當啊！

天鵬借《枕中記》中「黃粱夢」，嘲諷權貴荒腔走板、妄為之行，如痴人說夢，〈潮州在野的「學醫」〉描述滑稽政策：

狗咬人後，狗先死，被咬者須「帶孝」一百天，否則必死。

診斷被吊者生死只需看所吊之處下方有無火炭，「有炭者死，無炭者生」。

民國三十五年十一月十二日國父誕辰週年紀念，天鵬與友人王少湖、隴林塔寺住持法圓和尚三人一同到上海大場「空軍第八大隊」第一工程處新建宿舍參觀。宿舍所在地為舊日鎮中市街一部分，八一三抗戰時，為日軍焚毀，成一片瓦礫，勝利後由當地區公所會同空軍人員，加以清除，築成平房五十二棟，為空軍第八大隊宿舍，在距鎮三里馬橋鎮也有同樣宿舍一百五十棟，五至七棟一排，錯落有緻，建置完善。回想戰時，恍若隔世。

中央黨史史料編纂委員會從十二日起舉辦「革命史蹟展覽會」，在黨史陳列館展出兩週。會場佈置得隆重莊嚴，一樓大廳正面懸掛巨幅國父遺像油畫，前排三大玻璃櫃陳列國父遺墨，如三民主義原稿、孫文學說序、民族主義單行本序等。左樓陳列個人經歷，從家庭、求學、興中會、倫敦蒙難、同盟會、三二九之役、辛亥起義、臨時政府、討袁護法、廣州蒙難、北伐、改組國民黨等，重量級文獻為國父自書誓約。

細讀革命史蹟，對照當前政治現況，天鵬吟起陸遊〈追感往事〉：「諸公可嘆善謀身，誤國當時豈一秦。不望夷吾出江左，新亭對泣亦無人！」〈病起書懷〉：「病骨支離紗帽寬，孤臣萬里客江乾。位卑未敢忘憂國，事定猶須待闔棺。天地神靈扶廟社，京華父老望和鑾。出師一表通今古，夜半挑燈更細看。」黃粱振臂高呼：

舉世擾攘，革命精神漸趨喪失，先烈創造民國的艱辛也被遺忘，國父手書，精誠嚴正，令人動容，殉難的年青面容展現大公無私、成仁取義、氣壯山河的精神，但願展覽能喚起記憶，振衰起敝。

國代提名 一波三折 高票當選

國民政府預計民國三十六年底辦理中央民意代表選舉，在提名登記前，廣東普寧旅京同鄉會事先協調，一位登記僑民代表、一位為立委候選人，至於國民大會區域代表，一致推舉天鵬「辦報講學，馳譽海內，近年從政，勛勞懋著」，參選必勝。

普寧旅京學會在八月十日發出〈為選舉國民大會代表、敬告普寧同胞書〉，內容指出，人選標準應：一、年富力強、學識淵博、行政經驗豐富；二、思想進步、抱負遠大、在國家社會有相當地位與信譽；三、議論風發，足以動眾，而熱心為桑里謀福利者。

黃氏天鵬，本邑在京最負盛譽，積資至簡任三級。近對中央視導團建議多端，歸趨於桑梓之福利，深得中央及地方人士推重，以黃氏之道德文章勛業，允為最恰當而理想之人選。

民國三十六年八月，天鵬奉命視察西南，由滬飛穗，與廣東省參議會議員羅偉疆同機，羅告知中共以香港為大本營，運籌帷幄，發奮為雄；反觀國民黨，黨務推進緩慢，文化宣傳工作不足。天鵬實地訪查，深入了解後，認為黨內同志工作態度認真，然而面對中共來勢洶洶，的確有極大的努力空間，中央如何協助地方？頗費思量。

在各報主管座談會中，社長和總編輯紛紛反應，國共之爭導致報館被搗毀，希望國民政府能保障安全、降低郵資電費、明示獎懲等。天鵬回應，黨員從事新聞事業，成績卓著者，將給予獎勵，並經由定期舉行之座談會，交換意見，讓中央與地方溝通管道，暢行無阻。至於治安及郵電成本等，將盡其所能，予以協助。

八月十八日訪問國民黨港澳總支部，會晤執行委員會委員黃令駒，並參觀西南圖書印刷公司及《國民日報》社。報社舊址狹小，僅用對開機二部，日出一張，無法與華僑、星島各報競爭，新址寬大三、四倍，並接收中統輪轉機，準備九月一日出兩大張，將一新耳目。西南印刷廠設備完整，但業務清淡，財務周轉不靈，天鵬向黨中央提議，招募新股，加強組織，改組公司，成為與「商務」、「中華」並駕齊驅的大型出版業者，供應西南及南洋需要，印刷國民黨宣傳書刊。

八月二十一日轉赴汕頭，後返普寧馬公柵。家鄉一景一物，牽動遊子心緒，育祥里屋脊上的人物花鳥嵌瓷、廳堂金漆木雕大門、素雅的潮繡寢具，全是成長的記憶。

十年未歸，家人喜不自勝，天鵬贈與黃母班禪額爾德尼活佛加持之寶戒，並在觀山樓旁築「寶戒齋」。兄弟姊妹再敘天倫，親戚妯娌聞風而來，賀客盈門，輪番宴請。晶瑩剔透的潮州粉粿、柔韌鹹香的熟麵線、各式海鮮極品配以不同醬料，一菜一碟，旨酒嘉肴，齒頰留香。家家戶戶必備的老藥吉、老香黃和黃皮豉，醒脾開胃，舒肝解鬱。食畢，再來一壺清香撲鼻的功夫茶，一片歡樂。

堂叔黃子明[8]在鐘錶界脫穎而出、叔父黃勉仁[9]懸壺濟世，德高望重，宗親全力動員，四十多人聯合發佈

8　黃子明，民國十年至九十三年，四〇年代創設通城公司，六〇年代至香港創辦義興公司、繼而組成寶光集團、華基泰集團，八〇年代在曼谷北郊開發世界最大私營衛星城市——通城新都。擁有上市公司市值及資產逾七十億美元。

9　黃勉仁，光緒二十一年至民國五十七年，字志士，為黃毓才之弟，排行第六，具國醫士資格，三〇年代初曾與九弟黃超至越南，後返汕行醫，曾任普寧馬四鄉鄉長，民國三十八年至泰國定居。

〈敬告本邑人士書〉：

普寧公民之政權，將屬托何人？查黃天鵬君係為本邑馬四鄉人，早年負笈京都，後留學日本，專攻政治經濟，對現代政治經濟思想有新穎之見解；歷任中央黨政軍機關要職，足以肩負行使政權之任務；當其主筆各大報時，發奸摘覆，不避權貴，允可代表人民喉舌；至於熱心家鄉教育，事實彰著，不待贅述。同人等認為黃君為吾邑不可多得人才，抑亦國家柱石，普選當前，推賢選能，請一致推選，使星月當空，氣氛明朗，則國民甚幸、本邑甚幸。

天鵬回饋鄉里，將所得絕大部分捐贈給教育機構，購買大批圖書送予普寧縣一中、二中、興文、愛群女師、簡師、南光、馬四、和平、鍥金、普城、德育等校。在故鄉馬四鄉中心學校設立「毓才公獎學金」，獎勵優秀學生升學。普寧縣立第一中學校長方達觀及女子簡易師範學校校長張永貞聯名發表〈敬告普寧地方人士書〉：

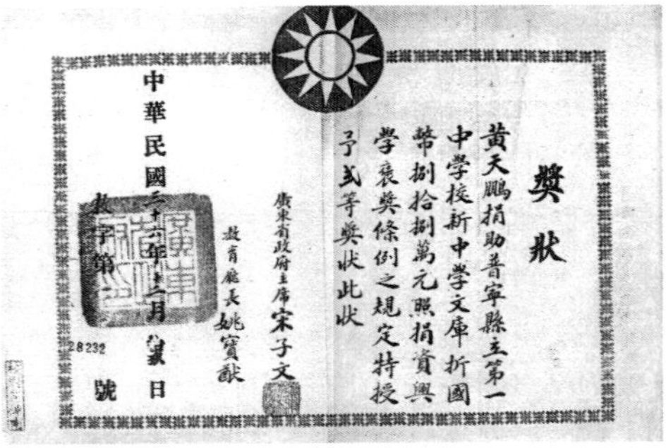

捐助獎狀。

黃君天鵬，學識淵博，經驗豐富，足以為民眾服務，而利於國家民族，此其一；宣教杏壇，化雨宏施，尚氣節、輕功利、嚴操守、重然諾，其人格之高尚，信而有徵，此其二；當任各大報主筆，負領導輿論之責，為民主政治前鋒，議論莊重，正義凜然，足以代表真正民意，此其三；抗戰後投筆從政，忠勤幹達，卓著政聲，有此地位與信譽，此其四。最近返梓，關切家鄉建設與教育，設置獎學金、廣捐圖書儀器，熱心為桑里謀福利，難能可貴，此其五。黃君之勛業、才幹、道德、人格為本邑國民大會代表唯一人選。

鄉親奔走下，天鵬獲普寧過半數選民支持，國民黨中央執行委員余俊賢提早祝賀：「普寧競選代表同志，列報中央者，只有天鵬一人，當選可期。」八月二十九日，天鵬參加普寧縣立第二中學校舍奠基典禮，九月初返回南京。

天鵬（中著深色衣服者）參加校舍奠基典禮。

原以為勝券在握，令人詫異的是，青年黨、民社黨部分參選人絕食抗議，甚至以死相爭。民社黨中委李華裕指定要「普寧」這個區域，黨中央為求和諧，設法協調，廣東省政府主席宋子文發函指出：「經中央所決定讓與友黨人事，當選者須發揮謙讓美德，以完成崇高之使命」。

天鵬實感左右為難，選舉在即，十一月返鄉前夕，向吳鐵城辭行，鐵老建議別急著走，見過黨副秘書長鄭彥棻後，再搭機離開。

會面時，天鵬說明，宗族長輩全力動員、完成佈署，就算個人願意退讓，地方父老絕不允許，將另推人選，黨中央的調讓，勢難達成。

鄭彥棻將桌上一疊厚厚的登記資料拿起來，翻了又翻，看了老半天。天鵬繼續表明，自己對於憲法制定過程，瞭如指掌，從張知本起草憲法到制定憲法過程中，以政治記者及會議秘書身份參與，若是當選，必定能實現黨的政策而有所做為。鄭彥棻點頭表示贊同，承諾將盡力從中斡旋。

與孫科熟識的梁寒操此時任職國防最高委員會副秘書長，得知此事，笑著說：「小事一樁，我向孫哲公說一聲，做為他提名的，這件事就解圍了。另外，我也會順便關照鄭副秘書長。」

李華裕後來調至工人團體，誰知一波未平一波又起。回到家鄉，一位顯要的副官處長，力爭在普寧選出，鄭彥棻這次胸有成竹的說，他曾經在廣東省政府擔任秘書長，天鵬長期在外求學和工作，在廣東不見得比他熟。

國民黨中央十月二十九日第三小組會議，以天鵬「從事黨務文化工作多年，著有勛勞，得縣民信仰，有當選把握」，提名為正式代表，省會以「聲譽卓著，號召有力」支持為正式人選。十月三十一日中常會照

國民大會代表當選通知書。

天鵬（右一）走訪黃花崗。

案通過。

十一月二十一日投票選舉「行憲國民大會代表」，二十八日起假普寧中正堂開票，天鵬得七萬九千七百六十六票黨，比次高票多了二萬二千多票，獲壓倒性勝利。

讜言偉論　為民請命　戰局逆轉

民國三十七年三月國民大會在南京開幕，為行憲後第一次集會，不平則鳴的黃衫客，終於不用隱身幕後，如今透過議會政治，在體制內直接督促政府、為民服務。

根據憲法，中華民國主權屬於全體國民，國民大會代表全體國民行使政權。首次會議重要任務為制定總統、副總統選舉辦法。天鵬指陳，參照其他國家案例，副元首任務為弼輔元首，應由元首提出、或是元首認為適當的人選，若元首和副元首分別提名，可能會產生總統、副總統理念不合，或為不同政黨。然而協商後，採取出席代表分別提名元首和副元首。

總統候選人有蔣中正與居正，副總統有于右任、孫科、李宗仁、程潛、莫德惠等數位。第一次投票結果，蔣中正獲過半數同意當選總統，副總統人選因未能得到過半數票，投票多次逐次淘汰，最後為李宗仁和孫科決選，競爭激烈，由李宗仁勝出。

有鑑於中共佔領區逐步延展，國內外情勢日趨危急，會中制定《動員戡亂時期臨時條款》，擴張政府職能，授權總統在動員戡亂時期，遭遇緊急危難或財經重大變故時，得經行政院會議之決議，做緊急處分。

大會中，天鵬急於為傳播事業請命，提案第二九〇號：

請政府扶植新聞出版文化事業，解決出版困難，以發揚文化，提倡學術研究。理由：新聞出版與文化教育事業，影響國家前途至關重大，當此金融物價動盪之際，若無政府扶植，難以維持。

大會審查意見為：一、新聞雜誌，郵電運輸，盡量予以優待，以助其發展；二、撥出專款以為文化出版事業之貸款，予以種種方便；三、從速制定新聞記者法，根據一定標準，確定記者資格；四、合法報紙，政府應優給配紙，並准其自備外匯購紙。五、公營事業如水電運輸，對各報社雜誌通訊，特予廉價優待。六、新聞從業員一律准免兵役，並給予公糧，其子女有享受公立教育之特權。

天鵬體察民情，提案第六九二號：

請政府依照民生主義，迅行平均地權，節制資本，以安定國計民生，遏制亂源。

審查意見為送政府經濟決策機關歸納整理，制定方案，切實施行。

有關於國民大會中臨時條款及多項修改憲法提案，天鵬彙編成《制憲修憲史》，由中國出版社印行。

國共之爭，兵拏禍結，民國三十七年九月人民解放軍奪取濟南，十一月直趨瀋陽，在遼瀋戰役中，佔領東北，從政府軍手中奪得大批美國武器，如虎添翼，決定了全局勝利。十月底華東、中原兩野戰軍分向徐州東西進攻，十一月初戰鬥開始，歷時兩個多月徐蚌會戰，共軍大獲全勝，此時共軍兵力早已超出三百萬。十二月二十五日，中共宣布蔣中正等四十三人為戰犯，三十日，中央委員會主席毛澤東聲言將消滅國民黨反動分子。

民國三十八年一月，天津、北平為解放軍佔領，稱之平津戰役，和遼瀋、徐蚌會戰合稱三大戰役，政府軍共折損一百五十萬人。一月二十一日，蔣中正宣布引退，李宗仁代理總統

國民大會民國三十七年與四十三年徽章。

職權，解放軍已至長江北岸，二月五日起，政府改於廣州辦公。三月二十五日，中共中央遷至北平。四月，中國人民革命軍事委員會主席毛澤東令各野戰軍前進，陸續佔領南京、杭州，九江、武漢、南昌、福州、廈門、太原、西安、甘肅等地，戰局一天天逆轉，八月，整個華北與西北為解放軍所有。

九月二十七日，中共通過《中華人民共和國中央人民政府組織法》，國都為北平，易名北京，紀元採公元，國旗為五星紅旗，三十日，毛澤東任中央人民政府主席，十月一日，中華人民共和國成立。解放軍接著佔領廣州，十一月，佔桂林、重慶。十二月七日，蔣中正宣布國民黨政府遷設臺灣，九日，蔣中正飛往臺北，李宗仁托言治病前往美國。二十七日，解放軍攻佔成都，民國三十九年三月二十七日，取得政府軍在大陸最後據點——西康西昌。

對日抗戰改變共產黨的命運，從處境至危、亡命天涯，到命運翻轉、大權在握，毛澤東一躍成為中國的領袖；戰時統帥蔣中正贏得戰爭，輸掉中國，退守臺灣。

第一屆國民大會潮州代表合影。後排右起：安潮沈哲臣、澄海陳宗周、揭陽孫家哲、工會陳特向、華僑林燦英、工會李華裕、澳南黃倫、京滬同鄉戴范二君。前排右起漁會蔡義潤韌、醫師賴少魂、惠來方萬方、普寧黃天鵬、潮陽蕭吉珊、大埔羅卓英、教育鄭振文、豐順吳逸志、饒平陳煥章。

第七章 擬聚共識　推行憲政

國民政府徐州戰事失利後，文武官員接獲遷徙通知，天鵬奉命撤退來臺。這一轉身會不會是永別？民國三十八年初，天鵬將著作、字畫、官方文件、《重慶各報聯合版》、家族相本、古瓷器皿、神人鳥獸等各式玉雕，裝在兩只樟木箱子，依依不捨的望著家中的一景一物，想起友人汪旭初的詩：「蕭鼓迎年卜紫姑，此生能見太平無，放翁心事差相似，只欠抽身老鏡湖。」

黃母莊世光四月由汕頭搭機前來，她深信，這一次，就像過去的每一次浩劫，腥風血雨過後，黃家仍能在這塊土地上屹立不搖。她與孫兒洪年同行，隨身攜帶一小箱行李，放了幾件從小珍藏的物品，包括叔祖莊鎮藩所贈的秦鏡、家傳的白玉菩薩像、雙龍雕鶴銅鼎、龍鳳呈祥白玉瓶、活佛加持過的寶戒以及出嫁時父母贈與的官帽官服上玉雕飾品。絕大多數古瓷玉器及夏鼎商彝，全裝箱置於升益居及觀山樓，深信皇天無親，唯德是輔，兩、三月內必能再度回歸家園。

重整學術　春風化雨　任教各校

內戰導致大學新聞教育陷入停頓，天鵬延續二十年的教學經驗，倡導重整學術勝業，參與各校新聞系所的發展，造就優秀新聞人才。天鵬向臺灣大學校長錢思亮建議創設新聞學系，但校方限於經費、設備、師資等，顧慮良多，反倒是曾在南京開辦中華學校的張步雲，擬在臺復校，數度邀請天鵬任董事長，正籌組間，中國及中華新聞函校先後開辦，政工幹校也正式設立新聞科，因而作罷。天鵬為中華新聞函校編《新聞學》，又開設「校讎學」，教授中國古代整理文獻方法。

政工幹校由國防部核准開辦，特色為文武合一，軍事與一般學科分開教學，採用美國西點軍校自治制度，新聞系畢業生由國防部頒發軍官官階，並由教育部授予文學士學位。天鵬於民國四十年九月應邀擔任教授，從舊式馬房改建的教室到西式的新聞館，長達二十年未曾間斷，他將上課講義編寫成《新聞寫作》與《新聞文學》，內容包括理論、歷史、演變、影響、體裁、展望等，每篇章末附有習題，由政工幹校發行。

民國四十二年九月，天鵬乘坐小型交通車至政工幹校授課，經過臺北市南昌街附近時翻車，被甩出車外，後腦枕在一家店舖前的水泥台階上，送醫檢查，一切正常，頭部沒有明顯外傷，更無強烈撞擊後普遍出現的腦震盪，出院後仍正常授課工作。親友勸告多休息，養精蓄銳，留得青山在，不怕沒柴燒，天鵬卻細數過去戰時幾次遭遇轟炸，總是僥倖逃過死劫：「一飲一啄，莫非前定？大難不死，必有後福，在心願未了之前，必能轉危為安。」

民國四十三年政治大學在臺復校，四十四年恢復大學部，新聞系主任初為曾虛白，後為謝然之，天鵬應邀三度任教，開設「新聞文學」、「廣告與發行」、擔任碩士考試委員等。

民國四十四年，文化界籌備世界新聞職業學校，民國四十五年成立，推成舍我為董事長兼校長，並陸續擴充，民國四十八年改制為世界新聞專科學校。天鵬在世新主講「新聞事業史」，此為必修課，多班合講，在大禮堂用擴音機對上百名學生授課，天鵬多次建議改為小班制，讓師生有更多交流與互動，也盼在實習訓練之外，加強學術研究風氣。

師範大學民國四十四年由學院改制為大學，設立社會教育系，第二年起分組授予專業課程，新聞組重視新聞事業之經營與改進，為社教整體安排中重要一環，民國四十五年新建「僑教館」落成，設有華僑新聞專修科，調訓海外新聞工作人員，天鵬開設「報業經營管理」相關課程，並在僑委會與師大合辦的「華僑新聞事業訓練班」授課。中國文化學院民國五十二年成立新聞系，由天鵬教授「中國報業史」。

催生成立 憲法學會 普及法治

國民黨政府在臺澎金馬重整政權，然而李宗仁滯留美國遲遲未歸，群龍無首，國大代表籲請蔣中正復行視事，由天鵬執筆〈國大代表在臺首次宣言〉，民國三十八年五月六日登載於《新生報》。十一月二日，行政院公布臺灣納入作戰時攻守之地，全國戒嚴，蔣中正於三十九年三月一日復行總統職權，黨政軍全面監控。

部分國民大會代表依據《動員戡亂時期臨時條款》第四項規定，總統至遲須於民國三十九年十二月二十五日前，召集國民大會臨時會，討論修改憲法各案、決定臨時條款應延長或廢止。八百多名代表連署準備發表文告與召開會議，蔣中正要求暫緩開會，九月四日召見國大代表，告知多數代表仍在大陸，開會通知書無法送達，勸以當前國是為重，避免節外生枝。九月六日下午三時，國大代表全體幹事會在中山堂召開，到會八十多人，推天鵬、張知本、王寵惠、劉宜廷等十一人，專責與政府研商緩開臨時會辦法。

憲法為國家基本大法，遇到實際政治疑難，如何權衡？現行憲法受到政治協商影響，內容闕漏、矛盾百出。回溯民國三十五年十二月二十五日，憲法通過後，曾設置「五權憲法學會」；三十七年三月，行憲國大開會期間有「憲法研究會」，都是研究憲法的單位。天鵬倡議再度恢復舊制，並就教於國策顧問張知本、國民黨中央改造委員會主任鄭彥棻、司法行政部司長張文伯、憲法教授洪力生等人，公推天鵬統籌規劃。天鵬前往聯繫主管官署內政部，得知早就過了恢復大陸舊社團登記日期，但可依法發起同一性質的學術團體。

「中國憲法學會」在天鵬奔走下誕生了。民國四十年三月二十九日，發起人召開首次談話會，推天鵬和張知本等為籌備委員。天鵬像陀螺般，馬不停蹄地奔走，五月一日，奉內政部社字第九〇八號通知，准予組織。五月五日，發起人召開第一次會議，推定籌備委員十三人，設總幹事一人及事務、文書、布置三組。五月九日，召開籌備會議，決議章程草案。五月十八日，第二次籌備會議核發會員證一〇四份。

五月二十日，成立大會在臺北市中山堂堡壘廳舉行，會員全數到場，總統府秘書長王世杰、前司法院長居正、蒙藏委員會委員長田炯錦等府會首長皆蒞臨會場。針對外界質疑，當今軍事第一，研究憲法如同「誦孝經以退黃巾賊」，既滑稽又不識實務。天鵬回應，憲法為精神武器，為制定政治經濟方案的依據，戰爭要旗開得勝，立基在良好的政策與穩定的經濟。

會中通過《中國憲法學會章程》，明定任務有三：一、關於憲法之研究與討論；二、關於憲法知識之普及；三、關於憲法書刊之編印事項。至於經費來源主要為會員入會費五元、常年費五元及自由捐助。理監事選舉選出理事二十五人、監事九人。五月二十六日，理監事就職並召開第一次聯席會，提出下半年度工作規劃，為分組研究、舉辦講座、搜集資料和編印書刊四項。會中推舉天鵬為常務理事兼總幹事，通訊地址暫設天鵬和平西路住家，會議地點租借中山堂、省黨部禮堂或學校。天鵬推舉張知本擔任理事長，並設財務委員會，由東吳大學教授洪陸東為主任委員。

巨擘演講　研究交流　月月登場

研討會緊鑼密鼓登場，初期著重憲法一般理論研究，接著依據憲法章節與性質分組，作為修憲的準備，天鵬為主要主持人。第一次常務理事會六月六日召開，推舉各組召集人，同年七月十五日召開會員研究會，商議程序議題，並由張知本演講「五權憲法真諦」。八月和十月的工作會報中決定編印會務簡報和憲法研究資料，十一月檢討半年來工作成效並訂明年度工作方向。同年十二月二十日在臺北省立第一女子中學會議室舉行「五權憲法研究綱領」討論會。

民國四十一年元月十一日，第三次理監事聯席會議通過年度計劃，元月底於中山堂舉行研究會，針對初期研究成果交互論戰，以求真理愈辯愈明。二月二十三日，天鵬在省黨部禮堂舉行的會議中報告分組研究辦法，指出，國民大會為政權最高機關，如何行使四權，應有所規定，使四權能充分發揮效能；其次，國民大會照現行憲法而言，徒有其表，已喪失管理政府之權，應重新劃分與立法院職權，以符合國父遺教；最後，國民大會會期及閉幕期間的常設機構，與行政權有關，應有所修正。

四月二十日，在中山堂北辰室舉行「論中央與地方權限」研究會，天鵬建議依《建國大綱》為最高原則，採均權制，凡事務有全國一致性質者，劃歸中央，有因地制宜者，劃歸地方；確立縣為自治單位，省的地位為執行中央法令及監督地方自治，是中央與地方的聯絡體。四月三十日舉行報告會，根據各組研究中有兩組以上不同意見者，重新提出詳加檢視，包括確定省的地位、政權與治權的劃分、行政與立法的制衡等。

十月二十六日上午九時，中國憲法學會在中山堂堡壘廳舉行第一屆會員大會，到場上百人，包括王世杰、謝冠生、莫德惠、黃季陸、白崇禧、鄧公玄、黃啟瑞、蔡章麟等人，在會務報告結束後選舉第二屆理監事，天鵬當選理事。第二屆理監事聯席會議在十一月二十日下午三時舉行，通過民國四十二年度工作計劃，票選天鵬等七人為常務理事，天鵬續任總幹事。中國憲法學會成立一年時，獲內政部〈內社字第二九七四一號通知〉——全國性人民團體工作成績總檢查，成績列為甲等，給予獎狀。

民國四十二年元月二十日各組舉行工作會報，並整理憲法相關文獻，此時會員已增加至二百二十四人。四月二十八日舉行的研究會，著重條文討論，共分六組，包括總綱、國民大會職權、府院制度、中央與地方權限、基本國策與綜合研究。同年五月二十日在中山堂舉行成立兩週年紀念與研究會議，就政治制度與施政方案深入探討。民國四十二年理監事會，天鵬再度被推舉為常務理事和總幹事（後改稱秘書長），此後年年蟬聯秘書長，是推動會務進行的靈魂人物。

學術並非束之高閣，中國憲法學會每個月舉辦一次講座，邀請法界權威人士主講憲法與法律知識，目標為普及民主法治觀念，先後與國民黨臺灣省黨部及青年學術研究會合辦法學講座，後與國際法學會、中國教育學會聯合舉行演講會。分三階段進行，第一階段闡揚憲法精義；第二階段闡釋法律要義；第三階段灌輸法律常識，聽眾包括社會人士及好學青年。此外，還舉辦行憲紀念日廣播講座、短期憲法講習教育、各地巡迴演講等。

數百次的演講和專題研究包括張知本「從制憲行憲體驗中研究憲法」、任卓宣「創制複決權行使問題」、王雲五「憲法與考試」、孫科「有關憲法問題」、田炯錦「五權憲法與世界政治」、阮毅成「我國憲法上的地方制度」、陳顧遠「從法律觀點上談婚姻」、張希文「憲法與婦女」、杜元載「憲法與教育文化」等，聽眾踴躍、座無虛席，演講內容成為報章雜誌重要新聞來源。

大義凜然　提案制頒　創制複決

國民大會代表依規定六年改選一次，第一屆國民大會民國三十七年在南京集會後，應於民國四十二年改選，然因國民政府播遷來臺，無法進行選舉，依憲法第二十八條第二項規定，每屆國民大會代表任期至「次屆」國民大會開會之日起。民國四十三年二月十九日第一屆國民大會第二次會議在中山堂舉行開幕式，出席代表一千五百七十八人，歷時三十五日，至三月二十五日閉會。

此次會議重要決議為罷免副總統李宗仁、延用《動員戡亂時期臨時條款》、選舉第二任總統副總統，分別由蔣中正和陳誠當選。代表提案共五百三十九件，天鵬擔任第一審查委員會委員兼召集人，負責一百八十二件憲法及一般提案的召集與審查，並代表宣讀討論結果。五百多件提案經大會決議保留者僅三十九件。

大會開會期間，中國憲法學會具國大代表資格的會員組成研究小組，每週舉行座談會，研討大會中有關憲法案件，以求會員能有相同態度，因事先充分準備，在場互相聲援，成效卓著。天鵬領銜與周治平、富伯平、水祥雲等人聯名提案第八十四號：

> 請政府制頒創制複決法，俾人民能充份行使政權，以符憲法規定，而宏憲政實效案。
>
> 說明：憲法第十七條明定，人民有選舉、罷免、創制及複決之權，但行憲六年來，創制複決兩權之法令尚付闕如。選舉罷免兩權為對官吏監督之權，以進賢退不肖；創制複決兩權乃對立法監督之權，以存良廢苛雜。為應臺灣地方之需要，請修正《臺灣省各縣市實施地方自治綱要》，增加「創制複決法規另定之」之條文，以為另訂創制複決之依據。經大會決議通過，請政府依法制定。

天鵬出席國民大會留影。

針對國民政府所在地臺北市，天鵬提案第三五四號，建議改制為院轄市，理由為：

> 臺北市地理位置重要，雄峙東海，屏幛大陸，加上近來人口激增，中樞機關林立，設備不敷供應，市

政建設有關國際觀瞻，卻沿用舊日藍圖，擬請改為院轄市，以宏建設規模，成為全國模範都市。此案未獲同意。

提案整飭紀綱 培養樸實風氣

國民大會開會期間，旅美政務委員吳國楨涉嫌貪污套取巨額外匯，喧騰一時。吳在各報刊登啟事，駁斥謠言，批評國民黨政府一黨專制、控制言論與思想、已成一警察國家，並發函國民大會。部分代表提案，吊銷吳國楨護照、撤職查辦；部分表態，須設法疏導；部分推測，吳國楨存心藉大會宣傳，應見怪不怪、相應不理。三月十七日大會通過決議，要求政府免除其政務委員職務並依法究辦。

天鵬義正詞嚴指出：

政府正勵精圖治，軍民敵愾同仇，中興氣象日著之際，仍有少數不肖官吏，違法瀆職，或逍遙國外，詆毀中樞設施，應請政府嚴予究辦，以肅官邪。

臺灣今日缺乏嚴肅樸實風氣之原因，大都種因社會道德之墮落，荒淫無恥，習為故常，世人重財勢輕廉寒，貪鄙驕悍者稱為幹才，有為有守者視同冗員。每見暴發戶頌其有辦法，其錢財來自貪污走私而不問；有學問道德之士，詆為迂闊落伍，社會如此，何以挽救末俗？

提案第三八五號：請政府澈底整飭紀綱，培養政治嚴樸風氣，轉移社會浮靡歪風，以振奮人心。辦法為：一、嚴辦貪污瀆職官吏；二、注重道德教育；三、貫徹總統社會改進運動。大會結論為送請政府辦理。

國大代表的提案分兩種，第一種為依憲法第一百七十四條規定，採取修憲程序，如獲通過，政府必須執行。大部分屬於第二種，為建議性質，決議後送請政府採納施行，由於國民大會六年開會一次，閉會後管不著政府是否推行，因此，許多立意良好的提議不容易發生效力。中國憲法學會此時已集結政府高階官員、民意代表、知名教授、文化工作領袖等三百多名會員，在國民大會開會前預先集會磋商，有助議事順利進行，更有助政府採納大會決議，否則上千名代表輪番發言，會議等同癱瘓。

創制複決權一直是國民大會爭辯的焦點。中國憲法學會民國四十四年十月十二日星期日上午在臺灣省黨部大禮堂舉行「創制複決行使」座談會，公認有提早施行必要，學會將創制複決適用與不適用事項、對立法機關以及政令推行之影響等，分送相關機關作為制頒法會的參考依據。內政部此時也將新擬定的《臺灣省各縣市創制複決權行使規章草案初稿》，交臺灣省民政廳制定，預定三個月完成。

民國四十六年，國民黨總裁蔣中正以天鵬領導中國憲法學會黨團，工作努力，特別頒發獎狀四六五字第〇〇一二號。民國四十七年蔣中正再以天鵬擔任國民大會審查委員會召集人、中國憲法學會黨團書記長，策劃有方，成績優良，頒給忠黨愛國獎狀四七五字第〇〇四三號。

蔣反修憲　國大何從　智慧化解

民國四十七年十二月二十三日，蔣中正在光復大陸設計研究委員致詞時指出：

> 國民大會有好些代表曾提出修憲疑問，這是各代表的職權，「個人」不便干預，但以中國國民黨代表「政府」而言，不僅不需修憲，而且「反對修憲」。

好戲登場，主角為獨裁專斷的蔣中正，配角為學界政界意見領袖，劇情為國民大會存廢爭議與中國憲法學會研究工作之必要性。學會會員數度開會，多數認為，國大代表重要職權為選舉罷免總統副總統與修改憲法，代表們散處民間，於政府政策得失，知之較深，應盡輔導之責，更應設研究機構，討論行使創制複決權。此外，國大代表選出已逾十年，總額計算也需重新考量。民國四十八年十二月二十日會員大會受到各界高度關注，天鵬在會中指出：

天鵬獲頒成績優良獎狀。

默察國勢，順應輿情，對於當前重大疑義，必須有所回應：

一、國民大會第三次會議應選舉第三屆總統，涉及修憲與修改《動員戡亂時期臨時條款》任務艱難，對於總額人數應以「依法選出而未喪失資格在職人數為標準」。

二、國民大會行使創制複決權，在現階段政制中，解除行使兩權之限制，亦無不可。

三、修憲爭論，中國憲法學會研討十年，認為可作修改之準備研究，正式修改，當在適當時機。

四、關於總統連任，將提案：「海內外人民一致擁護總統連任，眾議修改《動員勘亂時期臨時條款》，以適應國家需要。」本會應研擬條文以供國民大會採擇。

學會將決議發函國民大會，國大秘書處將來函印發全體國大代表。在《懲治叛亂條例》下，批評政府或持不同政見者，極可能被冠上意圖顛覆政權罪名而遭整肅迫害。槍打出頭鳥，即使天鵬言論代表多數國大代表的心聲，卻將自己置於前途未卜之險境。各報像刊載連續劇般，窮追不捨，大幅報導。

政論家陶希聖重申當局不修憲主張，提出疑慮請中國憲法學會鄭重研究。任卓宣指出，修憲乃係為了國家實際需要，並非不民主，也並非違法。內政部長田炯錦指出，外界對修憲看法分歧，盼中國憲法學會以國家利益為前提，純以法理研究憲法，勿存絲毫成見。

民國四十九年二月十二日，大法官解釋，國大代表總額當前情形應以「依法選出而能應召集會之代表人數為計算標準」，和天鵬所提有異曲同工之妙。

二月二十日，國民大會第三次會議集會，天鵬被選為主席團主席。會議重點為修定臨時條款，發言熱烈，爭論不休。主張修憲者認為，非常時期，需鞏固政治領導中心，對總統人選不宜更動，以達駕輕就熟，事半功倍之效，因此應修改憲法有關總統任期。反對者認為，憲法為國家根本大法，不可輕率修改，否則喪失永久性及穩定性價值，何況正值戎馬倥傯、枕戈嘗膽之時，若內部紛擾，恐「宋人議論未定，金兵已然渡河」。天鵬和郎雲鵬等人提案：

> 增訂《動員勘亂時期臨時條款》，國民大會應設置機構，研究行使創制複決兩權行使辦法及有關憲法問題，提出國民大會臨時會，加以審議，當否請公決案。

天鵬指出，行憲十二年來，憲政制度得失利弊為國人所共見，國民大會應就「非經修憲無法補救之重大疑難」，研擬辦法，以期改進，建議在閉會後，設立「憲政研究委員會」，由國民大會代表研究創制複決行使辦法，提出研擬條款，並由總統在六年內擇適當時期或國大代表五分之二以上簽署，咨請總統召集國民大會臨時會制定。

大會經過多次審查修改，三讀通過《動員勘亂時期臨時條款》修訂案，總統副總統得連選連任。會議閉會後，設置機構，研擬創制複決及憲法修改各案，再由總統召集國民大會臨時會討論。二十一日舉行選舉，蔣中正和陳誠續任總統及副總統。

大會中，天鵬提案第二九四號，二度建議臺北市改制為院轄市，大會決議送請政府「採擇實施」。此外，為增加海外一千四百多萬華僑的向心力，天鵬提案第三一〇號：

> 請政府改善僑務行政機構，以貫徹憲法保護僑民權益基本國策。建議恢復僑委會原有委員會議制度，委員應分名譽和專任兩種，派遣至海外工作人員應因地制宜，為事擇人。大會決議為送請政府參考。

有鑑於各機關自大陸運臺檔案，大多棄置，天鵬發揮書生本色，建議延攬史家學者，整存史料。提案第二九七號：

> 請擴充國史館編制，積極編印史書，以宏揚中華民族輝煌歷史文化。擬具辦法為增列經費，羅致史才，重修清史，編印史學書刊及史書目錄，各機關歷史檔案應移送國史館整理。大會決議送請政府辦理。

天鵬與代表同仁提案建議設置之機構──「國民大會憲政研討會」於民國四十九年七月一日成立，分為「創制複決兩權組」、「修改憲法組」，定期研討會商。

民國五十年五月二十日，中國憲法學會假中山堂堡壘廳舉行成立十週年紀念會，出席會員田炯錦、鄭彥棻等一百八十餘人。首先由天鵬報告會務，後舉行座談會，內容包括修憲時機、如何行使創制複決權、政權與治權劃分等。下午五點，舉行慶祝酒會，與會來賓包括：副總統陳誠、總統府秘書長張群、于右任、何應欽、王雲五等一千多人，極一時之盛。陳誠致詞肯定中國憲法學會十年來的研究，對貫徹民主憲政，貢獻良多。

民國五十年十二月二十五日，國民大會憲政研討會在一年多來的討論溝通後，完成「創制複決」與「修憲」初稿，民國五十一年二月至七月廣泛徵求意見。

中國憲法學會多次召開小組會議，請會員提供見解。民國五十一年五月二十九日，假中山堂堡壘廳舉行「創制複決兩權行使問題」，出席會員一百四十七人，天鵬詳述倡導實施創制複決權經過，接著討論國民大會創制複權初稿意見、現階段修憲的必要性等，並請會員踴躍發言，做成會議紀錄，逐一檢視分類，彙編成《創制複決與修憲初稿意見》。此外，天鵬將學會十多年研究憲法記錄所積存五十多萬言，整理成《中華民國憲法修改意見書》，首列原條文，次列修改意見及反對意見，發送會員及國民大會參酌。

國民大會憲政研討會於民國五十一年十二月十六日，將會議初稿及各方意見摘要等，彙咨總統，做為召集臨時會之重要參考。

中國憲法學會成立十週年，右至左為司法院長謝冠生、黃天鵬、張知本、考試院長莫德惠。

第八章 低調行善 收容婦孺

初至臺灣，天鵬看到成群結隊的難民、露泊街頭；無依無靠的婦女，流離轉徙；惻隱之心，油然而生。《禮運大同篇》盤旋腦海，兒時朗朗背誦的章節，反覆出現，「大道之行也，天下為公，選賢與能，講信修睦，故人不獨親其親，不獨子其子……」

惟一的考量是如何在有限的收入下，奉養母親？一家五口先落腳於招待所，後來搬至館前街社會住宅，擠在二間八個榻榻米房大的房間。黃母住慣了丹楹刻桷、雕牆峻宇的四點金宅邸，出身名門望族的妻子在兵荒馬亂中度過花樣年華，陋室蝸居，委屈了家人。

撫育孤兒 協助婦女 自力更生

黃母看出天鵬的憂慮，說：「祖訓：捨己為人，救苦濟貧。惟有百姓安居樂業，國家才能安定繁容。」妻子回應：「別小看我救助孤苦能耐，我在重慶時，擔任女青年伉儷會會長，推動婦女救國、協助難童保育，尤其對合江教養院出錢出力，成效良好呢！」有了家人的支持，天鵬忐忑不安的心情，平靜下來。

書生本性難移，每項決定都引經據典。《周禮．地官司徒》：「以保息六養萬民：一曰慈幼，二曰養老，三曰振窮，四曰恤貧，五曰寬疾，六曰安富。」安養百姓，繁衍生息，以達和諧大同社會，有六大政策，愛護幼小居首。衡量自身財力，天鵬決定開辦小型慈善機構，收容戰亂孤兒、棄嬰和難童，命名為「孺子托兒所」。

「孺子」兩字取自《史記．留侯世家》，韓國義士張良在搏浪沙刺殺秦始皇，一擊不中，誤中副車，逃亡在外。一天在圯上遇到老人黃石公，命令拾鞋，又命穿上，張良照做，老人認為「孺子可教，三戶必亡秦也」，授以兵書，後來張良成為輔佐功臣，滅了暴秦，建立開明的大漢王朝。至於名稱，絕不採用「孤兒院」、「收容所」或「救濟院」這些字眼，在天鵬的眼中，每位嬰幼都是天使，只是境遇不同，盼孩子們在充滿愛與尊重的環境中成長，個個都具有張良的雄才大略，成為國家棟樑。

一日梁寒操和夫人黎劍虹登門造訪，入門後看到狹小擁擠的空間，和南京三条巷天廬的開闊雅致，形成強烈對比，忍不住問起是否打算換屋？天鵬毫不理會，自顧自地招呼奉茶，談論起該如何救助街頭難民，讓他們有遮風避雨之處，透過教育，激發他們上進之心，扭轉人生境遇。寒老大為感動，當下允諾會盡其所能協助。

天鵬於民國三十九年租賃較為寬敞之房舍，位於和平西路一段七十八巷二街二十一號。同年四月四日兒童節，成立孺子托兒所，第一年收容五十五名孤兒，隔年增加到七十二名。

民國四十年三月八日，中華工藝社及婦女補習班正式成立，免費授與職業訓練。為確保布料來源的穩定，另在板橋設立婦女棉織廠，附有宿舍，與中央保護養女運動配合，讓受虐待之養女、流落街頭的婦女，能在此安身，學習技能，直到具備謀生能力。

眼看返回故都遙遙無期，民國四十二年，天鵬置產於安東街三八八巷一號，考試院副院長賈景德以顏體書寫門額：「海天小築」，海天兩字取自李清照之詞：「今年海角天涯，蕭蕭兩鬢生華，看取晚來風勢，故應難看梅花。」小築來自杜甫：「畏人成小築，褊性合幽棲。門徑從榛草，無心待馬蹄。」天鵬新婚時柳亞子曾贈：「映海驪珠小，搏天鵬翼高」，事隔二十年，今遠離故土，感慨良多，長髯飄飄的于右任將亞子詩，揮毫成一對聯，贈予天鵬。

民國四十二年十月三十一日，蔣中正六秩晉七華誕宴席在臺北市實踐堂登場，衣香鬢影，冠蓋雲集，蔣致詞時指出：「社會劇烈變動中，家族組織轉變了，變成家庭破碎的悲劇，主角大都是婦女和兒童，應設院教養救助。」省政府

天鵬在住家附近一片由簡易竹籬圍起的草地上，勘查慈善事業基地。

主席俞鴻鈞和臺北市長吳三連隨即發言，認為教養院設施，為當前社會所需，政府當全力協助與補助。會場關注的焦點立刻轉為天鵬創建的孺子托所和婦女工藝社，黨國元老及社會賢達紛紛表態，具名贊助，希望善門大開、擴大收容規模，甚至拍胸脯稱道，集資百萬元，異常容易。

在眾人鼓勵下，天鵬著手籌設含有學校性質的收容機構，小珠捐出個人積蓄，做為開辦經費，用以購買土地、興建房舍，胸有成竹認為，個人的力量雖然有限，然而辦個小型的教養院所，收撫棄嬰、幫助受難婦女，應該遊刃有餘，就算退而求次，藉由家庭餘蔭，也能維持不廢。

天鵬將存款傾囊投入，捐資成立基金；于右任情義相挺，笑稱「計利當計天下利」，縱然無法給予有力的奧援，但將竭誠提供秀才人情，此話一出，性情中人國畫大師黃君璧、書畫家馬壽華、章草名家張默君、攝影家郎靜山、水祥雲等紛紛附和，為慈幼共盡心力。

首開風氣　循環教養　無畏煩難

民國四十三年三月八日，天鵬與贊助人集會商討，決議合併托兒所與婦女工藝社，擴大組織，成立「婦孺教養院」，冠以儒家最高的政治理想「大同」。天鵬訂下宗旨：收容婦孺教養絕不收費，供給膳宿、服裝、交通、醫療費等，習藝婦女依成品給予獎金；就學升學之院民，提供獎學金。

為增加救助人數，採流動循環教養，以造福更多婦孺，例如，預計收容一百人，倘若為長期收容，就只能收一百人，但若為循環流動性質，可達到數百人至數千人不等，也就是說，嬰幼被領養、婦女解決糾紛或推介職業而離開，留下的空床即可再收容婦孺，實際收容人數可數倍於預定人數。

四月四日兒童節，天鵬召集會議決定各項籌備工作，擬具緣起、計劃、概算，依照《社會救濟法》呈報主管官署，後奉臺北市政府（四三）北市民社字第二三三三六號照准在案，並要求更名為「大同救濟院」，原因是依舊例，收容社會無依無助者的非營利機構，稱之救濟院。天鵬函請維持原名，說明教養院除了提供溫飽之外，還設計一系列課程，目的是讓嬰幼得以獲得良好的啟蒙教育，最終能被收養，獲得幸福；而婦女在家政與職業訓練後，能獨立自主、或得到美滿歸宿，享受家庭溫暖，為「積極教養」，並非只是「消極救濟」。

市府將全案移送臺灣省政府社會處請示，又轉送省政府法制室，小珠親臨法制室陳述，輾轉八個多月，「大同婦孺教養院」之名才獲核准，民國四十三年六月二十一日，北市民社字第一一九九八號准予立案。

民國四十三年七月一日，大同婦孺教養院租賃房舍，正式辦公，目標為「幼有長，女有歸；老者安，少者懷」，為臺北市唯一收容婦孺之機構。同日，工藝社正式併入大同婦孺教養院，簡稱大同工藝班，對外沿用中華婦女工藝社之名。

七月三日，警察局送來一個出生幾天、臍帶還未收口的馬路小天使，不知姓名與生日。天鵬提議，以七月一日為生日，採用與大「同」同音的「童」為姓，使用小天使的「小」做排行，就〈千字文〉擇一字為名，例如「天地玄黃」，採用「玄」字，即為「童小玄」。棄嬰和孤兒至院外升學或被領養，將另行改名，避免院童因身份不同而自艾自憐、心生自卑。童小玄成為第一個道地小院民，其餘院民來自婦女棉織廠的養女和孺子托兒所的孤兒。

院徽。

七月四日星期日舉行開幕典禮，天鵬致詞時說，今天是美國獨立紀念日，《獨立宣言》明示，人類生而平等，天賦有不可侵犯之權利，例如：生存權、自由權、追求幸福權等，美國人以自由傳統自豪，對被壓迫者同情與幫助，與大同創建宗旨一樣。

大同院旨為「婦教孺養」，院徽為孟母教子圖。孟子曰：「敬人者，人恒敬之；愛人者，人恒愛之，大同社會始可實現。」孟母循循善誘，將孟子養育成中興儒學的「亞聖」，是母賢子孝的表率。院訓為「慈、愛、勤、樸」；天鵬表示，慈愛以立身，勉孺子也；勤樸處世，勵婦女也；四字院訓，終身行之，受益不盡。

《大同婦孺教養院院歌》由師大音樂系主任張錦鴻作曲，國大代表、中國文藝協會發起人趙友培填詞：

誰無姊妹，忍令陷入牢籠？誰無兒女，忍令遺棄路中？

我們要以院為家，救濟收容：發揮互助美德，善盡教養之功，重享天倫的溫暖，撫慰人間的創痛！
我們要消滅罪惡，克服貧窮：用萬能的雙手，和博愛的心胸，建設自由的社會，促進世界的大同！

俾垂永遠　購地興建　永久院址

草創初期，章則排比已粗具規模，各項業務逐步開展，考慮到院址狹小，收容人數有限，天鵬四處勘察，決定在住家附近空地，自行購地興建永久院址，規劃心中的大同世界。北市地產證字第一九七二號，土地所有權狀大安字第一八〇五一號、第一八〇五二號，建築使用執照四四使字第〇四六六號，雖是薄薄幾張紙，對天鵬而言，意義重大。

民國四十三年下半年，安東街三八一號一百二十坪建地上，蓋起屋舍，面積共計四百六十坪，預定為收容人數一百名，歲末可奠初基。初步評估開辦費用為新臺幣五十萬元，第一期以十五萬元做為新院址第一期工程及設備；第二期十五萬元為追加工程及充實設施，並建隔離教養所室；第三期二十萬元建設別院，完成全院建設計劃。另以新臺幣五十萬元成立基金，在銀行設專戶，以孳息做為維持費用。

業務內容分為四大項：「撫育嬰幼」、「輔導婦女」、「推廣工藝」和「社會服務」四項；初期建設完成後，致力於推動嬰幼收養與領養；接著擴大救濟範圍，辦理院外救濟以及慰問市區孤寡等。

一、收容棄嬰：包括剛出生至一歲半的乳兒、二歲半至四歲

大同婦孺教養院外賓、院童與職員合影。

的幼兒、四歲至六歲的稚兒，採分組管理教養，設有育嬰班、托兒所及幼稚園。院童凡達學齡，分別入小學、國中、高中及大學就讀，費用由天鵬先翁「黃毓才獎學金管理委員會」支付。

二、輔導難婦：遭遇不幸的婦女，可免費寄宿，並免費傳授家政、工藝與職業技能，直到解決紛爭或是進入職場有了穩定收入，即可離開。

三、訓練與教育：

(一)工藝訓練：分縫紉、刺繡、車繡、編織、造花等組，聘請名師傳授，分初級與高級兩班，每班四十名，三個月結業，加授公民課程。

(二)補習教育：設識字、國語、英語等各種補習班，側重精神訓練，盼學員提升知識、品德與學問，轉化氣質，立志向上。每班四十名，三個月一期，鼓勵院內外婦女共同進修。

(三)家政課程：傳授家事、園藝、衛生等課程，若有特殊情形和需要，加以特殊訓練與教育。

(四)提供就業機會：婦女工藝班附設大同棉織廠，收容失業婦女、流落街頭或曾操不正當職業之婦女，盼能自立更生。

(五)大同之友社：離院婦女與工藝社學員定期聚會，鼓勵婦女從事家庭手工業、參與社會活動、宣傳勞軍等。

四、社會服務：

(一)短期收容：嬰幼家庭情況較佳者，予以短期收容，等到家中情況改善，即改為院外救濟，以調節名額；不符合收容條件之婦孺，婦女發放救濟金或醫療補助費，兒童改為日托或給予奶粉、食品等救濟物資及免費醫療照護。

(二)院外救濟：根據區公所內一般一級老幼貧戶名冊，配發奶粉、麵粉、舊衣、糖代金等，作為政府冬賑之助，並於春節、端午和中秋節慰問市區孤寡。

發英雄帖　組董事會　同聲相應

天鵬是大同婦孺教養院創辦人與負責人，為善不欲人知，廣發英雄帖，邀請社會賢達參與，聘梁寒操任董事長，小珠為院長，自己退居幕後。

一、董事會：設董事十五人，包括駐澳洲大使甘乃光夫人陳杏容、臺北市議會議長黃啟瑞、郵政局長何縱炎、臺北市議會副議長張傳祥、美藉人士桂梅珠、立法委員詹純鑑以及僑領黃冲雲等，共計十五人；常務董事為駐日本大使董顯光、臺灣省政府委員李翼中和天鵬共三人；董事兼執行秘書為全國工業總會秘書長汪竹一。

二、基金管理委員會：由九人組成，叱吒風雲的工商大老束雲章為主席兼常務委員，管理與運用基金。

三、輔導委員會：天鵬擔任主任委員，委員包括國大代表斐鳴宇、省議員浦陸佩玉、臺北市議員王振堯等，共謀院務之進行。

四、行政組織：董事會聘請院長綜理院務，下設秘書（總幹事），分設教保、社會、總務三組辦事，並設東院及西樓管理員。

五、業務組織：設育嬰所、育幼所、婦女所、習藝所，分別為撫育與教化。各所各設主任一人，依專長聘用。

六、教職員：編制內十八人，現有職工除總幹事之外，共有教保、社會、總務三組，各設主任一人。另有教師導師兩人、助理兩人、保育員三人，護士一人，文書、會計、庶務各一人，特約醫師一人，服務員二人，其他額外職工就院女中兼任，酌予津貼。

民國四十四年，大同婦孺教養院遷入自建新址辦公，天鵬選在週年紀念日前舉辦茶會，邀請各界領袖參觀，省府主席嚴家淦提前到達，由天鵬陪同視察，後

右圖為總辦公室，中圖為育嬰室，左圖為婦女室。

省黨部主委郭澄、大陸救總秘書長方治、婦聯會常務委員呂曉道、外藉牧師孫維德等人紛紛蒞臨。

天鵬說，這裡不是舊式消極的救濟設施，而是患難相助的大家庭，自己經常苦口婆心地告訴職員，管理從嚴，但執行態度要和婉親切，視受難的姊妹或小弟弟們如同家人，幸運的是，職員們都認同這樣的理念。嚴家淦繼而表示，育嬰教養，是一種悲天憫人、救苦救難的慈愛工作，為今日社會所必需，有擴充的必要。

院女工藝　重現顧繡　普及抽紗

臺灣養女制度盛行，原意是指望家境清寒子女被富裕人士領養後，能受到較好的照顧與教育，然而受到日治時代重男輕女影響，逾十萬以上的養女，其中兩成以上過著水深火熱的生活，有些甚至視同貨物販賣，成為茶女、酒女、或娼妓。

「挑燈含淚疊雲箋，萬里緘封寄可憐，為問生身親阿母，賣兒還存幾多錢？」小珠是臺北市婦運會副主委、臺灣省保護養女運動委員會（簡稱省養女會）發起人之一，擔任省養女會常務委員兼駐會辦公，承辦養女保護救濟調處事宜，深知寄人籬下之苦，大同婦孺教養院成立後，將收容養女列為中心工作之一。

民國四十五年三月，臺灣省政府頒布《臺灣省現行養女習俗改善辦法》，規定遭受迫害之的養女與養父母終止收養關係後，由婦女團體或職業介紹所推薦工作，或送各公私立之救濟機構收容。大同婦孺教養院是全省收容養女僅有機構，婦女團體轉送收容名額激增逾七成，省養女會送院最多，幾乎佔了半數，次為警局機關，再次為婦聯總會、省市婦女會及社會服務處站等。

民國四十五年三月一日，大同婦孺教養院舉辦新春茶會，展出名家書畫及院女手工藝品，內政部與省社會處官員等多位社政首長蒞臨，考試院長莫德惠參觀之後，題詩一首：「羡向婦孺先造福，還期霖雨遍蒼生，仁風遠播歸心切，停看同胞返舊京。」救總理事長谷正綱說：「大同育嬰部分，為全臺灣唯一設施。育幼院所不收兩歲半以下的嬰幼，特別是新生乳兒撫育費力，希望大同婦孺教養院能負起這類工作。」

首場公開義賣三月三日至五日登場，地點為新公園中國廣播公司大禮堂。天鵬一早到達會場指揮調度，察看佈置，共分為三部分，一為名家書畫，牆面和桌上陳列于右任、黃君璧等大師級書畫和字帖。第二為郎靜山、水祥雲等專業藝術攝影和院民生活照片。第三為五百多件院女工藝品。

黨政要人張群、于右任，董事汪竹一、束雲章、梁寒操、水祥雲等陸續前來，入場人數逾萬人。書畫收藏風氣不夠普及，反倒是院女手工藝品，初次亮相，大受歡迎，五百多件成品包括旗袍、圍巾、桌巾、手帕等，三天銷售半數以上；潮州地區隨處可見的精美抽紗製品，臺灣千載難逢，搶購一空。

藝術畫繡與實用抽紗巧妙結合

天鵬打造的大同工藝班不單只強調生產技能，而是民族文化的體現。兒時玩捉迷藏時，經常躲在香樟桌下，細細觀察桌巾：布料的經緯織線抽出後，留存的織線加上繡線，繁複交錯成蟲、魚、鳥、獸、花卉、幾何等圖案，千變萬化。家中廳堂與臥室各處皆有輕盈淡雅的抽紗臺布、手巾、靠墊、琴罩、門簾等，透過數百種巧妙針法和繁複設計，展現多層立體、玲瓏剔透的鏤空藝術，是天鵬最熟悉的繡藝，享有「南國之花」美譽。

到了上海，眼界大開，岳母顧月仙家藏的顧繡，人物如三仙圖、鳥獸如大鷹雄獅、花卉如牡丹等，巧奪天

上圖為婦女室、中圖為盥洗室、下圖為烹飪室。

工，和粵繡著重實用價值，有如天壤之別。

顧繡出自明代嘉靖年間顧氏家族，尚寶司丞顧名世喜好藝術，女眷受其薰陶，擅長丹青書法，內院宮人授予繡法，劈絲配色，神乎其技。兒子顧會海妾繆瑞雲「刺繡人物，氣運生動，字亦有法」，用於家中陳設或饋贈親友，得者如獲至寶典藏。孫媳韓希孟臨摹古今名畫，製成刺繡，仿若真蹟，又稱畫繡，顧家在上海九畝地建有別墅露香園，人稱「露香園顧繡」。傳至顧名世曾孫女，適張氏而寡，守節撫孤，藉此糊口，熟能生巧，益臻神妙，設帳傳授，自此顧繡從深宅大院走入民間小巷，聲名大噪，盛行大江南北。

有鑑於母親喜愛耐磨耐用的潮州抽紗，夫人擅長針法複雜多變的畫繡，大同工藝班授課結合藝術與實用兩大特色，幾個幹練的領班，皆是來自汕頭的挑繡好手。

工藝班汕頭抽紗，品料堅固、花樣別緻、色調和諧，經常在美軍顧問團俱樂部展覽，為外僑婦女珍視，大量訂製玫瑰花手帕、壽字形餐巾、西湖美景大臺布等。至於畫繡，技法多變、費時耗力、且需具備扎實的文化底蘊，難以普及。第八期起，除了以縫紉為主要科目之外，更注重抽紗技巧與簡單易學的挑繡。由於參與人數眾多，第二十期擴大招生，分高、初兩級，初級成品給予獎金，高級計酬，按定價八成歸工作者，二成作為工藝班材料、工具、師資等費用。

在行銷方面，天鵬擬出三大方針：一、實用，用了再洗，重熨如新；二、區隔，產品獨闢蹊徑，強調設計感，自成一家；三、包裝，為成品錦上添花，相得益彰。為了推廣至國際，天鵬成立中華工藝公司，和工藝訓練中心一同參與海外展出，「大同出品」逐漸馳譽國際。

小珠（左二）檢視工藝班成品，右二為總幹事李志春。

第九章　濟弱扶傾　成效卓著

大同婦孺教養院成立以來，市府相關單位、省民眾服務處、中央婦工會、婦聯總會、大陸災胞救濟總會、美國援助中國智識人士協會等，紛紛委托收養，短短一年，收容人數立即超過原先規劃的極限，只好增加活動床位因應；剛出生的乳兒需日夜照料，夜班褓姆人數也同時增加。

第四次董事會民國四十四年底在安東街院本部舉行，到場有梁寒操、束雲章、黃啟瑞、汪竹一、水祥雲等十多人，會議由天鵬主持。小珠報告：院方配合社政機關及婦女社團，輔導收容婦孺，成效良好，各單位紛紛函請擴充收容範圍。會中通過討論案，決定從善如流，增加收容名額。

預定計劃　漸次實現　府院贊揚

第一個「建院計劃」從創設初期至民國四十五年完成。第一年興建屋舍，注重育嬰設備，以收撫棄嬰為中心工作；第二年擴充幼稚托兒各班、婦嬰宿舍，及充實各項設備，辦公室由原先租賃的舊院址搬至新址，為了興建隔離教養所室，追加購置院旁空地，土地所有權狀大安字第一八〇五三號；其中一部分閒置空地為土地銀行所有，接洽後承租做為院童使用空間。到了第三年民國四十五年時，收容人數已遠高於預期，加上年歲漸長的嬰幼，精力充沛，需要更多活動設備、遊戲運動場地以及適當的教育，天鵬決定將現有院址全部供嬰幼使用，稱為東院「大同樂園」。

第二個「擴充計劃」為購置新基地。天鵬在住家「海天小築」後方、大同樂園對面、隔著瑠公圳的龍安坡上，建築一座三層樓洋房，預算為新臺幣六十萬元，地址為安東街三八六號，共計二百四十坪，稱為西院「大同西樓」，做為收容婦女及習藝之處，東西兩院架一大同橋以連貫之。民國四十六年西院可望峻工；四十七年進行東院擴建及衛生設備改善工程；四十八年實施四周零星工程並建造圍牆。院內床位可收容婦孺一百人，加計活動床位可擴大至一百四十名；預計四十八年固定床位擴增至一百三十六人，臨時收容為一百六十名、五十年擴充至二百人。

第三個「別院計劃」為配合政府防空疏散，擬設「大同新邨」。熱心人士捐出郊外荒山，建議闢為農場，以生產為經常費之助，考慮山區環境宜人，值此疏散之際，作為第二院址，育幼習藝，頗為適宜，著手開發基地二千多坪，整地後評估，開山闢路，建造克難房舍，所需經費高昂，因此，列為長期計劃，分期籌措資金。

民國四十五年七月四日大同婦孺教養院兩週年紀念會中，嚴家淦、內政部長王德溥、新任臺北市長高玉樹等人大駕光臨。王德溥致詞時說：「貴院過去兩年的工作成績，已為社會人士所共見，政府對此辦有成績的事業，更當盡力予以扶植。」高玉樹接著上臺表示：「目睹貴院輝煌成就，應替市民致謝。社會救助事業為建設社會的要件，貴院深合國父『人生以服務為目的』之指示，今後市府將輔助貴院之發展。」針對增建西院費用，高玉樹當場承諾將補助四分之一，讓大同得以收容更多婦孺。

天鵬以父親嫁女的心情，將隔日即將結婚的新娘子張秋子拉到身旁，介紹給嚴家淦、王德溥、高玉樹等貴賓。十九歲的秋子原本在軍事機構福利社擔任職員，與阿兵哥交往而與母親起了爭執，後投奔大同婦孺教養院。經婦女會調處，母親見到了精神飽滿、神采奕奕的女婿，最後同意婚事。

天鵬準備了豐盛的嫁粧，秋子低頭含笑說：「將以赤誠之心回報董事長的慈心善舉。」小珠盛裝打扮，見證婚禮，《新生報》登了一篇特寫〈大同嫁女〉。秋子婚後返院擔任助理幹事，教姊妹們挑繡，照顧弟弟妹妹飲食，管理院中庶務，認真盡職。

經過兩年多來的建設，東院硬體設施已趨完善，食衣住行育樂等，一應俱全。天鵬喜愛唐詩宋詞，花園少不了詩意的芭蕉，「陰滿中庭，葉葉心心，舒捲有餘清」。風和日麗時，院女三三兩兩結伴在寬闊綠葉下席地而坐，愜意舒心。木質棚架旁植有百香果和蕃茄，籐蔓攀爬，形成綿密的綠蔭；可供調味的迷迭香、薄荷、九層塔等，都是現成的好食材。園中四季花卉，爭妍鬥艷，天鵬常說，花開滿園，孩子們也都會春風得意，擁有繁花似錦的前程。

看著院中一花一木，從幼苗逐漸成長，開枝散葉，花苞累累，生機盎然，就像天真無邪的嬰兒、蹣跚學步的幼兒、力學篤行的孩童，逐漸成長為通情識禮的少年少女。天鵬嘆：「誰知這些都是克難血汗、竭盡心力而成呢？」

天鵬在七月二十一日舉行紀念茶會，一是慶祝東院「大同樂園」落成，二是配合省令保護養女，增加收容養女名額。十點招待各界領袖享用茶點，下午二點至六點開放自由參訪，下午八點放映電影，歡迎離院之婦女「回娘家」同樂。

大同西樓。

董事會在十二月舉行，決議擴充業務範圍，在原有「收容受難婦女」、「撫養無依嬰幼」、「傳授工藝技能」、「辦理社會救助」四項之外，新增「提倡婦女服務」、「指導兒童保健」兩項，提案通過優先收容一般慈善機構拒於門外的二歲以下嬰幼。

二十四日聖誕節前夕，美軍顧問團通訊組的軍眷們和在學的美國兒童，來到大同樂園，參與「中美婦孺聯誼大會」。院內依中國新年習俗，張燈結綵，並懸掛中美國旗，大聖誕樹上掛滿禮物和彩球，走道上陳列著一整排的聖誕紅。晚會開場為唱詩班少女獻唱聖誕歌曲，接著為中華舞蹈和遊戲節目，美軍顧問團團長夫人鮑文和美籍的太太們，帶來大批糖果、玩具和溫熱的麵包牛奶，大家吃喝玩樂、唱歌跳舞，個個歡呼雀躍，一起度過歡樂的時光。

通令警局　全省棄嬰　逕送大同

民國四十六年為硬體建設里程碑，元月四日大同西樓落成，營建執照（四六）營字第〇五五九號，一樓為禮堂與婦女習藝室、二樓為會議室與文書職員辦公室，其中轉角靠窗處為天鵬辦公室，三樓為婦女宿舍。

民國四十六年四月臺灣省警務處通令：

> 全省各縣市警察局所，維護被棄嬰幼，如有發現，除傷病者先送醫院治療之外，一律護送至臺北市私立大同婦孺教養院收養，或通知該院派員收養。

公文一出，《聯合報》、《大華晚報》等各報廣為宣傳，大同成了無家可歸者的天堂，警察局和各界轉送而來嬰幼大為增加，天鵬在有限空間裡，儘量收容。臺北市政府依據市議會決議，擬將在獄女犯攜帶嬰幼另予教養，委托大同婦孺教養院承辦，因經費待籌，不得不緩辦，天鵬嘆道：「恨無廣廈千萬間，庇盡天下孤苦皆歡顏。」

內政部列　國際參訪　福利設施

大同婦孺教養院成為慈善機構楷模，內政部列為國際人士參觀福利設施之一。民國四十六年三週年紀念日前三日，聯合國遠東經濟委員會社會福利組主任伍期契及專家納雅干一行，由內政部及省府專員陪同，前來考察，中午大同婦孺教養院招待簡潔便餐，席間交換意見，伍期契稱讚院中各種設施和訓練，為遠東私辦救濟院所最完美者，對於積極救助、循環教養、推行家庭領養孤兒，認為值得提倡，歸去將提出心得報告。不久，聯合國再度派員前來，官員施羅柏在內政部專員陶淑貞陪同下，深入了解課程規劃和就業發展，認為傳授技能並推薦職業的方式，大可師法。

日本參議院議員訪問團參訪時，西崗春和宮田玉代關注婦女福利政策，詳細詢問，在習藝教室流連許久，檢視手工藝品，讚譽製作精美。西崗返回日本後來函表示，造訪後記憶猶新，此慈愛設施，在日本私辦救濟機構當中，也首屈一指，並附上日本社會福利設施相關文件以供參閱。陸續前來參訪的國際人士包括了韓國保健社會部官員金容海、高龍河，美藉董事史慕德夫人和郝爾生夫人、美國華亞之聲代表羅蘭女士、國際婦女會主席吳舜文等。

中廣以〈自由中國社會福利新設施〉為題，發表廣播：

私人創設慈善機構，募集足夠經費，以順利擴展成一龐大組織，萬分艱鉅，不論其本身與靈魂如何善良崇高，他個人與贊助者的資財可能決定該慈善機構的發展，這種命運，大同婦孺教養院也不能幸免，然而，由於可欽佩的道德精神，已使該院具有崇高的地位。創辦人黃天鵬不畏艱難的勇氣，在各項美德中，最值得稱道。

四月四日兒童節，美軍顧問團軍眷由皮克德夫人率團，再度蒞院訪問，與小朋友們一起唱唱跳跳、玩遊戲、分享美食，共渡兒童節。同年聖誕節前夕，美軍駐華顧問團團長鮑恩將軍夫人一行六人，在上午十一時攜帶大批聖誕禮物與黑色美製風琴一架，慰問院中孤兒、觀賞婦女習藝及小朋友們歌舞表演。

民國四十八年院民合影。

民國四十六年七月四日三週年紀念茶會於下午五時在大同西樓舉行，內政部社會司長劉修如、市政府社會局長李蘊權及各機關首長來賓等共計兩百多人到場，天鵬親自導覽。此時東西兩院硬體建設大致完工，院中設施正式劃分為兩部門，嬰幼部稱為東院，婦女部稱之西院。

大同西樓氣派新穎，橫額掛著于右任所題「大同西樓」四個金色輝煌大字；東院中式新院舍有賈景德所題黑色顏體「大同東院」，兩院遙遙相望，紅樓綠瓦，小橋流水，夾岸垂柳，相映生輝。隙地增建兒童花園、小動物園、鞦韆架、鐵製轉椅、盥洗室、淋浴室等，操場一百餘坪，供遊憩之用，已成婦孺樂園。晚上八點舉行電影同樂晚會，許多離院婦女歡欣鼓舞「回娘家」，共度院慶。

十一月初，伊拉克王儲艾都伊拉來臺訪問，大使艾納第一行人在內政部官員陪同下來到大同婦孺教養院，由天鵬介紹院中設施，了解院童生活情形，伊國貴賓對大同規劃完善、設備先進、環境舒適宜人，紛紛豎起大姆指稱讚。

工藝品熱銷　所得捐助貧民

民國四十七年，大同工藝班獲邀參與臺北市政府「聯合展覽會」，地點在市立古亭圖書館新廈，從元旦開始一連舉行三日，小珠以議員身份應邀觀禮，大同參展的精品三百多件，共分四組：縫紉組展示旗袍、童裝；挑花組有臺布、手巾、圍裙、抱枕套；造花組為梅、竹、松、櫻花等三十六種花卉；編織組有珠包、提籃、圓袋、方箱等，物美價廉，市府以出品精良，特頒獎狀。

相較之下，臺北市社會救濟福利會「紅羽毛」慈善徽章義賣及募款，持續數個月成效不彰，所得款項稀少，勸募委員會異常著急，請大眾幫忙，天鵬公開號召市民踴躍認購慈善徽章。工藝班習藝婦女決定將展出所得，移作貧民援助資金。小珠將競選市議員宣傳車經費節省下來，帶頭捐出一千二百元供冬令救濟之用。

民國四十八年三月，大同工藝班參加臺北市推行幸福家庭運動委員會主辦「婦女手工藝展覽會」，當場示範抽紗與畫繡，圍觀群眾嘆為觀止。後多次獲邀參加各地舉辦之工藝展，邀請單位包括臺北市政府、臺灣省民眾服務處等，許多習藝婦女成了知名的專業裁縫師。

大同平劇　動心娛目　各界同樂

院童的教育，強調德、智、體、群、美五育並重，依興趣學習樂器、歌唱與舞蹈，以平衡發展。每次聯歡晚會，大同兒童樂隊與中華歌舞表演，總令外賓印象深刻。

然而天鵬心中最熟悉的表演藝術，是那個在時代推移中、被劃為舊傳統的戲曲。家鄉慶典中必定上演的潮劇，唱詞淺顯，情節緊湊，配樂融合了大鑼鼓、廟堂音樂、民間小調和古樂曲，變化多端；結合武術與舞蹈的英歌舞，行進隊伍，場面壯觀，氣勢磅礴。至北京求學時，接觸平劇與崑劇，優美的唱腔、瑰麗的表現形式，有別於潮劇的明快喧嘩。董監事中，一半以上為戲曲的愛好者，提議重現這項表演藝術。

民國四十七年十二月二十八日下午七點半，大同婦孺教養院在三軍托兒所中正堂舉行「同樂晚會」，節目內容包括兒童話劇、歌舞表演以及中廣公司平劇社演出的《碧玉簪》。節目進行中，情路坎坷與婚姻不幸的院女，頻頻拭淚，小院童也被華麗的服飾與特殊的唱腔吸引，看得目瞪口呆。

天鵬見演出老少咸宜、反應良好，著手成立「大同之聲平劇社」，廣邀平劇愛好者參與。小珠為社長，籌辦會務；名譽社長由賈景德擔任；名家名票陳蕙君、沈規箴、金胡喬、張黃補中四位為副社長；种啟英為總幹事；朱玉堂、王蘊青為副總幹事。院女程鶯鶯出身平劇世家，擅青衫；職員明珠、富美，嗓音清亮，唱腔優美，都是社團台柱。

成立大會定為民國四十八年十二月十日，在國立藝術館舉行彩排晚會，招待贊助人及院民。戲碼有夏玉珊之《五臺山》，牛敏敏、斐松林、張倫中合演之《宇宙鋒》，壓軸為陳蕙君、唐廸、周金福之《奇冤報》。大軸為韓莉君、王蘊青、王蓉鷹、吳兆常合演之《新孔雀東南飛》，內容敘述焦仲卿、劉蘭芝這對恩愛夫妻無奈被迫分離，雙雙殉情。前來觀賞的黨政要員有張岳軍、賈景德、張知本、張昭芹等。程鶯鶯以地方戲隨唱《勝利回家》，初試啼聲，唱作俱佳，扮相俏麗，驚豔四座，受到鼓舞，追隨名票，勤加研習。明珠、富美，表現可圈可點，贏得滿堂賀彩。

有了彩排晚會的成功經驗後，大同之聲平劇社定期表演，以籌募兒童基金。最盛大的一次為民國五十年一月十六日、十七日，與中廣票房聯合演出，地點為空軍新生社介壽堂，曲目繁多，陣容浩大。

公演首日第一齣為班串之《長亭會》，其次為《岳家莊》，中軸為《玉堂春》，大軸為天鵬最喜愛的民間傳說《白娘子》，劇情描述峨眉山上的白蛇和青蛇修煉成仙，化身少女小青和白素貞，遊至西湖，巧遇書生許仙，許白相戀成婚，卻遭金山寺高僧法海強力拆散，將白素貞鎮壓於雷峰塔下，青蛇毀塔，許白團聚。演出包括斷橋、合缽、祭塔三折，由牛敏敏、韓莉君、蔡善攻三演白素貞，李景嵐飾許仙，楊秀琴飾青兒。牛女嗓音寬亮，韓女經驗豐富，蔡君擁鐵嗓金喉，三人將白蛇善良純情、水漫金山寺的愛恨情仇，詮釋得清微淡遠。

次日戲碼，首場為名票裴松林之《牧虎關》，次齣為王志卿、李萍之《武家坡》，一生一旦，旗鼓相當。中軸為陳蕙君和陳小潭合演之《文昭關》，陳女嗓音醇厚，善唱多才。大軸為《杜曲奇緣》，又稱《人面桃花》，博陵儒生崔護，清明踏青閒遊，入桃花村，叩門求飲，少女杜宜春予水飲之，兩人心生愛慕，訂後會之期而別；次年崔再訪杜門，恰遇宜春隨母遊春未歸，乃題詩於門上：「去年今日此門中，人面桃花相映紅。人面不知何處去，桃花依舊笑春風」，惆悵而去。

名坤票金胡香飾杜宜春，行頭為全新訂製，佐以能唱善作名小生劉瑛飾演之崔護，四位名票擔任桃花仙子。中廣國樂團伴奏，音樂柔曼悠遠，戲碼高潮迭起，台上輕歌妙舞，台下掌聲如雷。

育幼十年　天鵬義賣　傳家瑰寶

臺灣氣候介於熱帶與亞熱帶之間，夏季經常受颱風和豪大雨的侵襲。民國四十八年七月十五日，畢莉颱風自基隆外海掠過，午後風狂雨驟，造成北部低窪地區淹水，逾八十人失蹤死傷，近四千棟房屋受損。八月七日，雙颱效應引發大水災，重創中南部，災民達三十多萬人，房屋全倒兩萬七千多間，為戰後災情最嚴重的一次，美軍協防司令部立即出動三架海軍直昇機協助救災。

大同婦孺教養院發起急難救助，探望災民，給予補助並協助養育暫時無家可歸的嬰幼。為增加收容名額，擴充設施，奉准籌募救濟基金，臺北市政府令轄下十個地方基層組織協助募款，其中三個組織募到三百多元。天鵬配合市府義賣紅羽毛及慈善徽章，然而勞師動眾，認購者寥寥無幾。

八月，美軍協防司令史慕德夫婦在總統府資政董顯光陪同下，前來參訪，看到在操場玩耍的孩子們開懷大笑，和災區幼童暫居公共機關的情形有如天懸地隔，咸信如此慈幼機構，具長存價值。史慕德夫人在接受臺北市榮譽市民後擔任大同榮譽董事。

史慕德夫婦與董事、院童合影。後排左起：黃啟瑞、梁寒操、何縱炎、小珠、史慕德夫人、史慕德將軍、董顯光。

十月三十一日是大同發展的里程碑，六年前這天為「創立會」，六年後東西樓圍牆及零星工程完工，響應救濟中南部水災，沒有舉行任何儀式，僅在中午為院中婦孺加菜，晚間放映新聞影片。

民國四十九年大同婦孺教養院辦理財團法人登記。七月一日為教養院「成立六週年暨育幼工作十週年」紀念，慶祝茶會於上午十點在大同西樓禮堂舉行，到場包括史慕德夫婦、莫德惠、張知本、馬壽華、張承槱、方治、謝徵孚等浩浩蕩蕩一千多人。

小珠報告歷年收容統計情形，六年來接受大同救濟、收容、訓練、輔導、援助的人數已達三千多人，加上年節救濟市區孤寡貧戶合計一千零七十三戶，每戶平均三人計，受賑在三千兩百人以上，兩項合計在六千人以上。

賓客一面欣賞兒童歌舞，一面享用茶點。表演結束後，跟著天鵬拾級而上，二樓牆面掛滿了精美的畫繡和名家書畫，展示桌上有各式造花、繡花旗袍、珠包、編結桌巾等院女手工藝；三樓的會客室為院中生活照片和統計圖表。

天鵬義賣珍藏

工藝品和名家書畫展隔日移至中山堂，一連舉行三日，陣容更為浩大，于右任、張默君、黃君璧、馬壽華等人字畫琳琅滿目，婦女手工藝品更是萬中選一，包括市面上少見的畫繡，史慕德夫人帶了許多美籍婦女前來採購，對東方藝術盛讚有佳。

有鑑於過去辦展所得有如鳳毛麟角，僅夠支付人事與會場佈置等開支，天鵬捐出數十年來大江南北遷徙、仍攜帶身邊的重要典藏，公開義賣，作為慈善基金：

一、傳家寶戒：班禪活佛主持時輪金剛法會加持之寶戒，原為班禪獻予國民政府主席林森，輾轉由天鵬於重慶購得。蒙藏委員會吳、周、田各任委員長均有題記，附章嘉大師藏文遺墨。

二、抗戰時期《重慶各報聯合版》全份，附有最高領袖蔣中正指令、葉楚傖手示及陳布雷相關言論筆蹟，為珍貴史料、紀念墨寶。

三、名畫〈蓬萊牧馬圖〉：莊起鳳清末率水師援臺所作，莊氏〈百馬圖〉為大內御藏，此作尤具歷史價值，附康梁題記，嶺南詩人曾剛父長跋，珠聯璧合，可謂奇珍異寶。

民國五十年七月一日，天鵬在大同西樓舉行「大同婦孺教養院成立七週年暨婦藝工作十週年紀念」，與會者高達五百多人，包括張知本、方治、谷正綱等。會中報告，十年來受理收容救濟人數達二千四百二十二人，工藝訓練一千二百九十九人，院外救濟孤寡貧戶一千一百七十二人。接著為兒童樂隊及歌舞表演，大同院女手工藝品連續兩日在院中大禮堂展出。

民國五十一年五月八日，在臺灣服務四年的史慕德將軍卸任返美，院童至松山機場送別，史慕德夫人說，旅居寶島，最難忘的是與孩子們度過的聯歡晚會，她一一擁抱小朋友並握手道別，承諾將再度來訪。果真半年後史慕德夫人來臺，帶了二十多位美軍官員，加計眷屬共上百人，與院童共渡聖誕佳節，美國軍官扮演聖誕老人，分贈禮物，小朋友樂不可支。繼任的美軍協防司令梅爾遜夫人也多次來訪。

同年，大同婦孺教養附設「小康幼稚園」，並向市教育局立案，讓院童可受良好的稚齡教育。天鵬說，小康是政教修明的象徵，家庭力足自給，稱為小康之家，要達到大同世界的「太平世」，必經小康「昇平世」，幼稚園以「小康」命名，期待園內小天使，個個都健康，也象徵邁向大同世界的開始。

創辦院刊　兒女英雄　躍然紙上

天鵬創辦的院刊《大同婦孺》在教養院成立一週年時發行，由于右任題簽，從民國四十四年至民國五十六年共計十二期，並依不同主題發行增刊，包括《手工藝展專號》、《保護養女專號》、《慈幼運動專號》、《週年紀念特刊》、《婦教孺養特刊》等；後因業務範圍擴大至幫助所有貧苦無依、需社會救助者，第十三期起，更名為《大同教養》，由孫科題簽。

篇幅佔四成以上的照片，記錄了院內生活點滴，包括美軍軍事顧問團婦女會參訪、兒童軍樂隊迎賓演奏、院民春季旅遊、院童赴美前與空姐合影、警察送來棄嬰、與派出所發放冬賑、工藝班成果展、史慕德夫人欣賞

《大同婦孺》院刊。

院民至兒童樂園旅遊。

名繡、外賓選購院女手工藝品、院女出閣、大同之聲平劇社成立、小院童欣賞平劇、台灣大學及法商學院社會系座談會、師範大學家政系同學前來學習車繡、共度佳節之國內外人士等。

撰稿群和作品有梁寒操〈幼有長、女有歸〉和〈善與人同〉、董顯光〈為善最樂〉、張傳祥〈老者安、少者懷〉、束雲章〈幼吾幼以及人之幼〉、一心〈四海之內皆兄弟〉、畫家雷佩芝繪〈女脩無怠圖〉等。

天鵬以「瑋」、「珊」、「珊珊」、「佩弦」為筆名，和作者群一起記錄院內點滴及兒女們奮發向上的故事，包括〈躑躅街頭的女詩人〉方霞、〈養女世家的養女恨〉汪阿美、〈議壇紅粧的風月淚〉張簡果、〈紅燈綠酒的女才子〉曾銀子、〈花蔭競讀的姊妹花〉張素姝與臺素蘭、〈異國鴛鴦的大悲劇〉黃瓊芳、〈脂粉隊中的花木蘭〉周雲、〈藝成就業的名女紅〉程瑛瑛、〈落花猶似墮樓人〉阿娥、〈薄命憐卿淪為婢〉黎汝梅、〈車站劫美案張簡果的身世〉、〈協助謝尖順女性心理改造〉等。天鵬以《兒女英雄傳》中，女主角十三妹的境遇為例，即使人生遭逢逆境，只要篤志勵學，持之以恆，一定能擺脫黑暗，看見光明。

小德華僑領養　臺萬白胖　小南成小明星

民國四十六年三月，臺北市第五警分局警員送來一位約莫兩歲的幼兒，患有嚴重的腸胃炎和皮膚病，瘦骨如柴、奄奄一息。天鵬以〈千字文〉：「德建名立，形端表正」，命名為童小德。在全心全意照顧下，營養充足，身強體壯，並接受幼稚園教育。兩年後，小德為美國華裔大學教授劉道英夫婦收養，飛往加州開始嶄新的人生。

民國四十八年，住家因畢莉颱風淹水的李篤生，帶著產後僅四天的妻子王惠端和四個幼兒，至螢橋國校內避災，不料妻子突患血崩，陷入瀕死狀態。小珠前往螢橋國校探望，收容李篤生的次子臺程和三子臺萬，天鵬請醫生診治面黃肌瘦的臺萬，並送給李篤生一筆醫藥費，讓李妻獲得完善醫療，而臺萬在細心照料下，成為又白又胖的小娃兒。

同年八月，一位老太太將八七水災被棄置街頭的女嬰護送至大同婦孺教養院，天鵬以〈千字文〉中：「俶載南畝，我藝黍稷」，將女嬰取名為「童小南」。省電影製片廠拍製「青城十九俠」，邀小南演出，原本熟睡的小南，聽到開機聲，立即清醒，張目四顧，手舞足蹈。導演稱讚小南面目清秀，若持續參與拍片，可以像蕭芳芳、張小燕一樣，成為閃閃發光的超級明星。

最是堪憐作養女　春子、阿美、素梅、秀霞獲新生

在養女制度桎梏下，許多無辜的少女身陷苦海。十七歲的高春子經常被養母毒打，甚至將DDT（雙對氯苯基三氯乙烷）打入雙眼，導致失明。民國四十四年五月，養母放狗把她咬得遍體鱗傷，省婦女會對養母提告後將春子轉送大同婦孺教養院。春子蓬頭垢面，頭上、臉上、背上、手上和腿上全是新舊傷疤，梳洗後，換上乾淨的衣服，恢復了正常生活。養母施虐對象轉成了十四歲的養女阿美，阿美逃出後找到春子姊姊，一同生活習藝。官司打贏，獲得自由後，阿美在院內任助理小褓姆。

民國四十五年六月，臺灣省新聞處攝製社教片「保護養女」，至大同婦孺教養院拍攝養女入院習藝情形，鏡頭下，飾演養女的明星陳麗娟、芭蕾舞星林翠華與院女章素梅等一同習藝。十八歲的章素梅，在養母家飽受虐待，輾轉入住大同婦孺教養院，平日喜愛讀醫護書刊，在保健室隨護士見習，後投考醫學院，成為白衣天使。

十二歲的傅秀霞就讀臺北市永樂國小，因家庭負擔重，父親以二千元賣給臺北某銀樓工匠做為養女，沒想到遭到虐待，全身傷痕累累，同學發現後，告訴老師，民國四十八年六月來到大同婦孺教養院，她說：「現在我吃的、穿的，樣樣都好，快樂極了，我一定用功讀書，將來為社會服務，不負大家對我的愛護。」

歷盡風塵苦　銀子、郭玉、阿娥追求自主

十五歲的曾銀子，被養母逼迫出賣肉體，她鼓足勇氣至省養女會請求與養母脫離關係，後轉送大同婦孺教養院收容。天鵬關切此事，向學校表達同情銀子遭遇，將協助完成學業，成為良好的女青年。

十六歲的北投紅妓郭玉，民國五十年元月逃出妓院，暫住大同婦孺教養院，消息見報後，生父邱園北上，兩人見面即抱頭痛哭。邱園以為將女兒抱給都市人收養，生活一定比鄉下好，那曉得養父母為了滿足毒癮，逼迫郭玉賣淫為娼，郭玉認真習藝渴望找到正當職業。

臺灣養女習俗有所謂「送作堆」，也就是養女長大後不管個人意願而許配給自己兒子，部分受過教育的養女，知道政府頒有保護養女政策，為了婚姻自主，控訴養父母妨害自由。省養女會一日護送少女阿娥到院，她

淚痕滿面，渾身血跡斑斑。阿娥滿月時被父母送至呂家做為養女，十五歲時養父決定讓她嫁給養兄，一個風雨之夜，養兄逼姦，她奮力抵抗，呼叫無門，只好跳窗，手足跌傷才保持清白，警局送到養女會調處無效，轉送大同婦孺教養院習藝。阿娥說，她決心當護士，為前線戰士服務。

手製戰袍落阿誰　大同嫁女

「沙場征戍客，寒苔苦為眠，戰袍經手作，知落阿誰邊？蓄意多添線，含情更著棉，今生已過也，結取後身緣。」為戰士縫衣裳，自古有之，工藝班結業的數百名同學組成了「大同之友社」，工作之餘像同學般聯絡感情，參與縫紉軍衣勞軍活動，每件成品繡上作者之名。一位戰士的新婚夫人是大同院女，為他介紹女友的是為他縫製衣衫者，傳為佳話。

二十歲的黃抱月受養母虐待而投奔省養女會基隆分會，訴訟進行間暫居大同婦孺教養院，抱月學了許多手工藝，她說：「在基隆常見到搭乘輪船出發至金馬的戰士，能夠為他們縫點衣服，是光榮也是應盡的義務。」期望有朝一日也能像〈征衣緣〉一樣，與軍人締結良緣。

多年來，大同嫁了許多女兒，每次都代表女方，準備旗袍、棉被、枕頭等嫁妝，婚禮依院女的要求，有西式也有中式，也有法院公證。十八歲的王連連，因養母干涉婚姻，入住大同婦孺教養院習藝，終得養母諒解，有情人終成眷屬，婚後夫婿被徵召入伍，她又回到院中小住，像女兒歸寧般，她說大同就是她的娘家。

瓊芳、月蘭　與夫難偕老　謝尖順易弁而釵

民國四十四年五月，民航公司美藉技師安諾德，駕車自圓山將華藉妻子黃瓊芳載往陽明山，於峭壁間將瓊芳由車門推下，瓊芳重傷未死，安諾德被警察扣留，畏罪逃走後自殺。婦聯總會將瓊芳送至大同婦孺教養院收容，大同特地提供了起居室和臥室，讓她與兩個孩子過著小庭院生活，官司纏訟，一住數年，三審始獲勝訴。

民國四十七年九月十七日，變性人謝尖順由陸軍總醫院中校指導員陳超越等人陪同，搭乘軍用吉普車來到安東街。謝尖順曾經擔任中士班長，經過九次手術後，生理上已改造成功，但心理上仍不習慣巾幗須眉生活，醫院商請天鵬協助。天鵬聘謝尖順為大同婦孺教養院傳達，月薪新臺幣四百元。她的房間內，木製單人床上鋪著白

毯子，搭配繡花枕頭，壁上掛著〈昭君怨〉繡畫，茶几上鋪著鈎花白檯布，書桌上的花瓶裡有一束鮮花。半生戎馬，謝尖順從未想過會住在這麼雅緻的房間內，由於識字不多，因此，參加了幼稚班，與小朋友們一起讀書寫字，過著規律充實的生活。

民國五十年，前沙烏地阿拉伯大使馬步芳第七姨太太馬月蘭不堪丈夫虐待毆打，在沙國警察保護下返臺求助於婦聯會，轉送至大同婦孺教養院，她和秋香同住一室，比秋香長兩歲，兩人很投緣，都有遇人不淑的感慨，「同是天涯淪落人，相逢何必曾相識」。馬月蘭寫了一篇〈萬里歸來〉：

「時光過得真快，我到大同婦孺教養院已經一年半了，這裡雖然是私人捐資創辦，經費有限，有人以為院中設備不見得完善，事實恰巧相反，院務十多年來，已由最初的幾間平房擴展成了巍麗的樓房，每個人都得到舒適的房舍和豐足的餐點，接受教育和工藝訓練。

去年我來此居住時，院長親自帶我到師範大學謁見杜校長，當下選定夜間部英文課程，所有學雜費全部由創辦人及院長私人代為繳納。目前我的學識和英文已有進步，我義務給院中孤兒補習英文，盡點微薄之力。」

天鵬來臺之初留影。

天鵬與妻女在大同樂園合影。

第十章　赴東南亞　考察僑情

民國五十二年三月四日，天鵬隨同副總統陳誠乘坐中美號專機出國訪問，越南總統吳廷琰以歷年來迎接國賓最高規格款待——三軍表演迎接、警車開道、總統府內舉行國宴。接著連續幾天，雙方就國際情勢與策略聯盟進行多次會談。回國後，天鵬在僑務委員會奉派下，組團前往泰國、馬來西亞、菲律賓等華僑集中處。

情勢詭譎　九叔安排　密會美英

五月二十八日，天鵬與母親道別後，與女兒佩玉同行，先至香港與九嬸及堂弟黃冲雲會合，晚上參與英國副領事在雪園舉辦的宴會，隔日辦理法航手續，拜會將軍張發奎，並至堂叔黃子明創設的寶光集團旗下鐘錶公司置錶做為出訪贈禮。三十日會晤《香港時報》社長許孝炎，下午五時半與九嬸一行人搭乘法航，由香港飛往西貢新山一機場，因九嬸攜帶荔枝過重，行李運費超重加計四百多港幣。

在機場迎接人員六、七十人，包括駐越大使館參事劉永理、前

天鵬（右九）與佩玉（右八）飛抵西貢，越籍將軍黃南雄（右十）、九叔黃超（右三）、堂弟黃勃雲（右七）等到場迎接。

越南綏清部長黃南雄將軍、江夏黃氏宗親會長黃勃雲及全體理監事等。天鵬下榻帆船大廈Hotel Caravelle 五〇六號，正巧為兩個多月前與陳副總統來訪時，教育部長黃季陸所住之房。

當晚與黃超歡敘，兩人年齡相仿，為兒時玩伴。黃超，民國前四年生，名克昌，又名裕昆，毓才第九子，小名阿九，民國十二年廈門集美學校畢業後，結婚自立門戶，先後於潮陽、汕頭等地創業，現為五洋公司董事長，承包法國國際航空公司業務、在市郊從事土地開發建設、開闢安東市等，已為西貢四大天王之一，所居之處氣派非凡、戒備嚴密，家中黃金以噸計算。濶別數十年，異鄉重逢，悲喜交集，侃侃而談直至深夜，隔日前往五洋公司參觀，並同赴英國副領事餐宴，黃超長子勃雲和次子冲雲作陪。

三十一日一早，拜會駐越大使袁子健，商討東南亞局勢與此行任務。六月一日上午至國民黨駐西堤直屬支部，了解黨部及僑務工作。連續兩日分別接受《越新晚報》、《越華晚報》和《遠東日報》專訪。記者丹青形容：「這位曾經擔任報社總編輯的廣東籍代表，精神抖擻、身體健碩、學識豐富、邏輯清晰、說話開朗，予人深刻印象。」

在接受樂知的專訪中，天鵬發揮博古通今的國學素養，闡明中越由來已久的邦誼：「明神宗壽辰時，前來燕京祝壽的越南使臣馮克寬，在答覆北韓國使臣李睟光的詩載明：彼此雖殊山海域，淵源同一聖賢書。清越南使者阮公沆出使中國，與朝鮮使臣相逢於燕京，贈詩；威儀共秉周家禮，學問同遵孔氏書。可見中越同文同種，文化一脈相承，具相同精神，為兄弟之邦。」

黃勃雲以江夏黃氏宗親會會長身份，

天鵬與英駐越大使握手，中間為九叔黃超。

天鵬與美總司令赫金斯（左三）晚宴，左二為越南海軍胡部長夫人。

於六月一日晚上六點半在西貢大陸酒店舉行雞尾酒會，參加者有美國駐越參謀總長威迪將軍、美國經濟援助團團長、越南勞工部長黃有義、空軍總司令黃有顯、海軍司令胡進權及將軍阮振亞、僑社名人趙梓慶、自由太平洋協會會長雷震遠神父、袁子健、各國大使、華文報社社長等大約八百人，中外嘉賓，齊聚一堂，氣氛熱絡，為僑界一大盛會，也展現黃家雄厚的政商實力。黃超接續安排宴請美國總司令赫金斯（Frankley H. Higgins），天鵬得以進一步與赫金斯就中美關係、戰略佈署、國際情勢等交換意見；二度私會時，天鵬以黃君璧〈雲壑山水畫〉贈予赫金斯。

密集行程包括拜訪越南中華總商會、自由太平洋協會、各個僑團、華文報社與雜誌社、參與黃水梨夫婦宴、晤族弟黃國強和黃建、教授平良瑩等。原先預定停留五天，在各界盛情邀約下，延長至一個半月，於六月七日從帆船大廈搬至五洋公司居住。

黃勃雲再次以江夏黃氏宗親會名義，於六月九日晚上七點，在堤岸首都酒樓舉行餐會，到場兩百多人，包括宗親會創立會長黃南雄、副會長黃建、黃熊、黃有顯等人。

報社開講　深入僑界　親友重逢

六月十五日中午十二時，《越南新報》新聞記者訓練班在同慶樓舉行首屆始業式，一字型長桌圍坐研究學員、各報社長、記者、中央社駐越專員何燕生等五十多人。天鵬以輕鬆和藹的語調發表演說：「新聞界最隨便、最喜歡自由，天氣這麼熱，我贊成穿香港裝、夏威夷裝，多寫意，但為了出席今天這個盛會，不能不穿上西裝，多流幾滴汗。」

頓時滿室眉開眼笑，原以為要接受嚴格訓練的學員，如釋重負。天鵬談到記者生涯，眉飛色舞、神采飛

天鵬（左）與美總司令赫金斯（右）洽談，中為赫金斯夫人。

揚、滔滔不絕地說：

記者評論代表與論，議員在議會中代表民眾發言，輿論和議會是民主的兩大柱石，我是新聞記者出身的民意代表，我很樂意提供幾點意見，供諸位參考。優秀的記者：

第一、要有天賦的才情，下筆千言，文不加點，倚馬可待。

第二、要有廣博的學問，上自天文，下至地理，無所不通。

第三、要有高瞻的見識，慎思易辨，見解正確，判斷無誤。

第四、要有高尚的品德與責任感，一文一字，均有益社會人群。

具備這四才，才是全才的記者。記者是最辛苦、也最快樂的行業，三十多年來我從事黨政軍各類職務，最留戀的還是新聞記者這行。在海外從事新聞工作更形艱巨，希望大家能弘揚中國傳統文化，促進中越之間友好邦交，並發揮媒體教育功能，成為僑民的社會課本。

自由發問時間，茶點依序送來，先是鹹甜點心，再來一碗上湯撈麵，壓軸是滑嫩的杏仁豆腐，邊吃邊談，盡興而歸。

天鵬此行在於了解僑情、反映僑情。越南佛教徒佔七成以上，但吳廷琰政府獨尊天主教、歧視佛教，引發大規模的反政府運動。更有甚者，吳氏家族不滿華僑掌握社會經濟力量，推行越化運動，有十一種行業不許外僑經營，並限制外僑申請外匯，華僑為了謀生只得入籍，估計已有一百一十多萬僑胞成了越南公民。教育方面，華僑學校教學必須使用越語，中文授課時間每週限制在幾小時之內，預料下一代華裔公民對中文將更為陌生，不少華僑擔心子孫數典忘祖。另外，西貢和堤岸僑社分為廣肇、潮州、福建、海南、客家五幫，各有幫長，政府將各幫所設醫院收歸統辦卻要各幫負擔經費，因此發生爭執。天鵬訪問國會、會晤祖籍廣東的高級官員時，針對華僑處境，加以分析，謀求改善之道。

親友異地重逢　女兒赴美深造

官方正式行程之外，宗親千里命駕。清晨天曚曨亮即來叩門，待天鵬開始一天公務行程後，方始離去；夜晚前來天鵬下塌處等候。海外相見，百感交集，民國十六年粵變、民國二十六年盧溝橋事變開啟八年抗戰、民國三十八年中共崛起國民政府撤退，大時代的變動導致馬柵黃家有如斷梗流萍，勞燕分飛。幸慰的是，宗親在政治、學術、醫界等不同領域已佔有一席之地，部分已成為傲視群雄的紅頂商人。

從寮國趕來越南的堂兄黃天英，在泰國、越南、柬埔寨、寮國等地發展木材加工業，創設鴻德火鋸公司，生意如日中天，對各地親友及僑情，瞭如指掌，詳細闡述了華僑在東南亞的政商處境。

定居泰國南部的六叔黃勉仁，無視路途遙遠，萬里奔波而來，只求早日晤面。黃勉仁為知名中醫師，有華陀再世稱譽，他細數親人近況，感嘆家族分散，尊長凋零，以黃家祖訓「心存仁愛，行善救人」，期許天鵬繼往開來，勿忘祖德。

歡聚與別離共存，佩玉簽赴美簽證核發，即將啟程深造。天鵬為女兒整理行裝，諄諄囑咐求學做人之道，望旅途珍重，自立自強。黃超勉以勤讀，勿負父望，午膳款待簡餐和燕窩。接著前往機場，送行者包括黃超、勃雲、親家陳文松、倪繼等三、四十人。佩玉出關後，天鵬急忙趕往二樓走廊，見佩玉已經進入機艙，又返回站在艙門，父女遙遙相望，二十多載未曾一刻遠離，依依不捨，愁嘆莫名，天鵬心想：「旅次一別，何日再見？」

七月中旬，天鵬離開越南，行前黃超安排餞行，餐點豐盛，備有燒鵝和魚翅。至機場歡送者有黃南雄、工商鉅子朱聞義等一百多人。天鵬欲轉身離去時，黃超突然伸出雙手，緊緊握住天鵬，說：「保重。」天鵬愣了一會兒，待踏入機艙門時，回頭一望，一夥人仍在原地揮手，想起詩句：「李白乘舟將欲行，忽聞岸上踏歌聲，桃花潭水深千尺，不及汪倫送我情。」

孤鵬獨飛　班禪開釋　利樂眾生

搭機抵達曼谷，中華總商會主席黃作明、豐順同鄉會理事長鄭亮蔭、姪女黃景年等上百人已在場等候並獻花致意。

當晚，景年來訪，深夜長談，天鵬心緒百轉千折，無法成眠。景年，名靜婉，又名飛雪，民國七年出生，汕頭海濱中等師範學校畢業，民國二十五年前往南洋，後定居泰國，從事華文教育，為知名作家。景文為天鶴[10]長女，兩人談及黃父毓才以五十五歲杖家之年魂飛西天；兩年後，景年弟柏年在興文初中畢業前夕病故；正當天鵬在重慶軍委會忙著抗日作戰、指導軍報時，在馬四鄉公所擔任財政的天鶴，以四十六歲強仕之年，化鶴歸去。

景年二弟壽年，南京政治大學經濟系肄業，民國三十八年為照顧年邁母親，放棄來臺發展，在學校擔任教員，五〇年代受左傾路線衝擊，回村勞動改造；曾被鐵絲綑綁大拇指與腳指，吊於廣場，任憑唾面自乾、飛拳踢腿、烈日灼身、風霜沁骨；更少不了手腳上銬，上街遊行示眾，石頭棍棒如傾盆大雨般落下；身心受創，導致病殘，住在寨內破漏土角厝，家中一貧如洗，沒有家具擺設，年過三十五，仍未娶妻生子。

第二晚，四妹御蘭前來，天鵬勗勉教養子女成人升學，當鼎力相助，談及四弟天鳳一家人離亂之事，相看淚眼，無語凝噎。黃家三子鶴、鳳、鵬，剩孤鵬一人海角一隅獨飛。

天鳳公益高小畢業後，與天鶴至惠來家族事業「靖海當鋪」學習經營管理，民國十七年至汕頭就讀大中中學，立志從軍報國，民國十九年入黃埔軍校，為第八期畢業生，八一三事變時至上海閘北，與日交鋒，英勇作戰，民國三十一年任饒平國民兵團中校副團長，民國三十六年退役，移居汕頭市。民國三十九年汕頭解放，家人力勸暫避鋒頭。民國四十年農歷三月十三日（國歷四月十八日），天鳳準備前來臺灣投靠天鵬，卻因船票姓氏誤植，前往票務處更改並延後兩天出發，回到家中，被聞風而至的紅衛兵一槍斃命，年僅四十歲，遺腹子半年後含悲而來，命名為「威」。三個兒子英年、慶年、威年，兩個女兒佩君、瑞年，在傲雪欺霜中由母親獨力扶養。

宗族陸續會面，四十年未見的堂叔桂華與桂林，老病殘年，弱不禁風，憶起潮州舊事，卻鉅細靡遺。堂叔蘊

10 黃天鶴，光緒二十年至民國二十九年，名達夫、勝衡，族名雅權，從商。長子柏年，名如松，族名書梅，初中畢業前病故。二子壽年，民國十七年至九六年，名如山，族名書岩，受家族地主成份而勞改，直至「平反冤假錯案」時，才恢復名譽，然二十年青春已逝，未曾生育，八〇年代任普寧政協委員及文史委員會委員，參與編纂《普寧縣志》、主編《馬柵人文篇》。民國八十二年受黃子明委託建馬柵公益學校及鄉政大樓。三子洪年，民國二十一年至七十六年，名如海，族名書晏，就讀普寧興文、南京青年會中學、揭陽真理中學，三十八年來臺，由天鵬撫育之，大學畢業後在宜蘭法院任職，後車禍身故，得年五十五歲，育有一子志寧。

珊及維獻，一見天鵬，立即炯炯有神、細說從頭。黃維暢、黃錫炎、黃錫尖、黃雲快、黃振榮、鄭亮蔭等人，分批邀約，吃潮州菜，談家鄉事，看潮州戲。天熱汗流浹背，風吹衣濕，一時之間，彷彿回到兒時；回神後，懷念不已，不勝唏噓。時代的動盪，切斷數十年家族的聯繫；血緣的濃烈，又弭平了彼此的隔閡。

家族遍佈東南亞，天鵬有了常人不容易有的機會，在原定行程之外，走訪許多政府官員未曾到訪之處。在湄南河乘木船，沿河至碼頭邊訪問勞苦華工；乘小包車訪問山區華裔農民，得知僑胞生活情形及對祖國的殷切期盼。

親族同會班禪

在通城集團工作的維暢邀請天鵬參觀機器設備與生產情形，午間在酒樓設宴，作陪者包括鐘錶業者吳多福、陳友榮等人，維暢轉達，通城總裁黃子明請天鵬「務必撥冗，以圖良晤」。

維暢為子明的堂弟，年少時跟隨父親黃邦輝在汕頭經商，抗日戰爭爆發後汕頭淪陷，被迫回馬柵務農，戰後為求發展，於民國三十六年南渡泰國，起初在賢記鐘錶眼鏡行工作，後轉入通城鐘錶公司，同事戲稱他為「新唐」，意指剛從家鄉唐山來，啥事也不懂，但他認真踏實學習鐘錶技術，數年後升為批發部經理，同事由輕視轉為崇敬，改稱他為「廊主」，為經理之意。

子明於民國十七年隨父黃邦賢前往泰國曼谷，一面求學，一面在父親開設的眼鏡鐘錶行見習，為人忠厚，實事求是，勤樸認真，不務虛名，累積創業資本，創設通城公司，逐步在香港、新加坡、馬來西亞、印尼等地設立分部，成為雄霸一方的鐘錶大亨。

子明於八月初時由香港飛曼谷，與天鵬會面時，贈予手錶二只，承諾捐款國民黨政府，並來臺商討投資、設廠事宜。十世班禪此時正在泰國進行小乘與藏傳佛教交流，天鵬與子明、維暢、黃超等一同會見班禪。

班禪和達賴喇嘛皆為藏傳佛教格魯派兩大活佛，也是西藏政教合一制度下的領袖，兩人地位同等崇高。西藏採活佛轉世制度，兩人復常為師弟，關係密切，清末以來，國事蜩螗，十三輩達賴心生疏離，班禪親漢，彼此芥蒂日深，九輩班禪出走內地，民國二十六年在青海玉樹圓寂，終生未償回藏夙願。民國三十二年，六歲的貢保慈丹經班禪堪布會議廳卜定為班禪轉世靈童正身，嗣取法名「羅桑成烈倫珠確吉堅贊白桑布」，民國四十八年西藏抗暴，十四輩達賴出走，十世班禪成為藏地最高領袖。

有緣千里相會，必有因果。天鵬提及二十多年前，九世班禪額爾德尼羅桑確吉尼瑪至北平、杭州舉行時輪金剛法會，曾跟隨採訪，撰有多篇報導，包括〈班禪大師東來與西藏前途〉、〈時輪金剛法會之政治意識〉、〈班禪大師獻戒林主席〉等。班禪讚揚天鵬對新聞的熱忱與貢獻，天鵬嘆道，可惜無子繼承衣缽。

班禪當下開釋，生命雖有生老病死，但死不意味生命的徹底斷滅，可以轉變成另一種形式。活佛，藏語名稱「朱古」，意指修行成佛的人，「轉世活佛」為佛的化身形象稱呼，肉身死後，精神常在，另一個化身會繼承其事業，藏語稱為「央司」，意為新的化身。

生死輪迴是由自己的業力感召而來，由眾生對待事物的心或識，導致各種行為，也就是「業」的產生，此業為因，承受相應的果報，「心」或「識」是輪迴報應的主體，有生有滅，心善受福報，為惡遭殃禍。

班禪總結，一切法，從緣生。活佛以發願為本，行願為宗，一世不成，轉世再來，稱之「乘願而來，繼續行願」。佛的化身不僅出現在出家高僧，也出現在世襲王臣、大學者和貧苦百姓，這些人修行成佛、利樂眾生。

海外聚首　相約回鄉　痛飲黃龍

天鵬（左二）走訪廟宇。

公務行程，一場緊接著一場，拜會中華總商會、中華會館、潮州會館、海南會館、江浙會館、玄辰善堂、福建會館、臺灣會館、報德善堂、廣肇會館、天華醫院、客屬總會、潮屬六縣六鄉會、黃氏宗親會和四家華文日報等。泰國是佛教大國，訪問行程包括龍華佛教社、中華佛學研究社、普覺佛教社、蓮華佛教社、大光佛教社、義和念佛敬德社等，會見馬仁波、實業家馬雪岩、林來榮等鄉親，參拜千手千眼觀音菩薩、釋迦牟尼佛等。

泰國華僑約有三百八十萬人，比越南多了三倍以上，是華僑聚居最多處，僑民在海外靠著「三同」互相扶持——同業、同鄉、同宗，分別為商業社、地方鄉親與家族，社團組織龐大。中華總商會為最大單位，至於十八個僑團，主要為七屬會館：潮州、廣肇、客屬、福建、海南、江浙及臺灣七個地方性集團。潮、福、瓊、臺皆為閩潮語系，人數最多；廣肇說廣東話；客屬講客語；江浙包括各省，地方甚廣，但人數不多，以國語為主。

天鵬會見親友，喜笑顏開。

天鵬（左）與杭立武（右）宴會後一起步出會場。

僑團輪流邀約，席無暇暖，潮州會館暨六縣六鄉會七月底舉行公宴，天鵬以茶代酒，舉杯致敬：「今天以潮州話歡聚一堂，如歸故鄉。潮水所到處，就有潮州人的足跡，這是潮州人海外拓植的光榮；潮人聚處，就有輝煌的潮州會館，這是潮州人敦親睦族的表現；海潮浩瀚澎湃，代表潮州精神，如何發揚光大是我輩的責任。阿伯、阿叔、阿兄，我感謝大家盛大的招待，一定把大家愛國熱忱，傳達祖國。」

在黃氏宗親會宴席上，天鵬為此行無法面面俱到，向宗親致歉：「這次奉派到海外訪問，應該到各位宗親長輩家來問候，但行程匆匆，只好到宗親總會投謁，也像在家鄉到祠堂拜祖一樣，表示孝思追遠之意。我曾環遊臺灣全島，黃氏為大姓，到處有宗祠或宗親會，附設診所並興辦學校，守望相助，疾病相扶持，只要能念祖先的八句詩：駿馬登程往異鄉……三七男兒總熾昌，就認為宗派一脈，熱情招待，姓黃都一家，希望能發起環球黃氏宗親總會，團結族人，光大祖德。泰國為華僑最多的地方，盼登高一呼，全球響應。

普寧馬公柵鄉旅泰僑胞百餘名代表，八月初設宴，黃維獻代表宗親致詞：「天鵬為敝鄉同里人，童年時與兄弟等曾同校讀書，為出類拔萃同學，每試必冠曹輩，為同鄉推舉，惟抱負遠大，離鄉後至外地升學，終成學問淵博、見識卓越之學者，返國後在京滬辦報講學，著作如林，學術界聲譽卓著，抗戰軍起棄文就武，歷任中央黨政軍要職，功業彪炳，為普邑人推崇，渠為人和藹可親，謙恭有禮，奉政府命來訪，分別登門訪問，愛國愛鄉，可欽可佩。」

天鵬以潮州話答謝：「承鄉里父老兄弟歡宴，如歸故里，極感愉快，除了對主人們感謝盛意外，要向來賓介紹家鄉。馬公柵簡稱馬柵，山明水秀，文風鼎盛，到處都是番客新厝，全鄉有六千多人，但在東南亞各屬的番客更多，也許有一萬多人，陶朱貿遷都有成就，在泰國、越南、高棉、香港，廊主、座山、大頭家人數眾多，熱愛祖國並熱心於社會事業，故老相傳，馬公風水，柵在寨前，五峰在後，溪畔石橋，名為『龍馬』，卜者說，神駒化龍，飛黃騰達，上京過洋，大吉大利。這是神話，但龍馬精神為鄉徽和象徵。希望不久能到鄉里，我回請大家痛飲黃龍！」

潮語離鄉背土到異國，稱為「過番」，在外地小有成就後，回鄉探親，稱為「番客回唐山」，「番客新厝」指的是華僑返鄉建設新的房舍；「座山」為大富豪，「大頭家」指老闆。潮俗衣錦榮歸、光宗耀祖，潮州華僑胸懷桑梓，每年僑匯為中國之冠，統計民國三十九年至四十一年，普寧僑匯年平均為一〇七萬美元，民國四十二年至四十六年平均為二〇四萬美元。

八月七日適逢中華總商會故主席張蘭臣逝世農曆兩週年忌辰，夫人黃招龍在素里翁張府舉行祭典，天鵬前往致祭。八月十一日至吞府黃氏大宗祠謁祖。在杭立武邀約下，延長行程，前往泰南。

訪問合艾　四字贈言　忍和親誠

八月十二日中午抵達宋卡府合艾，此為泰南主要的交通樞紐，境內有往返馬來西亞的跨國火車，為農業社會，人情味濃厚。

迎接人潮盛大，包括駐宋卡總領事孫瑞荃、領事吳翊麟、宋卡華僑公學董事長詹華山、五屬會館代表團、各僑團理監事等五、六十人迎接，花串一圈又一圈獻上，掛滿了脖子胸口，僑胞熱情表露無遺。

行程密集到毫無喘息機會，每一單位停留二十分鐘再趕赴下一個單位，一個下午依序拜訪中華慈善院、廣肇高同鄉會、客屬會館、海南會館、中華書報社、福建會館、潮州會館、同聲善堂、中華書報社、潮州公祠共計十個單位。午後大雨，為炙熱的天氣注入清涼，參觀潮州公祠，舒緩了疲於奔命的緊繃情緒——祠宇堂皇，雕塑精湛，石獅威風凜凜，幼獅惹人愛憐，鵬與獅相視而笑。

天鵬（中）與同鄉合影。

天鵬抵達合艾，花串掛滿胸口。

隔日早上八點半繼續訪問瓊州會館、潮州會館、客屬同鄉、公立華僑學校、福建會館、廣肇會館等，行程中安排會見合艾開埠祖謝樞泗和大慈善家徐錦榮夫人。謝樞泗本著「窮則自潔其身，富則兼善天下」的宗旨，在當地修路、建火車站、種植樹膠、開發錫礦等，讓合艾從人烟稀少小鎮，發展成泰南第一大城。徐錦榮生意蒸蒸日上成為巨賈後，捐贈大量土地、興建學校、醫院、社團、廟宇等。天鵬表示，兩人義聲遠播，令人景仰。

總領事館、各僑團及宗親間輪流款待，情不可卻。在客屬會館宴會上，天鵬表示，時間匆促，訪問不週，謹以和氣致祥、忍讓為國、親愛精誠的「和、忍、親」作贈言，以「誠」結尾：

一、和氣致祥：「和」大以協和萬邦，小以和氣生財；家和萬事興，社和萬事通。僑領領導群倫，大展鴻才，和之為貴，可克服萬難。

二、忍讓為國：「忍」是中國五世同堂基礎，堂名就叫「百忍堂」，這是現代政治的民主風度，以合議方式，容忍謙讓，此忍彼讓，萬事太平。

三、親愛精誠：南北和、一家「親」；親生愛、結以「誠」；凡事誠懇，莫不成功。

八月十六日中午及晚間，天鵬先後出席泰南普寧同鄉及合艾潮州會館二次宴會，與會者非親即舊，遍及各階層，菜餚多為家鄉菜，一時興致大發，即席發揮博大精深的史學素養，從韓愈被貶潮州、啟發民智、治民興學，談到家鄉文化與特殊民情。

天鵬說：「我摒棄一切客氣，與同鄉諸君暢敘鄉情，我普邑自明初建縣已四百年，文風鼎盛，民性強悍，旅外僑胞甚多，本人自少離鄉，民國三十六年間曾一度返鄉省親，目見家鄉繁容，建設良多，經濟來源多由僑匯，從而得知我旅外邑人，熱愛鄉邦，不忘本源，深盼諸鄉賢愛鄉的同時，也能協助繁容當地經濟，進而為祖國後盾。」

離開泰國前一晚，馬公柵鄉親聯合設宴。天鵬表示：「在座皆為友好鄉親，話不多說，省卻客套，但借主人杯酒，恭頌諸位事業發達。」於是賓主和樂，乾杯聲四起，他鄉敘舊，樂也融融，鐘鳴九響，互祝晚安。

天鵬（右）參觀潮州公祠石雕。

至星馬菲 華族政商 大放異彩

八月十六日上午十時，天鵬乘私家汽車由合艾至馬來西亞檳城，因無邦交，以家族企業董事長身份進入考察，每到一鄉鎮，僑領早已通知次一鄉鎮，便於訪問。

首府吉隆坡，街道全是華文招牌，大有臺灣風光，天鵬來到黃氏宗祠，有如在臺北參加黃氏大宗祠祭祖一樣，心想：「原來各地宗祠皆具中國傳統精神。」正值中華民國足球隊在此獲勝，僑胞十幾年不見國旗，此時情緒激昂，異常歡喜。

新加坡是華人城，全島一百六十多萬人，華人佔百分之七十六，可說是東南亞的「中國城」，華族在商業和政治領域皆嶄露頭角。一九五九年首任總理李光耀祖籍為潮州大埔，在大選勝利時，廣播報導先為中國國語，繼而為英語，其次為馬來語。西南的裕廊工業區是東南亞最大的工業區，工業種類繁多，建設完善，具備現代化公路，鐵路直通深水碼頭和海港，投資手續簡便。

天鵬在僑胞陪同下，站在獨立橋頭，俯視河流，看著船舶出沒，聽僑領述說星洲建埠史，想起裕廊區的建設與便民的做法，實在可供臺灣借鏡。

八月二十五日，由新加坡飛抵菲律賓馬尼拉，拜會國民黨駐菲總支部、華商聯合總會、《大中華日報》、《公理報》、華僑學校等，參與旅菲潮州會館成立五週年紀念大會及理監事就職典禮。二十八日，與菲律賓僑聲出版社社長方稚周同赴駐菲大使段茂瀾官邸，參與晚宴，縱談天下，氣氛歡愉。餐畢急赴旅菲潮州同鄉會，天鵬勉以全心全意為同鄉謀福利，至午夜十二時散會，返抵旅館已經深夜。

菲律賓由七千多個島嶼組成，最北端亞米島與臺灣南端僅六十多哩，是最近的鄰邦。華僑有二十多萬人，投資佔總額五分之一強，對菲國開闢草萊，具啟發山林功績，有助當

馬公柵旅泰僑胞合影，前排左五至左二依序為天鵬、杭立武、黃作明。

地貿易與工業發展。僑社發達，岷市有二百多團體，各宗親會皆有聯合辦事處。

二十九日，環遊已畢，旅邸靜思，陽光滿窗，捲簾望海，鳥瞰全局，百感縈懷。適逢段茂瀾來訪，兩人商討東南亞局勢，尋思如何協助政府做好外交與僑務。

三十日，天鵬乘民航公司翠華號班機回臺，世事巧合，機上遇吳小姐，為五月間飛港之空姐，三月後重晤，始料未及。飛抵松山機場時，小珠、僑委會副委員長袁觀蚤、親友數十人已在場迎接。返回寓所，一別三閱月，母親喜上眉梢，親友陸續前來，談環遊事跡。

攜策歸航　面見陳誠　改革僑務

九月初，天鵬向陳誠報告考察成果、預計可回流之僑資、可望招收僑生之名額等，建議僑務重心集中在東南亞，調整僑務機構、維持合議制，在大使館中增設僑務參事、注意人選的代表性與地方性等。考察報告一併提供僑委會、革命實踐研究院等參照。

十二月舉行的國民大會代表全國聯誼會，邀天鵬演講。天鵬指出，東南亞華僑人數佔全球華僑九成以上，為政在人，得人則昌，僑委會幹練人才若能外放海外負起實際工作，解決華僑困難，改善排華行動，才能爭取僑心。

天鵬回國兩個月，越南發生政變，吳氏政權十一月一日被推翻，隔天吳廷琰和吳廷琛兄弟被槍殺，由軍事革命委員會主席楊文明擔任領袖，隔年一月三十日又發生政變，軍人阮慶推翻楊文明，繼任元首。

天鵬將此行觀察所得形諸筆墨，包括《東南亞當前局勢與華僑》、《新加坡獨立及其前途》、《南洋新興國家憲法概述》和《海天萬里留鴻爪》，皆由中國出版社臺灣分社印行，同時發行香港版與海外版。黃君璧為天鵬繪〈海天萬里圖〉，梁寒操揮毫：「四方歷聘當奇劫，萬木無聲佇大風，有志澄清終不負，歸航攜策滿囊

天鵬（右四）在菲律賓與潮州鄉親合影。

中。」

《東南亞當前局勢與華僑》發送給相關機關參酌，內容包括動亂局勢分析、華僑艱困處境以及僑務各端興革等。抗戰時曾與天鵬在鋼梁任教的王家鴻寫：「一別鋼梁歲月深，天涯流轉到如今，相逢不覺垂垂老，猶抱長風萬里心。」

《南洋新興憲法概述》為天鵬與議會人士談論各國立法精神與法源，有助於國人了解南洋憲政實施情形。國際桂冠詩人曾今可寫：「宣勞訪問東南亞，展翅高飛十國回，辛勞行程三萬里，事書不朽見奇才。」王觀漁書：「身經三萬里，月閱六回圓，夷邦殊憲則，一一入鴻篇。」

《新加坡獨立及其前途》中，天鵬指出，新邦四民族中，新加坡華族佔總人口近八成，華文華語為官方規定語言之一，現執政者為華裔，不啻為海外中國。易君左曾兩度遊星馬，倡導建立海外防衛聯盟，題寫：「兩下南洋愧鄭和，飛程不比大鵬多，何當再造虬髯客，海外團成國一窩。」

《海天萬里留鴻爪》為東南亞遊記，天鵬詳述歷史，從東漢馬援南征交趾、明朝三保太監鄭和下西洋，到潮州後裔鄭昭統一暹邏、成立吞武裡王朝，考證史跡，緬懷先人雄圖大略，走訪十個國家地區、三百六十餘城市鄉，異邦風土人情，盡收筆底。吳履泰寫：「天空御氣干雲霄，萬里鵬程直上搖，三寶西航君繼軌，中華威德遠宣昭。」胡慶育讚：「大翼扶搖九萬里，於今難以狀長征，半循三保曾經路，更入文淵未到城。避地自仍知有漢，思鄉時復問收京，紅羊劫重灰終換，同挽銀河洗甲兵。」

第十一章

緣起緣滅　生生不息

天鵬從東南亞返國後，向母親細說家族近況及班禪開釋之語。黃母告之，以佛法來看，緣起緣滅，無需強求，然而諸相非相，緣由心生；以世間法來看，萬物本於天，人本乎祖，敬天樂遇，報本反始，德體四書，一向為中國立國之道；承先啟後，薪火相傳；既為今者，又念古人；顧及家族，成全社會。天鵬反問：「王侯將相寧有種乎？」

黃母笑了笑，搖頭說：「此言差矣！枉費你一世詩書！兒啊，你的名字取自於莊子〈逍遙遊〉，莊家源遠流長，雖是世家大族，卻也多次歷經生死亡存關頭，果隴第六代莊大平全家慘遭滅口，只有一滿月嬰兒莊松崗逃過一劫，後與莊南溪相認，枝葉相扶。若無此踽踽獨行、煢煢孑立之兒，莊家御風而行、慈悲為懷之祖訓如何流傳？又怎有今日大同樂園的笑鬧喧嘩呢？推行《禮運大同篇》就少了一臂之力啊！」

諸相非相　再結情緣　絕技家傳

秀秀在小康幼稚園成立之初，經由職業介紹所推薦，應聘為幼教老師，協助教學、伴讀與帶動唱。一塵不染的清純模樣，引起黃母的注意。

黃母閒暇時喜以《周易》卜卦，配以《人倫大統賦》、《冰鑑》等，評論人品、相貌、境遇等。細看秀秀的面貌，眼形秀長，鼻樑挺

莊秀芝初至臺北的清純模樣。

直，臉頰紅潤透光，雙唇豐潤飽滿，瞳孔如日月清明，胸前寬平博厚，舉止柔順溫和。再細看手掌，掌心厚實、掌背隆起、掌紋清晰，佐以八卦紋路斷其福祿，黃母微笑著說：「你有四個孩子，三個龍子，一個女兒，一輩子衣食無缺。」阿秀害羞的回答：「我還沒結婚，奶奶怎麼知道呢？」

黃母笑了笑，細問秀秀家世，原來是來自風光明媚、民風純樸的宜蘭礁溪。秀秀和黃母一樣姓莊，在日據時代出生，取了日本名「信子」做為學名，但家人朋友皆以小名「秀秀」稱之。黃母依潮州習俗，暱稱秀秀為「阿秀」，此後，黃家宴客時，黃母總是請阿秀陪伴在側。

黃母出身於傳統中國封建式體系，正己守道，治家嚴謹，經常談論三從四德。《儀禮》：「婦人有三從之義，無專制之道。故未嫁從父，既嫁從夫，夫死從子。」小珠是婦運領袖，極力提倡三平運動——教育平等、經濟平等、政治平等，經常在公開場合呼籲婦女：先爭教育平等，有了充分的學識便能獲得相當的職業，能夠勝任男性的工作；有了工作便要爭取薪資與經濟上的平等，進而提升人格地位的平等。她曾開玩笑地說，新時代女姓將「三從」改為：丈夫在家「服從」、出門「隨從」、婦倡「夫從」，新舊都失偏頗，中庸之道應是倡導「夫婦平等、相愛相助」。

然而，阿秀卻對三從四德深信不疑，在農村，父親就是家中的一片天，莊家後山及村落四周廣大的田野，都是在父親規劃下，雇用鄉民，開墾為茶園和農田，依季節種植各種農作物，母親弱不禁風，家中由幫傭照料。自從幾年前父親生病後，身為長女的阿秀，必須扛起照顧弟妹、管理家業的責任，阿秀生性柔弱，嚮往都市生活。十九歲時，與堂妹相偕臺北謀職，短暫做了兩、三份工作後，二十歲時進入小康幼稚園。

黃母經常與阿秀閒話家常，以班昭《女誡》為例，告知婦女具備的美德首要為卑弱，晚寢早作，勿憚夙夜；正色端操，以事夫主；潔齊酒食，以供祖宗。不必才能卓越、辯口利辭、工巧過人、美若天仙，但求清閒貞靜、守節整齊、行己有恥、動靜有法。阿秀將這一切奉為圭臬，對黃母所言，總流露出深信不疑的神情，在大同婦孺教養院的眾多職員與習藝婦女中，黃母最疼愛阿秀。後阿秀因父親病重，辭職返家。

海天小築大小餐宴輪番上場，天鵬注意到經常陪伴老母的阿秀，好一陣子不見蹤影，追問之下，才知阿秀父親病危，決定登門拜訪。

天鵬探視 聘為工藝班教師

宜蘭縣礁溪鄉四結村為莊姓聚居處，一輛房車駛進閩式三合院庭園，驚動了鄰里，紛紛出門觀看。天鵬核對住址後，逕自走進莊氏廳堂，阿秀驚訝不已，莊母以功夫茶招待。

天鵬探望臥病在床的莊父，詢問病情及診治情況，接著對阿秀說：「貴府食指浩繁，留在家鄉所得有限，教養院在推廣縫紉刺繡，你即然會幫忙縫製弟妹的衣服，不如回來大同，擔任老師，好嗎？」阿秀回答：「我只會縫粗布粗衣啊！」天鵬回應：「從簡單的學起，院內的師傅會教你針黹的技巧。」

天鵬拿了一個厚厚的信封交給莊母，內為一整疊鈔票，莊母拒不肯收，天鵬微怒：「你的女孩兒在教養院內工作，本來就設有醫療津貼，我開設教養院，救濟孤苦，不可能放任員工家人身陷困境，何況我還需重用阿秀，為臺灣人盡一份心力。」莊母見天鵬氣度不凡、誠懇正直，便不再推辭。

兩、三個月後，阿秀父親病情穩定，在母親同意下，回到大同婦孺教養院，接受工藝訓練，並從小康幼稚園轉任到工藝班擔任縫紉組教師，跟著汕頭師傅學縫紉、挑繡與車繡，假日跟隨小珠一起到博物館中流連。小珠總是站在不同朝代的畫作前，詳細解說運筆的技巧、配色方式與濃淡深淺，一捺一捺皆細細推敲，分辨題字落款展現的風格。一段時間後，小珠根據畫冊，傳授畫繡，特別重視人物靈氣神韻，用最細的深色絲線，重覆勾勒眉眼，以達畫龍點睛效果，構圖力求流暢與和諧。

此後，阿秀在教授縫紉之餘，總利用午休時間練習畫繡。天鵬從辦

莊秀芝。

大同工藝班教師與第四十六期結業同學，右六為盧小珠，右五為李志春，右四為莊秀芝。

公室走出，經常繞到工藝室靜靜觀看，教師們競相展現繁複技巧，以出奇制勝、博得喝采，相較之下，阿秀的針法樸拙無華，卻巧妙的呈現繁花的綺麗與碧綠的田野風光，引領思緒飛至野曠天高的故鄉潮汕平原。

一次，全神貫注於刺繡的阿秀聽到耳邊傳來：「肚子餓了，吃飯吧！」嚇到慌亂起身，放下針線，回頭張望，此時，董事長已逕自離開，只好急急忙忙下樓，看到董事長在門口招了輛黃包車，示意阿秀一同上車。

車行至忠孝東路來來飯店，天鵬進入飯店餐廳包廂，點了一魚一菜一湯。問起阿秀父親病情，家人近況，阿秀像小學生回答老師般恭敬，不禁讓天鵬啞然失笑。天鵬說：「看你如同出水芙蓉，秀若芝蘭，《孔子家語》言，芝蘭生於深林，不以無人而不芳。以後就稱你秀芝，好嗎？」阿秀說：「叫什麼名字有什麼關係呢？」天鵬開始長篇大論引述古籍：「芝是一種神草，土氣和則芝草生，芝草也用來比喻君子的德行和美貌，《新唐書．元德秀傳》有句：見紫芝眉宇，使人名利之心都盡。」

莊秀芝（左二）穿著天鵬添購之服飾，與李志春（左一）在大同西樓大禮堂參與大同婦孺教養院週年紀念茶會。

此後，天鵬經常帶秀芝一同外出用餐，來來飯店、中泰賓館和中山堂餐館皆留下同行倩影，兩人漸生情愫。電影《梁山伯與祝英台》上演時，天鵬、小珠與秀芝三人曾一同至電影院觀賞，之後小珠又請秀芝陪同觀看數次。

民國五十二年底，天鵬赴宜蘭莊家提親，因雙方年紀差距過大而遭到強烈反對，天鵬保證，會疼愛秀芝、保護秀芝，莊母嘆道：「女大難留！」數週後天鵬在臺北家中宴客，邀請莊母及親友參加。

民國五十四年十一月十四日，天鵬喜獲麟兒，大喜若狂，說：「我真正的兒子、我真正的兒子。」取名為「正」，小名「錚錚」。天鵬引申，正為中正、正道，《易．乾卦》中有「剛健中正」。《公羊傳．隱三年》指稱「君子大居正」、以恪守正道為貴。《論語》子曰：「必也正名乎！」、「名不正，則言不順；言不順，則事不成。」

天鵬對秀芝傾訴，全部家產皆投入了大同婦孺教養院，能留下來的家用有限，但或許就是收容孤兒的因果關係，而有了子嗣延續香火，欣慰之餘，更擔心父老子幼，時節如流，將勤加撰稿和講學，以稿費和授課鐘點費貼補家用，盼栽培佩正出類拔萃、超群絕倫。

為難以易　創制複決　終獲行使

民國五十四年十月二十九日，時年七十五歲的孫科結束十六年海外飄泊，自美返臺。十一月七日，中國憲法學會舉行國父誕辰一百週年紀念座談會，擬定三大主題：一、三民主義世紀，二、五權憲法與中華民國憲法，三、吾人應如何紀念國父百年誕辰？天鵬邀請孫科擔任中國憲法學會名譽理事長，一同推行國父遺教及落實憲政。

國民大會臨時會定於民國五十五年二月一日至八日在中山堂舉行，天鵬被推選為主席團主席。中國憲法學會中具國大代表身分的會員，事前多次舉行會議，研究行使創制複決兩權，最後由研究組主任周治平報告會議討論經過，天鵬表示：

> 國民大會行使創制複決權，宜以動員勘亂時期臨時條款為法源，範疇為中央法律，召集會期授權總統決定。
>
> 憲法為國家大法，當局不欲高蹈動搖國本，現階段不宜修改，然可權宜修訂臨時條款，不動憲法本文，而有與憲法同等效力，為難以易，舉重若輕。
>
> 中國憲法學會將繼續集中意志研討憲法，填補現行缺失疏漏之處，消救前言不對後語之矛盾，區劃政權治權模糊不清之界限，參酌世界憲法，針對國家需要，集思廣益，提出一部為萬世開太平之經國寶典，以備將來修憲之需。

中國憲法學會民國五十五年度年會，右為孫科，左為天鵬。

臨時會會期僅八日，議程緊密，井井有條，代表們具高度共識，增訂「動員戡亂時期，國民大會得制定辦法，創制中央法律原則與複決中央法律」、通過國民大會《創制複決兩權行使辦法》、暫不修改憲法等。

國民大會第四次大會在二月十九日登場，天鵬仍當選主席團主席。此次會議主要任務，第一為選舉總統、副總統，由蔣中正與嚴家淦當選；第二為修訂《動員勘亂時期臨時條款》第四、第五項，授權總統得設置動員戡亂機構並調整中央政府行政及人事機構，讓總統行使統帥權更為便利，換言之，由平時憲政體制演變成戰時憲政體制。

三度提案北市改院轄市　三千字建言外交僑務

有鑑於臺北市人口已逾百萬，政治、經濟、文化、交通等，均符合院轄市條件，天鵬請小珠在市議會提改制案，獲得巨大回響，輿情沸騰，天鵬乘勢在國民大會提案第一八一號，三度促請臺北市升格為院轄市，終獲通過，「送請政府辦理」。天鵬與小珠，一人在中央、一人在地方，共同督促改制進度與配套措施。

針對外交僑務，天鵬提案第二〇九號，二度要求爭取外交主動，充實僑務機構，附上三千字的〈現行外交僑務政策的檢討與建議〉。天鵬指出，越戰陷入泥沼，東南亞危機日增，新興國家持續排華，若要扭轉機運，打開僵局，有三項要務：

一、主動出擊：以往外交過度樂觀，及圖窮匕見，又勢難自圓，外交應視時局變化，見危受命，主動布局。例如，美國總統詹森多次發表聲明支持我國，但姑息主義重彈兩個中國論調，此等輿論，不可忽視。

二、調整陣容：駐外使節折衝樽俎，聲譽勛績，為世所稱者固多，但也有濫竽充數、人地不宜，形同虛設，上年度列有互調機制，惜因人事羈牽，老不能去，新不能進，演變外交人事凍結，自少成效，應啟用青年幹練之士，執行外交政策。至於僑務方面，應兼顧地方性及多數僑胞方言，培養當地僑運幹部，尊重多數僑胞意見，建立海外僑區工作據點。

三、重視僑益：談到外交，半涉僑務，兩者應相得益彰，但少數官員以保護僑民利益為僑委會職責，而往僑委會推，以東南亞有邦交者如越泰菲各邦，近年人事調動拖延，政策執行波折，僑民問題糾纏，在在均見未盡人事，遑言配合？在此大時代，外交官負有促進邦交、保護僑民責任。

千人祝壽　黃母訓子　胸懷天下

民國五十六年二月二十四日星期五，農曆元宵後一日，為黃母莊世光「九秩晉一」大壽，黨政名流五十餘人聯名發出邀請函：

恭祝　黃母莊太夫人九秩晉一大慶公啟

易稱德合無疆。語云仁者必壽。若普寧　黃母莊太夫人信有徵焉。　太夫人為粵東世族，遜清武功將軍莊公鎮邦之女孫也。莊氏詩禮傳家，一門四進士，鎮撫閩臺，五代封將軍，累世簪纓，炳烺嶺表。　太夫人幼承庭訓，識禮知書，及笄適同邑孝廉黃公毓才，琴瑟和耽，鴻宴齊眉，朂夫驅虜，舉黃崗之義旗，教子精忠，摧棉湖之敵壘，揚閫德以興家，和熊九以折桂。福備箕疇，舉世盛稱，中華民國五十六年二月二十四日（即農曆丁未年正月十六日），為　太夫人九秩晉一大慶。親友紛請稱觴祝嘏。　太夫人以國難未紓，諭其喆嗣國民大會代表天鵬先生，雖禮有祝哽，然義尚節約，仍循例移壽席桃儀勞軍恤貧，以壽個人者壽世壽國，同人等則以　太夫人大年懿德，國光人瑞，允宜公同發介壽。茲訂是日（即二月二十四日）上午九時至十二時，假座臺北市中山堂堡壘廳舉行簽名祝壽酒會。居時敬祈光臨參加。共申慶祝之忱。謹啟

張知本　谷正綱　倪文亞　魏道明　田炯錦　葉公超　孔德成　張壽賢
莫德惠　黃少谷　張其昀　高　信　馬樹禮　劉季洪　胡慶育　郭　澄

天鵬（右）與母親（中）在壽軸前合影。

何應欽　王雲五　梁寒操　鄭彥棻　郭　驥　王撫洲　錢大鈞　戴仲玉
孫　科　馬超俊　于　斌　李宗黃　蕭同茲　劉候武　高玉樹　黃　杰
張　羣　薛　岳　黃伯度　馬壽華　賀衷寒　陳　素　張祥傳　余漢謀
謝冠生　謝瀛洲　曾寶蓀　黃季陸　李壽雍　林　慎　毛松年　谷鳳翔
黃國書　程天放　黃鎮球　鄒作華　閻振興　謝東閔　洪陸東　李嗣璁

世光穿上深色絲綢旗袍，搭配同色緞面長褲，左手一只婚後配戴的玉鐲已經緊緊貼合著脈動，晶瑩剔透，散發溫熱光彩，右手指為班禪加持過的寶戒。在天鵬攙扶下，來到臺北市中山堂堡壘廳。壁面上重重疊疊掛滿了蔣中正及黨政要人贈送的壽軸，副總統嚴家淦、張群、何應欽等一千五百餘人到場，祝賀黃母懿德長壽。黃母除了眼睛懼光之外，身體健朗，談笑自若。

慶生會後，黃母一再談起家鄉果隴及馬公柵的一景一物，時時對天鵬曉以大義：「不求一世的顯達，而求萬世之太平」，要天鵬悉心教導兒孫：「謙虛溫謹，廣結善緣；逆來順受，不忮不求」、「志於道，據於德，依於仁，游於藝」、「以仁存心，以禮存心；仁者愛人，有禮者敬人」。

世光重覆唸著黃家與莊家輩序詩，婚後銘記在心的是：「懋修致知力，喜德順時新；文粹煥彩鳳，才高起捷鵬」，自幼朗朗上口者為「禮義承先志，詩書訓後生；敦宗崇懋德，繩武振英聲」。談及故

莊世光葬於陽明山第一公墓，蔣中正題「教忠有方」。

普寧馬公柵，黃毓才與莊世光之墓。

舊友人胡漢民、于右任等，舉于老〈思鄉歌〉為例：「葬我於高山之上兮，望我大陸；大陸不可見兮，只有痛哭。葬我於高山之上兮，望我故鄉；故鄉不可見兮，永不能忘。天蒼蒼，海茫茫，山之上，國有殤。」淡淡地說，希望葬在臺北近郊最高之山上。

四月二十二日，一如往常，黃母梳洗後安詳的進入夢鄉；不同的是，這次，她再也沒有像以往一樣，在熹微晨光中睜開眼睛，天鵬長跪於床前誦讀佛經。二十九日頭七早上七點半舉行家祭，八點大殮，九點公祭，十點半發引。兩個月前道賀的親友全轉為弔唁，嚴家淦、孫科等上千人到場，蔣中正和嚴家淦分別頒發〈教忠有方〉和〈積厚流徽〉輓聯。

黃母長眠於陽明山第一公墓，這兒地勢高，望得遠，海峽對岸，便是家鄉，這是老母落葉歸根的夢想；地基為方型，墓穴為圓型，取意天圓地方，天地人合而為一，這是老母做人處世的哲學。就外觀來說，方便散居世界各地的兒孫前來祭拜時，一眼就能找到。海峽對岸普寧馬公柵，黃家子孫舉行祈福法會，重刻黃毓才墓碑，添上莊世光之名，夫妻得以天上團圓。

天鵬將哀痛逾恆之情轉換成陽光普照之愛，設立「黃母莊太夫人新聞獎助學金」，資助有志從事新聞事業的學生，紀念母親對他的深遠影響。

總統肯定　弘揚法治　歷久不渝

民國五十七年五月二十日，中國憲法學會在中山堂舉行「行憲政府成立二十週年」座談及慶祝酒會。嚴家

黃君璧所繪南山之壽。

行憲二十年紀念會，嚴家淦（右一）致詞，左三為黃天鵬，左二為張知本。

淦致詞時褒揚中國憲法學會，從學術研究上，策勵政府貫徹民主憲政。天鵬表示，為慶祝行憲二十年，將編印憲法書刊，舉辦憲政演講及各縣市憲法徵文比賽。

天鵬關心憲政也注意時事發展。民國五十九年行政院所擬《政務官懲戒法草案》在立法院引發爭論，中國憲法學會舉行「政務官懲戒座談會」，天鵬指出，若政策無法推行，歐美國家的政務官會辭職絕不戀棧，現行懲戒制度如何更臻完善，有必要參酌民主國家做法，請專家共同研究，供國內立法參考。

針對議會運作脫序演出，天鵬邀請黃季陸在定期舉行的法學講座中主講「民意代表在議會中的發言責任」，同時在《憲法學報》刊登黃季陸所撰〈民主典例與民主憲政〉，附上內政部頒發之會議規範。天鵬憂心忡忡說：「近來議壇及會場常多爭吵或糾紛，甚至全武行，貽笑社會，我們應熟讀會議規範，循一定之規則，研究事理，解決問題，達成決議。」

民國六十年五月二十日，中國憲法學會成立二十週年紀念大會，與中央圖書館聯合舉辦「慶祝中華民國建國六十年文獻圖片展覽」。下午三點半，嚴副總統、田炯錦、郭澄、孫亞夫等三百餘人到達會場，首先宣讀總統蔣中正頒發之訓詞：「中國憲法學會成立二十年來研究憲法精義、弘揚法治精神，並提供意見協助政府推行憲政，歷久不渝，良用嘉慰……諸君研究有關憲法問題，多所貢獻，尚望益奮前規，把握當前時代的需要，使三民主義、五權憲法的真理深植人心。」

嚴家淦親臨致詞，勗勉群策群力、弘揚憲法。天鵬報告會務時有感而發：「一個學術團體，成立二十年，成績斐然，元首頒訓詞，副元首親臨，表示最高當局重視學術研究，是學界的光榮。」接著宣讀憲法論文、討論通過孫科連任名譽理事長等提案。

行憲文獻展開幕式由中央圖書館館長李志鍾主持，張知本剪

行憲文獻展，天鵬（左二）若有所思，抬頭前望，左三為嚴家淦。

綵，司法院長謝冠生致詞，接著來賓一同參觀難得一見的史料。天鵬贈予國史館典藏的第一任總統副總統選票樣張，可看到總統一次選出，但副總統卻選了四次才產生。民國三十五年十二月二十五日通過的中華民國憲法，各頁拆開依順序排列成馬蹄形。書籍部分有《國民大會實錄》、《各國國會制度》、《世界各國憲法》、《中國憲法學會年刊》、《憲法學報》、《憲政時代》等書刊，洋洋大觀，不勝枚舉。參觀人數逾千人，一般青年學子尤為踴躍，歌星冉肖玲、冉巧玲姐妹也翩然到此。

國代立委　汰舊換新　刻不容緩

國民大會第五次會議主要議題，一為擴大總統授權案以應付國際突變局勢，一為修訂臨時條款，充實中央民意代表機構。中國憲法學會會員中具國大代表身分者，照例組成國民大會小組，多次集會討論，做為大會時發言及提案的依據。

民國六十年三月二十六日「中央公職人員增補選問題」座談會中，天鵬開宗明義指出，社會輿論對增補選提出許多討論，世事變更，老凋病辭，相關法源、候選人資格、計算方法、選舉機關組織和程序，有必要重新修改。會中張知本、田炯錦、郭壽華、田桂林、劉振東、任卓宣等相繼發言，針鋒相對，之後集會七次，歸納結論為：一、充實中央民意代表機構，必須在憲政體制下進行，二、擴大增補選範圍，法源為修訂臨時條款，同時加強總統授權案，以應付突變之國際局勢，三、海外選舉部分，受限政治環境，無法辦理，可採用政黨提名。

民國六十一年二月十二日，天鵬在「如何充實中央民意機構」座談會中，語重心長指出：「老兵不死，但歲月無情，在尊重法統下，民意代表未曾不可改選，新舊屆期、任期、名額等，法理與事實，盤根錯節，殊為複雜，可擬適當辦法，凍結

天鵬珍藏之剪報。

有關法條，汰舊換新，為政治換上新血輪。」

國民大會第五次會議民國六十一年二月二十日，在陽明山中山樓召開，正值美國總統尼克森訪問中共，並與總理周恩來發表《聯合公報》。國大代表群情激動，大會除了選舉蔣中正、嚴家淦為總統副總統之外，並修訂《動員勘亂時期臨時條款》，增加授權總統得以調整中央政府行政機構，人事機構及「其組織」、得以頒訂辦法，增加中央民意代表名額。蔣中正在大會演講中指出，中華民國的近代史就是一部為自由正義、民主憲政而堅持不懈的奮鬥史，這場勘亂就是維護憲政的戰爭。

隔天媒體傳出，政府為提高效率，精簡機構，僑委會將併入外交部。天鵬澄清，僑委會獨立設會為政治號召上的特殊考量，此時此地只有加強組織，絕無裁併可能，況且僑務事項包括僑社輔導、僑生升學、僑民經濟等，非外交部能兼理。天鵬三度提案，第一五七號：「為適應國際局勢，僑務機構應加以擴充，以團結海外僑胞力量。辦法為擴大編制，注意人選代表性，增設海外機構及大使館僑務參事。」審查意見為送請政府研究辦理。

史學研究一向是天鵬關心之議題，提案第一六六號：「擴充中央文史博物機構，建立文化大國規模，以發揚中華文化，促進國際交流。辦法為：一、召開世界漢學會議；二、充實文史博物機構；三、教育部文化局應加大編制，與各機關商訂分工合作方案。」大會決議送請政府切實辦理。

嚴家淦（右）與天鵬（左）握手，中為張知本。

憲政期刊　鵬字標記　畢生菁華

為了紀錄憲政軌跡，天鵬催生了自由中國第一本研究憲法期刊，一肩扛起社長、發行人與執行編輯的重責大任。撰文者非一般作家，篇幅長短不一，又在各自的領域中獨佔鰲頭，例如監察委員梅公任〈憲法研究〉一稿，鴻篇巨制數萬言，天鵬婉轉溝通、符合雜誌簡明扼要需求，否則只能另刊單行本。法學翹楚辯才無礙、一字千金，為文旁徵博引，天鵬大刀潤斧、去蕪存菁；法律術語枯燥艱澀，天鵬以生花妙筆之手、增添人情趣味；否則振聾發聵的見解，只能淪為書架上乏人問津的教條與會議紀錄。

三次更名轉型

憲政刊物歷經三次更名轉型，天鵬以國父《建國大綱》為例，政治建設分為軍政、訓政、憲政三個時期，學會刊物也分「年刊」、「學報」、與「憲政時代」。

一、中國憲法學會年刊：學會民國四十年成立之初，率先推出《會訊》，四十一年擴大為《中國憲法學會年刊》，考慮到修憲意見止於各抒己見，尚少成議，此時目標為普及憲政知識，促進研究風氣。年刊主題為介紹五權憲法、現行憲法、比較憲法、憲政爭議、各條文得失及國民大會職權等。主要內容分為四編，分別是會員論文、研究綱領、討論紀錄和學術演講。

二、憲法學報：歷經十五年耕耘，中國憲法學會成為最具規模和影響力的學術團體之一，為掌握時代脈動，年刊民國五十五年更名為《憲法學報》，以擺脫「學會刊物」印象，內容更為多元，逐漸具現代化雜誌風格，刊登珍貴照片，重現事件現場。

同年夏季，中國文革十年浩劫揭開序幕，文物古籍慘遭破壞，天鵬與孫科、梁寒操等人聯合發表復興文化宣言，舉辦研討會、刊載相關文章，包括陳立夫〈如何認識中國文化〉、李寰〈從憲法基本精神論中華文化復興〉、張知本〈如何推行中華文化復興運動〉等。

《行憲政府成立二十週年紀念專號》巧思成冊，封面為蔣中正題簽「行憲二十年」，內容為嚴家淦、黃國書、謝冠生、孫科、李嗣璁等人，分別撰寫行政、立法、司法、考試、監察五院專文；民社黨孫亞夫、中國青年黨陳啟天及婦工會主任錢劍秋等各黨領導人發表行憲觀感。

三、憲政時代：憲政研究逐漸普及後的目標為闡揚民主真諦。刊物於民國五十九年三度更名為《憲政時代》，發行對象為所有公民。為使市井小民也能愛不釋手，增加一般藝文及個人觀感小品文，編排方式趨向簡潔，民國六十四年改為季刊。

「鵬標」處處可見

憲政期刊展現天鵬的編輯理念，「鵬字標記」顯而易見。為保持純粹學術中立性質，不刊社論，矢志成為中外憲法之論文集、工具書、索引等，以具永久保存價值。

封面設計為天鵬最喜愛的書法題簽，每一期的刊頭分別由吳敬恒、于右任、王寵惠、張知本、胡鐘吾、蔣中正等人題字，至於「憲政時代」四個字來自於國父遺墨。

〈卷頭語〉和〈編輯後記〉為天鵬與讀者的對話窗口，記載了出版的心路歷程。

第十五期：「今天為行憲紀念日前夕，校完稿樣，感到了輕鬆的愉快。年刊更名《憲法學報》在編輯上為劃一新的時期，內容上更充實，適應讀者需要。」

第十六期：「本刊改名擴大發行後，得到各方熱烈的反應，給在苦鬪的我們，增加無限的勇氣。本刊作者和工作人員都是教授或公職人員，在課外或業餘服務，並非專職，一種由一群書呆子集結的純學術刊物，能維持十七、八年，事雖平常，但也真不容易，熱望獲得讀者的支持。」

第十七期：「我們願以從事學術研究的成果，促進政治的進步。」

每期天鵬皆撰寫憲政專文，若是稿擠，先撤下自己的文稿。重要討論會與座談會全程記錄，歷次國民大會開會前，更是大張旗鼓針對大會主題徵稿，收錄正反意見，整理成《五權憲法專號》、《憲法研究專輯》、《憲法修改意見書初稿》、《東南亞新興國家憲法專號》等，為求精確，事先抄送發言者或撰文者校正，再行刊印，供會員及國大代表在集會前預為研讀，形成初步概念，以助集會時能形成共識。

天鵬延續過去主編《憲政叢刊》經驗，重新編輯憲政叢書，增加最新觀點，邀請專家學者擔任編撰、加以註釋，推出《中華民國憲法》袖珍本與註釋本、《行憲法規彙編》、《五權憲法與五五憲草》、《中國制憲史略》、《各國憲法新編》、《國父關於憲法憲政之遺教》、《主席關於憲法之言論》、《修憲資料彙集》、

《憲政時代》封面。

《憲法研究總報告》、《憲法小叢書》共十冊。

刊物及書冊列為中央圖書館國際出版品交換之一，分寄歐美各中央及大學圖館，其中，美國國會圖書館、康奈爾大學、日本東亞文化研究中心等皆來函表示，需要全套期刊。為便於收藏，累積到一定的篇幅便訂為一卷，分類彙編總目錄，以便查考。

通訊處原先為天鵬位於和平西路的住家，民國四十六年搬至大同西樓二樓，設有圖書室，陳列各國憲法集錦與期刊，提供會員免費借閱，中國憲法學會及刊物聯絡熱線直通天鵬辦公室。

第十二章　穹蒼無限　紅塵夢碎

傳說伍子胥過昭關，眼前的急難與未來的希望，悲傷、焦急、壯烈、激昂，聚於一心，一夜之愁而白了鬢髮。天鵬身為國大代表、中國憲法學會秘書長、《憲政時代》社長與發行人、大學新聞系教授，所有職務都能駕輕就熟，惟獨大同婦孺養教養院負責人一職耗盡所有心力。現實的冷暖，心情的沈重，盡在不言中；從籌備到營運，舉步維艱，知難而進，卻橫生枝節──收容人數倍增、財務赤字攀升，皆萬分困擾，像關雲長過五關般，一關又一關，五關後再五關，似乎永無止盡。

傾囊投入　艱辛跨過　財務關卡

原先黃家將儲蓄與資產變現，籌得上百萬元，規劃開辦費用新臺幣五十萬元，其餘五、六十萬元成立基金。後省政府、內政部與臺北市政府相繼表示，政府將竭力補助，盼擴大收容人數。天鵬決定興建大同西樓，擴建東院兒童樂園。

民國四十五年大同成立二週年紀念會上，市府大家長高玉樹公開承諾將撥款西院建設費四分之一，然而，各局室會簽，編列下年度預算，一簽一編，就是兩年，新市長黃啟瑞接任後，社會、行政獨立，這筆「建築補助費」變成「社會救濟及福利設施獎助金」，粥少僧多，分到大同，只剩少許，只能添些附屬工程。

物價日益高漲，各機關轉送人數激增，部分棄置於教養院大門口前嬰幼，需特殊照顧與醫療，支出逐年攀升。民國四十六年度決算二十六萬元，民國四十八年度增加至三十三萬元，民國五十一年度為四十九萬元，民國五十九年度為五十六萬元，民國六十一年為六十四萬元。實際經常費收入往往只夠二分之一至三分之二，天鵬靠著典當、借貸與周轉，跨過財務關卡，感慨：「經費支絀愈甚，如何維持，殊費周章？」

為了增加事業支出，儘量節省人事費用。駐院職員，事繁薪薄；兼任人員，漏夜半公。天鵬和小珠更是全年日夜無休，住家海天小築與大同西樓後院相通，即使三更半夜發生緊急事件，也能立即妥善處置。這種日以繼夜、生活與工作結合的形態，天鵬早就習以為常，然而對小珠而言，卻將一身華貴嬌氣、嫻雅從容的特質，一點一滴的消磨殆盡，轉為奔波忙碌，憂愁滿面。

小珠在男性掌權的政壇，可說是一枝獨秀。中籤代表市議會擔任住宅興建會委員，辭去此一職務，要求市議會討論「撤回」所有議員參與市府各委員會代表，以明政權與治權之分際；在議場指責工務局發包工程圍標與偽標，疑為官商勾結；反對公共汽車因浪費漲價，獲官方糾正與改進；公車處工務局鬧人事糾紛，要求加速整頓；主張澈底查究防空洞建築徇私舞弊案、菜市場造假內幕案、官吏違法瀆職等。問政風格，風雷凌雲、擲地有聲，然而回到院長一職，卻事事求助於人，低聲下氣，委曲求全，受盡無數艱難波折，她喟然長嘆：

從前人說，善門難開，如今才體會到——幫助弱者卻開罪強者；救助被迫害的養女，卻得罪了養父母；收養了甲孩，乙孩向隅失望；而無限制的收養棄嬰，氣息奄奄的病嬰也送往這裡，甚至流丐游民，也強求救濟，有許多料想不到的麻煩，半夜三更也

市議會男性當道，小珠（前排右七）為少數女議員。

小珠（右四）參與金門勞軍團，與蔣經國（左五）合影。

要解決！

辦這事業，「人」和「錢」都傷透了腦筋。這個沒有寒暑假，連週末假日也照常工作的苦役，若不是有堅定信心，開門不久也就關門大吉。幸慰的是，這種新的教養體系，施行果收宏效，過去無人重視之棄嬰和難女的收容，因為大同婦孺教養院的倡導，引起注意和類似措施。

臺北市政府民國五十三年在虎林街二七二巷山麓成立「臺北市立救濟院」，開始收容無依婦幼，慈善義舉比天鵬晚了一個生肖輪迴，朋輩讚譽天鵬「但開風氣不為師」，多年來倡導婦教孺養，終於有了回應。

朝耕暮耘的成果，「大同婦孺教養院」名稱，響遍臺灣每個角落，信件地址欄上只須寫上「大同教養院」五個字，郵差就準確無誤送達。從成立之初就在此工作的李玉芳說：「這兒充滿了慈母的恩愛和小天使的歡笑，在一片媽媽、姊姊、弟弟、妹妹聲中，絕對不會感到這是教養院，而像個五世同堂的大家庭。」

民國四十九年《社會學會會刊》記載了法商學院〈參訪記〉：「該院位於臺北市安東街尾，環境幽靜，沒有都市的喧囂，即是汽車的喇叭也難得聽到，是一個理想的教育環境。院前一帶的小溪，架了一座精巧的木橋，溪畔垂柳，更富詩意。院內嬰幼年齡大小不一，分組管教，在他們整潔的儀表、清脆的歌聲、愉快的面龐、親切的談話中，誰能知道他們是一群無父無母的孤兒呢？災難婦女一經收容，即依各人智力和興趣加以輔導，學習生產技能。亂針的刺繡、塑膠線的網袋、彩色的錦屏，工作的不苟以及學習的認真，表露出她們的潛在能力與純樸的德性，發揚了『慈愛勤樸』的院訓。」

突擊造訪，最能了解箇中情況，《臺灣育幼季刊》記者顧樹型沒有事先通知便來到大同婦孺教養院，如實記錄觀察所得：「張目四顧，見院內綠葉成蔭、屋舍窗明几淨，在操場遊玩的孩子們，活蹦亂跳，不時傳出歡樂的笑聲。各處井然有序、乾淨整潔，職員勤於工作而且彬彬有禮，令人印象深刻。

為了院民伙食、物品及十四位全職人員薪資，院長奔走張羅，與原來優裕的生活愈離愈遠。儘管如此，院中定下方案，希望將房子擴建並配以新穎設備，使孩子精神和物質都有較高的享受，跟上時代潮流。

記者有感而發，遭遇不幸的孤兒，在此得到溫暖，可補償其痛苦於萬一，願天下缺乏愛心的人士，都向黃天鵬及盧小珠看齊和學習。」

零星的個人捐贈有如天降甘霖，鼓舞人心。謙稱「無名氏」女士來院觀察後，捐了一萬元；署名「一個人」認養兩個義兒；公務員楊慈英捐助節省所得一百元；《中央日報》轉來讀者陸君一千元、王老太太兩百元、空軍士官史國佐遺款四百元；《大華晚報》轉贈讀者陳兆康捐款一千一百元；民航公司轉贈旅客施密德退還機票款四百多元。這些款項只佔支出的百分之二至三，卻如同黑暗中的燭光，照亮了天鵬的慈善之路。

散佈在香港、泰國、緬甸、美國、加拿大等地的馬柵黃氏宗親，仗義疏財、助人為樂。叔父黃超宅心仁厚，其子黃冲雲擔任大同婦孺教養院董事，經常大筆捐款。天鵬受人點滴，湧泉相報，擔任家族的「駐臺代辦」，宗親來臺，總是親自奔波，不畏繁文縟節，張羅包辦各種行政程序，並熱情款待。

天鵬無懼財務上的挑戰，抱著特立獨行之意志與堅定不移之信念，懷著人生以服務為目的的心願，心中蘊釀更遠大的夢想——盡其所能，擴大規模，未來沒有年齡與收容限制，凡屬窮民而無告者，均教養兼施，深信事在人為，真心服務，寒冬總會過去，春天即將來臨，其始也簡，將畢也鉅！

獻給臺灣 天鵬孩子 逾一萬人

熬過朔風凜冽寒冬，迎向春暖花開時節，從來臺之初至民國六十二年七月，二十多年來，天鵬救濟收容人數為五千八百一十八人，工藝訓練二千四百五十三人，年節救濟孤寡貧戶共計一千九百七十七戶，每戶平均三口計，受賑人數在五千九百人以上，合計總救濟人數達一萬四千二百餘人（詳見表一）。國民黨中央婦工會指導長宋美齡以「幫助國家社會，解決婦孺救助問題，成效卓著」，頒贈「嘉惠婦孺」匾額。

院外救濟範圍原為大安區和古亭區，民國四十五年擴及全市之孤寡貧戶，四十八年度因協助中南部大水災，臺北市僅核發一級孤寡貧戶；民國五十一年後重新調整，以婦孺為限。每次均請警四分局安東派出所協助發放。

這些統計沒有列入與臺大慈幼會、婦女之家等合辦之「兒童會」、與婦女會合辦「識字班」及「托兒所」等。另，民國五十七年臺北市改院轄市後，慈善機構管轄單位由省社會處變更為臺北市政府，大同婦孺教養院奉令以育幼為中心，逐漸減少工藝訓練及救濟孤寡貧戶。

表一、大同婦孺教養院收容救濟、教養訓練人數統計。

年度	收容救濟	工藝訓練	孤寡貧戶
三十九	五五		
四十	七三	六〇	
四十一	八〇	六五	
四十二	七五	五四	
四十三	一七六	一五五	一四六
四十四	二三五	一七八	一七五
四十五	三四七	一五二	二〇二
四十六	三八四	一四一	一九三
四十七	二九九	一八〇	二〇九
四十八	三六三	一六五	一四八
四十九	三八五	一四九	九九
五十	三八三	一二三	七八
五十一	三九二	一四六	五四
五十二	三九七	一三二	六五
五十三	三八九	一五三	五二
五十四	二四九	一二五	三六
五十五	三〇八	一三六	一五五
五十六	三〇二	一二七	一五一
五十七	二〇六	八七	七八
五十八	一九〇	八〇	七一
五十九	一五四	四五	六五
六十	一三三		
六十一	一二八		
六十二	一二五		
合計	五八二八	二四五三	一九七七

私辦慈善機構做為邁向大同社會的一環，治標不治本，釜底抽薪之道，應就事實分析探討，天鵬成立調查小組，分組蒐集教養個案、建立資料庫、研究各種數據，做為實施整套慈善計劃依據，提供政府做為擬定政策依據。

根據民國四十九年和五十六年的分析，大同婦孺教養院中，棄嬰、迷途兒童及無人認領等被遺棄的嬰幼，四十九年時為百分之二十，五十六年降為百分之十八；無父母之孤兒，四十九年時為二成五，但至五十六年增至二成七；國軍遺孤或出征子女臨時撫養比例較為固定，佔百分之十五；救濟義胞子女佔百分之二十八；其他如罪犯子女及臨時救助佔百分之十二。

單就棄嬰分析，非婚生子女佔四成三，貧困無力養佔百分之二十七，子女過多不勝負擔佔百分之十四，畸型或疾病不易治癒佔百分之十一，其他因素佔百分之五。詳見表二。亂世男女離合，不足為奇，但一失足成千古恨，成了私生子和棄嬰最大的根源。

棄嬰來源，送院或棄院門口高達五成七，醫院、警局、慈善社團轉送佔百分之二十九。值得留意的是，戶口名簿上註明「父不詳」的棄嬰，母親多半是娼妓，為了「子女前途」無奈出此下策；還有嬰兒出生、產婦喪命等。

部分被置於教養院門外的棄嬰患有重症與殘疾，令人心疼，天鵬將他們送醫治療照護，並為其奔走請命，多次向社政單位建議，針對殘廢兒童成立完善專業的救助機構。

婦女問題比兒童還要複雜，院中統計數據顯示，家庭不睦、夫有外遇等婚姻糾紛佔百分之三十五，其次為受養父母傷害虐待，佔百分之二十五左右，妨害自由、干涉婚姻和逼良為娼，約有兩成，貧病無以為生者佔百分之十二至十四，其他佔百分之八。詳見表三。這些個案全都詳細記錄下來，做為日後研究參考資料。

喜獲新生　復興文化　漸入佳境

民國五十八年八月二十一日，天鵬三子呱呱墜地，親族中研究易理、號稱半仙的黃宗識研判其個性執著、狷急不能從俗，若能克制，前途自當無量。天鵬以《韓非子．觀行》：「昔西門豹佩韋以自緩，夫能以柔弱制剛強。」命名「韋」，乳名小龍，盼為「人中之龍」。

民國六十年一月十七日，天鵬喜得千金，觀其眉宇神態，有如離世多年的黃父毓才；翦水雙瞳，又覺得與佩文相去無幾，無意識地脫口而出：「你帶著累世的印記姍姍來遲，為父望穿秋水，等了一甲子。」繼而想起年少時萍飄蓬轉、含毫吮墨、飢寒交迫的日子，又想到長女佩玉擁有留美高學歷，卻遲遲未婚，各種矛盾想法交替出現，憶起《詩經．小雅．斯干》：「乃生女子，載寢之地。載衣之裼，載弄之瓦。無非無儀，唯酒食是議，無父母詒罹。」

天鵬喃喃自語：「可惜不弁而釵！誰憐詠絮才？不求繼承父志、光宗耀祖，只求心如止水、平安順遂，女孩的美滿來自姻緣，為父會為你安排婚事。」秀芝見狀，問道：「你在說什麼啊？」天鵬正色

表二、大同婦孺教養院棄嬰資料。

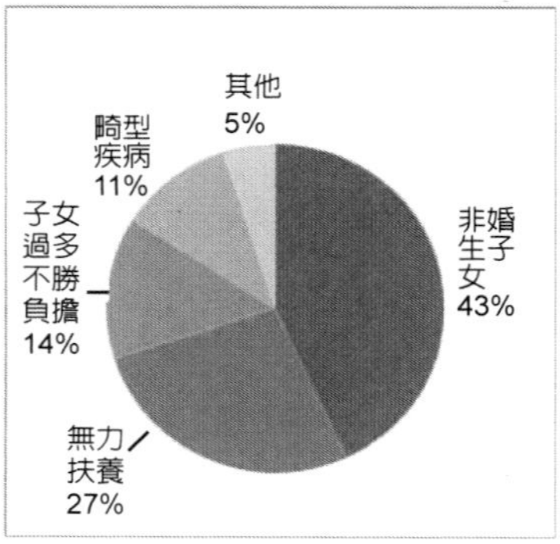

表三、婦女入院原因分析。

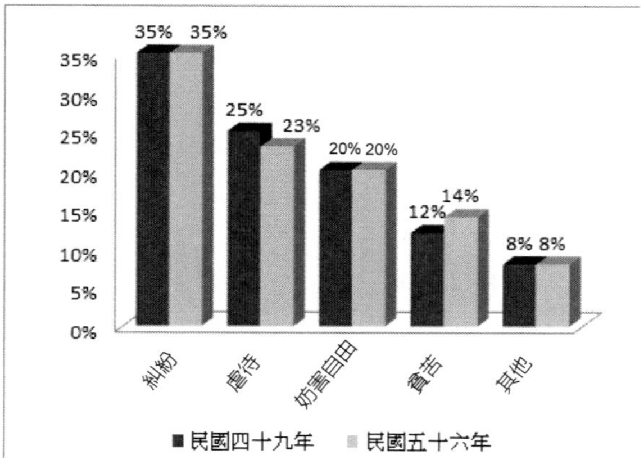

說：「在想女兒的名字，就延襲長女的『玉』字，取名為『珊』，從玉從冊，盼延續書家世家風範，嚴守本份，知書達禮，依《女戒》來教養，女子無才便是德。」

晚年再得二男一女，天鵬心滿意足，勤練太極四十二式，每週兩次請醫師至寓所檢查身體，維持強健體魄，以照顧妻小。民國六十一年六月二十六日天賜石麟，可以說是玄之又玄、意外之喜，么兒命名為「玄」，《老子》：「玄為眾妙之門」。《易經》：「天玄地黃，有天地，然後萬物生」。《太玄．玄告》：「天以不見為玄，地以不形為玄，人以心腹為玄」。佩玄天真瀾漫，笑容可掬，惹人愛憐，乳名小鯉，《陶弘景．本草》：「鯉最為魚中之主，形既可愛，又能神變，乃至飛越山湖，所以琴高乘之。」

黃家管教甚嚴，學識與品德兼重，以詩詞怡情養性，以史學明斷得失；奉行儒家教條「恭、寬、信、敏、惠」、「入則孝，出則悌，謹而信，泛愛眾，而親仁」；假日時，天鵬陪同至博物館，親自擔任導覽員，認真講解。孩子們放學後即刻回家，不得在外逗留。身教重於言教，舉例來說，親友描述，佩正一歲多時，在花園玩耍，拿起小石子四處丟擲，不慎砸到鄰居幼童，在院子乘涼的黃母莊世光以九十高齡，牽著孫子，登門道歉。

新年新願景

民國六十二年元旦，總統府前的升旗典禮開啟了嶄新的一年。迎著朝陽，踏著輕快的腳步，天鵬開心地與朋輩們分享新年願景。首先為推動一連串復興中華文化運動，各方反應熱烈，有震聾發聵之效，將持續舉行，並出版專冊。其次，大同婦孺教養院原有木造育幼室即將改建鋼筋水泥三層樓「兒童之家」，讓院童享有新穎舒適的住所，建築師事務所已將設計圖送來，準備在董事會討論後交由營造廠興建。院刊《大同教養》即將改版，更名為《婦女雜誌》，增加篇幅、擴充內容，將以婦女生活、家政育

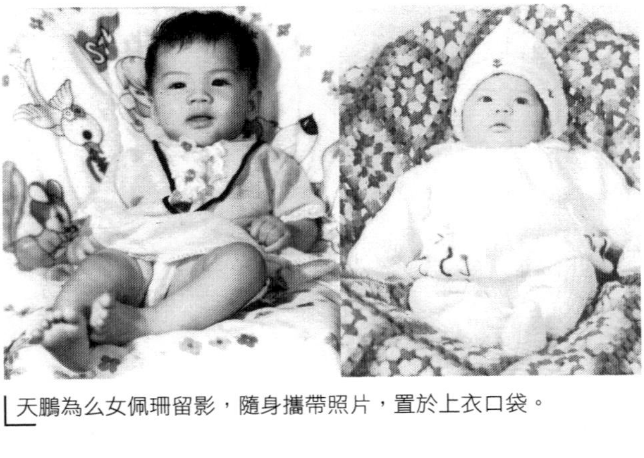

天鵬為么女佩珊留影，隨身攜帶照片，置於上衣口袋。

兒常識為主。

天鵬忘我地闡釋畢生奉為圭臬的準則：

《禮運大同篇》開端就是「天下為公」，這是孔子崇高的政治理念。國父常為人題此四字，可見他對此的崇信。全文僅一百零七字，包含了天下為公的政治理想、選賢與能的民主制度、講信修睦的國際政策、親其親子其子的倫理觀念、地盡利人盡力的經濟方略、社會均富康樂的大同世界，這是中華文化的精華，受古今中外人士所敬仰，對復興中華文化別具意義。

一月三十一日，紅十字會臺灣省分會婦女服務團主任蔡培火及委員張靜愚等一行，前來觀摩考察，與院童同歡，離去前讚譽大同婦孺教養院為臺灣最好的救濟教養設施之一，贈送白米五百斤。外界的肯定加上院中婦孺的歡笑聲，將天鵬的煩惱一掃而空，感到萬分踏實。

晴天霹靂　市府強行　徵收土地

哀樂相生、物盛而衰，一紙公文將天鵬沸騰的熱血與崇高的信念，轉瞬之間，降至冰點。

一個字又一個字小心翼翼地閱讀：「臺北市政府工務局北市工二字第一一三九四號函，政府為擴充公共設施，徵用龍安坡三四五地號，興建安東市場；同段三四六—四二地號，市府擬闢十五公尺及十一公尺寬道路；限文到兩週內自行拆除地上建物。」

翻出了地契，審慎核對。市府徵收之龍安坡三四五處為土地銀行所有，和大同訂有租約，一度奉准標售（土財總字第二一二六號）；同段三四六—四二為大同自行購置土地，所有權狀大安字第一八〇五三號。

楞了老半天，這是上蒼的考驗嗎？市府徵收土地僅東院大同樂園的八分之一，然而建築物怎麼可能依徵收比例只拆除一小部分？供兒童使用的教室、宿舍、附屬餐廳廚房等，局部破壞後，如何使用？

時間似乎靜止在這一刻，回憶起當初捨棄租賃而自行購地，就是希望教養院可以永遠流傳，後因應收容人數上升而增購與承租土地。春去秋來、寒暑易節，業務、經費兩難下，咬緊牙關、忙碌奔波，全力支撐，投入了所有的積蓄和心血，撐過二十三個寒冬酷暑，累積而成的救濟設施和基礎建設，如今都要毀於一旦了嗎？東院兩、三百位嬰幼兒、褓姆、教師與職員，要何去何從？

董事們得知消息，立即討論研究，追溯過去案例，詳加分析。根據臺北市政府民國六十年七月十三日，公告文號府工二字第三二九九五號，安東街市場保留地東側道路寬度原草案為十一公尺，為改善該處交通，擬將該路縮小為八公尺。龍安國校東向北側中正理工學院既成三層樓房一棟，突出原計劃草案六公尺計程車道路，為避免拆除該樓房，擬以該樓房側面為據，垂直建國南路，變更該道路位置。關於市民劉常瓊陳情，將安東街四〇六巷尾接連建國南路七十公尺道路部分拐彎處，改向南移約二公尺，可予參酌修正。

由此可知，在規劃期間可依各界需要以及交通狀況做最適宜的修正，董事建議主動向市府陳情。天鵬親自草擬公文，發函市府，說明大同婦孺教養院二十多年來，工作表現年年獲獎，並詢問興建安東市場所需土地面積、路段與確定日期？是否能有替代方案以避免此一慈善機構土崩瓦解？如需拆除，能否給予緩衝時間？市府建設局民國六十二年六月二十八日建六字第六八九九四〇號函：「市場興建工作，迅予推進中。」

第九屆董事會第三次會議在一週後、七月六日下午二時於大同西樓禮堂舉行，中廣董事長梁寒操、國大代表洪陸東、郵政總局局長何縱炎、臺北市議員蔣淦生、議員荊鳳崗、國民黨黨史會主委杜元載、董事劉賢甫、黃倫、汪竹一、鄒張徽儀、小珠和天鵬全數出席。

會議中，天鵬報告，民國六十二年上半年度工作，依原定規劃循序漸進實行，然而市府徵用東院為公共設施時間不確定，以致下半年度預定時程受到嚴重干擾。工務局和建設局派員會同測量多次，迄今沒有明確指示，院內工作迭受紛擾，幾陷停頓：

一、公文旅行，一片空言，畸零地難以規劃，留遷兩難，賠償戔戔，無助於另行購地。
二、木造院舍破漏傾斜，儲藏室上月大雨屋頂塌陷，若不修整，院民安全堪虞。
三、東院拆除在即，職工人心渙散，多謀他就，無法另聘督責。
四、院童徬徨不安，轉學、轉院或寄養，應與拆除時間配合，以免流轉離散，然而迄今仍未接獲市府回音。
五、積年建設，已具一定規模，為籌措資金，心力交瘁，今又受此打擊。為擁護政府政策，不計損失，擬申購公地，遷移市郊重建。郊外新址正查勘中，由遷建小組購建，推舉何縱炎為召集人。會中劉賢甫建議，士林洲美、景美興隆有地出售，似尚合用，請推董事勘查。一番討論之後，公推劉賢甫偕同李志春辦理購地事宜，地價由基金管理委員會撥款籌墊。

惜別晚會 離情依依

大同教婦孺教養院即將拆遷消息傳開後，臺大慈幼會的大學生在八月一日晚上七點齊聚西樓大禮堂，一場惜別晚會登場了，孩子們手牽著手，唱著他們在這裡學到的歌曲，一首又一首樂音飄揚，輝煌的燈光，照映著一張張稚嫩的小臉。接著，五十多位臺大同學，輪流上台表演，並為一百多個小朋友發點心、水果和倒飲料。

晚會中有一焦點人物——鄭雙，她在院中長大，嫁給空軍，家住安東街附近，時常帶著兩兒一女「回娘家」探望，並熱心幫忙照顧院童，晚會中她涕淚交零，一直說：「以後我要怎麼回娘家呢？」

燭光晚會尾聲時，關掉了禮堂的大燈，燃起一支支的小蠟燭，輕柔的驪歌響起，年長的小朋友難掩悲傷紅了眼圈，年幼的孩子似懂非懂靜默不語。燭光熄滅的剎那，大家哽咽互道珍重。

晚會十點結束，慈幼會同學悄悄將自己輔導課業的小朋友拉到一旁，叮囑他們搬家後要好好唸書，更要常寫信。孩子們細心地將大哥哥、大姊姊的通訊地址抄在小筆記本，認真和對方確認。

夜色深沈，晚風吹拂，孩子們一一揮手，看著大哥哥大姊姊離去，隱沒在安東街頭。

不捨院童流離

天鵬沈重的心情不亞於孩子們。由購地、興建、採買家具設備、逐年擴充、裝潢整修，拆除卻只須片刻。怪手一揮一擊，屋頂琉璃瓦碎落一地，牆壁門窗損毀爆裂，轟隆轟隆的聲響像是鳴鼓般，每一聲都重擊在心坎，成了無法拼湊還原的碎石。看著一地的殘破，天鵬轉過身去，淚水奪眶而出，二十三年來，成千上萬名婦女孩童的歡聲笑語，竟抵不上逞一時之快的威權決策。

度過了肝腸寸斷的父親節，天鵬在八月十一日發函通知市府相關單位，被徵收土地上所建兒童課室、宿舍、餐廳等，已拆除完畢，聯絡處暫設大同西樓。

現有一百二十四名孤兒分批轉入兒童福利中心、廣慈、仁愛、聖道、伯大尼各育幼院，天鵬規劃，遷建工作完成，再接回這些小天使。協調轉院過程，部分院童暫住大同西樓宿舍。日托上百名院童，由家屬轉院或轉校。

東院所有設施，教學用具、鐵床、家具、棉被、舊衣等，分贈聖道育幼院、仁愛救濟院、大安、大同、新店民眾服務站以及安東派出所，並列冊存查。

在遷建未完成前，天鵬決定擴充大同教養基金會，以基金孳息，繼續推動社會工作，以社會福祉、學藝獎勵、撫慰孤寒、援助無告為中心工作，對外簡稱大同教養基金會。

政治牽連　大同原址　荒廢七年

天鵬將全副心思放在重建大同婦孺教養院，緊盯申購閒置土地進度。匪夷所思的是，公文往返毫無進展；一再函請國有財產局，回應卻是尚無適宜地基；親自前往登記洽商，卻有各種理由，百般拖延。

董事會成員大多位居要津，與政府高層關係密切，私下打探結果，猜測可能為政治牽連，處在戒嚴時期，一舉一動皆受控管。

天鵬是大同婦孺教養院「實際運作」的董事長，但各項活動皆請「名義」董事長梁寒操出面，最近一、兩年，天鵬為推行復興中華文化運動，邀請孫科、鄭彥棻、梁寒操等多人主講《禮運大同篇》，孫科在演講中指出：「《民生主義》是馬克斯『共產主義』和陳舊的『資本主義』之『中』，『中』就是不偏不倚的『中庸之道』。」

梁寒操身為黨國大老，引用孫文的話加以衍生：「總理在《民生主義》一開頭就強調，民生主義是社會主義，又名共產主義；共產主義是民生主義的理想，民生主義是共產主義的實行；所以兩種主義沒有什麼

對天鵬（左）而言，梁寒操（右）亦師亦友。

分別……對於共產主義，不但不能說是和民生主義相衝突，並且是一個好朋友，主張民生主義的人，應該要細心去研究……國民黨員既贊成了三民主義，便不應該反對共產主義。

現代社會，一個人能巧取豪奪，走私分贓，多積點孽錢，而成為富人；能譁眾取寵，欺世盜名就受到無恥文人吹、拍、捧，而成為名流，彼此恬不知恥，認為理所當然，此為無恥的社會心理。有些人說政治問題只能講形勢現實利害，對人的動機不要過問，孔孟主張，先修己才能安人，公道即王道，以理服人，霸道以力服人，不能使人心服。」

這段時間，蔣中正健康惡化，民國六十一年三月因前列腺肥大在臺北榮民總醫院施行手術，七月二十二日因感冒引發肺炎，公開活動逐漸減少，黨內新派系興起，部分大老批判梁寒操所言荒謬至極，顛覆國民黨統治基礎，也威脅蔣中正地位，應送紀律委員會予以懲戒。

人事已非 病魔侵擾

民國六十二年九月十三日，中國憲法學會名譽理事長孫科病逝。民國六十三年四月，張知本以九十五歲高齡辭去理事長一職，第九屆常務理事會五月召開，推選總統府秘書長鄭彥棻繼任。同年八月二十四日會員大會在臺北司法官訓練所大禮堂舉行，由天鵬主持。嚴家淦致詞表示，中國憲法學會為憲政樹立規模、為民主恢宏體制，已具重大時代意義，今由鄭彥棻接任，務求加強守法精神，樹立責任觀念。鄭彥棻建議組財務委員會，聘陸潤康為主委，募資二百萬元，以孳息供各項學術活動，開展新業務。

相較於學會的新氣象，教養院卻是另一番光景。東院大同樂園已成斷井頹垣，觸目傷心；西院大同西樓人去樓空、冷冷清清。傍晚天鵬在海天小築整理花草，風清月朗，星光點點，憶起黃仲則詩：「似此星辰非昨夜，為誰風露立中宵。」

中國憲法學會民國六十三年大會，嚴家淦（右）向天鵬（右二）握手致意，左為張知本。

為什麼滿懷民胞物與、厚德載物、濟世救貧、世界大同的心願，竟然會風吹雲散，化為泡影？半生心血，付諸流水，百思不解，難以成眠，病魔尋隙而來，斷斷續續出現血尿。想起母親所言「縱觀乾坤、逆來順受」，決定將大同樂園、大同西樓及住家海天小築捐贈給政府。

民國六十三年四月，天鵬遷至新店中央新村六街七十三號天廬，以北京梁新會為題南海撰聯：「天地皆春色，乾坤一草廬」懸於廳堂。梁寒操贈一聯：「禮門義路心常泰，智水仁山趣自高」，天鵬將梁寒操過去所贈對聯一同懸於書房：「文章西漢兩司馬，經濟南陽一臥龍。跋：天鵬志兄，少以政論馳譽海內，為文深得史筆之傳。勝利還都從政，數典機要，膺勝利章。及當選國民大會代表，歷任主席團主席，參與謨議，嚮慕諸葛之高風。此聯正其寫照。」

六月八日，晴朗的早晨，天鵬於十一時至總統府赴鄭彥棻之約，兩人府內獨談，商議中國憲法學會年度方針。會後返家，突感身體不適，急赴耕莘醫院就診，九日轉至榮民總醫院，腹內舊傷口血流不止，午後移入手術室開刀，半身麻醉，術後身體虛弱，每夜三時總從夢中驚醒，輾轉反側，至天亮又睡。

十三日，在病房中，天鵬藉丘逢甲〈王姑庵絕句〉，道出如鯁在喉的心情：「禪房春冷佛燈微，玉葉金枝事已非。夜半聞鵑停梵誦，淚花紅濺水田衣。」夜涼如水，潮州故鄉浮上心頭，筆尖走過處，留下了曼殊上人的〈春雨〉：「春雨樓頭尺八簫，何時歸看浙江潮。芒鞋破缽無人識，踏過櫻花第幾橋。」

病榻中，天鵬語重心長地對秀芝說：「萬一你生病離開，我會妥善照顧好孩子；萬一我先走，你要和我一樣，撫育孩兒長大成人，玉琢成器，薪盡火傳，我在天上一定會保佑你們。」秀芝雙手摀住耳朵，重覆說：「我不聽、我不聽！那有人一直講不吉利的話！」

天鵬撫摸著孩子們的頭，說：「百善孝為先，孝為德之本、天之經、地之義、人之行，

秀芝與天鵬結褵後，衣著打扮皆由天鵬建議安排，由樸拙轉為高雅。

爸爸若不在家，你們一定要孝順媽媽。還有，不要忘記，我們來自廣東潮州，是江夏黃家的孩子，爸爸一定會帶你們回家，給祖宗看看，向爺爺上香報平安……」

放舟江湖 人海沈浮 心願未了

爆竹一聲除舊歲，民國六十五年一月底農曆年初一，天鵬與妻兒互道恭喜新年、萬事如意，早餐過後，一如往常，至市區龍泉街拜會四院院長及鄭彥棻等首長，官場文化，攀龍趨鳳，不免想起唐杜審言〈守歲侍宴應制〉：「季冬除夜接新年，帝子王孫捧御筵。宮闕星河低拂樹，殿廷燈燭上薰天。」

下午在中央新村拜年，作家劉心皇告知，在上海時，最愛閱讀《時事新報》天鵬主編的要聞版及兼編之《青光》，久仰天廬文名。這句話正合心意，痛快之至，當晚得意洋洋地記下劉心皇所言。

元宵節隔日即為黃母百年冥壽，故鄉每逢元宵，新娘放花燈、至祠堂拜祖，幼兒、青少年看新娘，鄰里同樂，以八字和六爻卜卦流年，為初一至十五最快樂的時光。

清明節時，天鵬與家人至陽明山第一公墓掃墓。在潮州，每逢清明皆隨父母至數十里外，祭拜祖墓，在墓前野餐，享用麵線、豆干等。繼而憶起，虛歲十五歲七夕，父母煞有介事地舉行「出花園」禮儀，穿上紅色新衣，家人共享十二道佳餚，吃下雞頭、猪肚和猪腸，表示「出人頭地」、「換腸肚」，可以走出花園，頂門立戶了。如今樹欲靜而風不寧，子欲養而親不在，空留回憶，痛心切骨。返回臺北時，至善導寺誦經。返家後，攤開日記，腦海中盡是年少往事，筆墨為僅有的知己。

二月八日，星期日，晴，今日休沐，整理文卷，見四十初度自壽詩云，其一：

人海浮沉四十春，思維親恩在今辰，風寧每悲失怙痛，冷官徒累母倚頻。

效忠國事囑在耳，半生無成愧傳薪，饒歌高唱順流下，奉母小隱韓江滑。

歲月不居，忽已三十載，老母見背，奉隱成幻，正樹欲靜而風不寧矣。

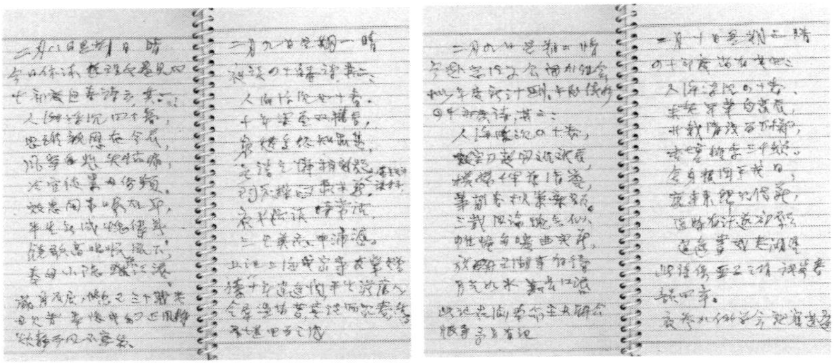

民國六十五年，天鵬回憶往事，寫下四十自壽詩。

二月九日，星期一，晴，夜讀四十自壽詩，其二：

人海浮沉四十春，十年梁孟雙棲辰，窮愁多怒知罪甚，無端乞憐相慰頻。
書生無計謀升平，門戶操臼賴米薪，夜半陪讀時常話，三生莫忘申浦濱。

上記上海成家事，友輩贈詩「十年逍遙閣，半生澹蕩人」。

今羣溫舊夢，喜讀兩家春，有往事不堪回首之感。

二月十日，星期二，晴，今赴憲法學會，開小組會，擬年度新計劃，午後續抄四十初度詩，其三：

人海浮沉四十春，寶刀報國艱難辰，橫掃千軍博清譽，筆削春秋策案頻。
三載國論愧無似，帷幄每嗤曲突新，放舟五湖事有待，月光如水嘉陵濱。

此記在渝奉命主辦聯合版事，予另有記。

二月十一日，星期三，晴，四十初度詩有其四：

人海浮沉四十春，未老年華自豪辰，廿載清議百万擲，杏壇桃李三千頻。
捨身報國平戎日，鹿車東歸見傳薪，匡時有計遂初願，逍遙書城老湖濱。

此詩係亞子之請，試寫春韻四章。夜參加佛學會，就寢甚遲。

愛的延續

四月一個沒有陽光也沒有雨的尋常日，天鵬上午在中山堂開會，中午回到家中，得知么女出了車禍，已在新店耕莘醫院診治，急忙前往探視。小珊安詳的躺在病床上，醫生告知，從早上十點多送來後仍昏迷未醒，天鵬難過地坐在床邊，兩手緊緊包覆著小珊的手掌，低聲說：「小珊，醒醒，醒醒，爸爸來了。」等了一會兒，小珊仍緊閉著雙眼，天鵬的淚珠滾了下來。

秀芝說，早上想帶孩子們去故宮博物院，出了家門，愈走愈感到料峭春寒，心想趕緊回家取出保暖衣物，便吩咐孩子們站在原地等候。沒想到再度回到現場時，小珊已經吐了一地，昏倒在馬路上，坐在「守望相助」崗亭裡的人員正在和肇事的司機談話。

站崗人員說：孩子們在巷口等了又等，哥哥弟弟打打鬧鬧，小女孩安安靜靜地蹲了下來，在轉角柏油路面上玩起細碎沙石。這一帶少有車輛，怎料會有這麼大的卡車行經此處？車撞到人後，我趕緊出來，攔住大卡車。

小珊先是站在轉角，巷子空空蕩蕩，只有哥哥弟弟的嘻笑聲迴盪在街道與天空之間，時間走得太慢，心思飛舞太快，等得百般無聊，便蹲了下來，親近路面時，發現沙石可成筆管，路面為紙張，因此，撿起了碎石，開始作畫。幾次抬頭上望，一切恆常，兄弟笑鬧依舊，街道仍是原樣，便繼續低頭創作，沒想到再一抬頭，一藍色貨車已迎面撞上……恢復意識時已被拖行至另一轉角，將早餐後吃下的香蕉吐出後，便又失去了知覺。

模糊中聽見母親與哥哥弟弟的對話聲，小珊將雙眼閉得更緊，想像身處在平靜毫無波瀾的世界。不知過了多久，突然眼前一片漆黑，想睜開眼睛卻什麼也看不到，不到一秒，眼前又是全然的光亮，一片無瑕白淨，雖是白天卻什麼也沒有，黑與白不斷交替，一種想法突然浮現，每一次的黑或白，是人間的數十萬年，幾次更迭，周而復始，人間已過千年。

純粹的靜謐，靜到全無心思與意念，成了宇宙穹蒼的一部分，感受到存在，卻沒有記憶，也無悲喜，更無連結，只剩空無。許久許久，掌心傳來溫熱的氣息與跳動的脈搏，耳邊傳來呼喚聲：「醒醒、醒醒。」小珊毫無想法，任憑光陰的巨輪往前推進，凌駕時空，飄向無窮。突然間，胸口感受到溫熱的水珠，一滴又一滴，接著是一串，時間踩了剎車，耳邊傳來一字一句，緩慢而哀慟的語調：「你是我愛的延續，才剛開始，怎能結束？」小珊想了想，靜默一會兒，沈厚的嗓音有著超出言語的溫柔意涵，小珊緩緩地睜開眼睛，看見一位垂暮之年男子，心急如焚地等待與盼望。

小珊不解地望著天鵬，天鵬破涕為笑，一手抹去淚水，一手握著小珊的手，說：「沒事就好，沒事就好！」天鵬抽身前往買了一包森永牛奶糖和幾包零食，帶到病房，坐在床邊，打開包

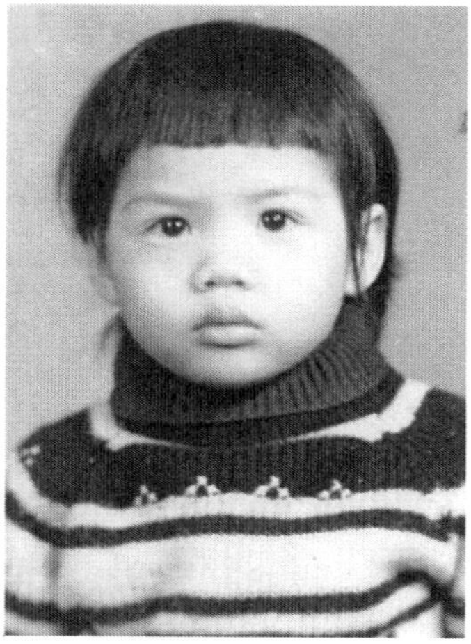

天鵬么女小珊三歲時留影。

裝，拿了幾顆牛奶糖給小珊，男孩們見狀，爭先恐後的搶食。這本是生死存亡的醫院，有了孩子，就成了嘻笑怒罵的遊樂場。

醫生檢查，小珊沒有明顯外傷，也沒有腦震盪，觀察一天後出院。天鵬囑咐秀芝：「平安就好，以後要好好照顧孩子。」對於肇事司機，天鵬表示：「誰都不願意發生災禍，只盼未來開車時仔細留意路況。」未追究責任。

重建大同教養院　曲折離奇

民國六十五年五月二十一日，大同婦孺教養院第十一屆董事會在臺北市衡陽路四十六號舉行，參與者有立委汪竹一、國民黨國民大會黨部書記長何宜武、臺北市議長張祥傳等人，會中遷建小組成員一一陳述遭遇之阻撓。天鵬嘆道：

> 政府為擴充公共設施，徵用東院，二十多年慘澹經營，毀於一旦，坐令荒廢毀棄，百餘孤幼流轉離散，請准申購公地經年無著，困擾不堪，空對政府辦理甲等獎狀！

天鵬決定覓得適當院址前，設「臺北市私立大同教養院慈善基金管理委員會」，擴大一般社會救助、頒發孤幼清寒獎學金等，基金由常務董事何宜武存於世華銀行，並承租五福大廈做為辦公室，地址為北市羅斯福路三段三三三巷十號一樓，名義董事長由汪竹一擔任。

同年十二月十七日，第十一屆常務董事會在衡陽路四十六號舉行，這次遷建小組按捺不住怒火，痛批市府民國六十二年徵用土地，限文到兩週內自動拆除，而今一擱數載，坐視院童流離失所，院址荒廢，准購公地，徒托空言。

民國六十六年六月二十九日董事會中，董事報告，政府謀劃興建安東市場「未有任何動靜」，大同婦孺教養院拆除後「原址仍舊荒廢」，欲購合適的郊外土地卻一再受阻。

重建大同，望眼欲穿；洽談結果，一變再變；任憑再怎樣精力旺盛最後總是落得精疲力竭。會中天鵬決定將大同婦孺教養院名稱改為「私立大同教育基金會」，以符合實質。返回寓所，疲累不堪，再度出現血尿。

獲金鼎獎　年高德劭　瓊章祝壽

民國六十六年行政院新聞局評選《憲政時代》為優良出版品，頒發金鼎獎一座，天鵬親自出席頒獎典禮，接到獎座那一剎那，熱淚盈眶。回顧年少時，以長劍一杯酒、孤蓬萬里征的豪情壯志，北上求學，帶著初出茅廬的青澀與初生之犢的無畏，創辦《新聞學刊》，未料受到軍閥查禁與追補，四處飄泊，歷經戰火洗禮，多次死裡逃生，當年的毛頭小子已經脫胎換骨，成為成熟穩重、志在千里的書生。這本自己主導、不受財團支配與政治干擾的刊物，終獲肯定，為一生懷鉛握槧中，最值得紀念的一刻。

提案加強憲政教育、整修國史

國民大會第六次大會民國六十七年二月十九日在陽明山中山樓集會，天鵬再度被推選為主席團主席，此次會議為蔣中正民國六十四年四月病逝後首度集會，主要任務為選舉第六屆總統副總統，由蔣經國和謝東閔當選，天鵬以主席團主席身份向兩人道賀，期許落實憲政，實施廉能政治。

大會中天鵬提案：

第二九一號：「請政府加強各級學校憲法教育，普及憲法知識，弘揚民主憲政。」此案決議送請政府切實辦理。

第三六三號：「加強國史整修，擴充編制經費，鞏固文化建設基礎，以弘揚中華文化。」決議送政府研究辦理。

第三一四號：「請增加海外中央民意代表名額，擴大海外僑胞民意

天鵬（前排右二）參與金鼎獎頒獎典禮。

天鵬（左）投票選舉總統。

天鵬（右）向總統當選人蔣經國（中）道賀。

天鵬（左）與副總統謝東閔（中）夫婦合影。

基礎，加強海內外團結。」決議咨請總統令有關機關切實研究辦理。

七秩壽言　瓊章志慶　麗句增華

民國六十七年三月二十五日、農曆乙亥年二月十七日，天鵬六十九足歲，粵俗逢九祝十，親朋故舊集思舉行七十大壽慶生會，天鵬加以婉拒，將節約祝壽筵席費用，移作獎助學金，首創優良憲法著作選拔，舉行憲法徵文、頒發大專學生獎學金，獎勵學術研究。

國大代表李徵慶在《自立晚報》登載賀詞：

菊秋七十逢雙慶，節約堅持不舉觴。議席頻年聞讜論，忠貞報國壽而康。

中國憲法學會、華僑協會總會、中國社會教育社、中華民國新聞編輯人協會、國民大會代表廣東聯誼會、中華婦女工藝協會、中國出版社台灣分社、國立復旦大學同學會、黃氏宗親總會等，共同發起天鵬和小珠七秩雙慶徵詩文啟：

稚川丹鼎，夫婦八千春秋；伯翳家風，門庭四時瑞靄。凡我故舊交遊，允宜祝嘏，第謙辭稱觴，遂易頌掞藻，製句為聯，禱海屋之添算；賦詩成什，頌雙星之永明。所冀詞壇碩彥，藝苑文人，寫瓊章而志慶，惠麗句以增華，庶九如之什，不專美於前也。

附啟：遵奉政府節約之旨，除祝壽箋外，壽幛花籃禮品一概敬辭。

總計接獲三百八十二人的祝賀壽軸、題箋或詩畫，集結成《普寧黃氏七秩壽言》，張鏡影為之題序：

故舊戚友，群議稱觴祝嘏，堅以時際非常，應行節約辭謝，僅允門人為纂其近作《天廬論叢》及徵集詩文書畫，以為紀念。然祝鯁不可無詞，嘉會詎能苟簡，況爾熾爾昌，詩歌天保；多福多壽，頌祝華封。既云慶其嵩降，自難省其頌言也。

張佛千率先撰聯：

予與天鵬相識逾四十年，不可無介壽之作——

小西双棲，驪珠璀璨。天聲遠振，大鵬逍遙。

壽言集錦，題箋節錄如下：

薛岳：極婺齊輝。

李元簇：同膺福祿。

倪文亞：齊德延禧。
何縱炎：鴻案齊眉。
謝東閔：松柏同春。
程滄波：椿萱並茂。
蔣彥士：載福延年。
秦孝儀：雙星永曜。
翁岳生：碩德稀年。
孫運璿：陰陽合德，唯仁者壽。
嚴家淦壽軸：天鵬代表夫人七豑雙慶——壽。
成惕軒：天際雙星輝極婺，人間百歲傲劉樊。
余建中：喜見人生始七十，欣聞桃李已三千。
潮聲國樂社社長黃宗識暨全體同仁敬賀：福壽雙輝。
包天放：山川鍾秀，雅操宏文，雙輝弧悦，壽媲莊椿。
何應欽：黨國匡濟，筆舌聲聞，齊賢偕老，純嘏逢辰。
黃國書：功多負望，丹訣頤年，白頭偕老，人中之仙。
杭立武：黨國俊賢，議壇雙英，極媊並耀，仙耦遐齡。
徐晴嵐：九如晉頌，鶴鬚鳩筇，中興翊贊，極婺星瑩。
林清江：極婺輝耀，策府銘勳，臺萊晉頌，壽國壽人。
陳立夫：桓鮑並耦，議席蜚聲，同心一德，比翼遐齡。
黃少谷：瞻其祥光，雙星永燦，涵其盛法，百福長綿。
張壽賢：鶴壽天長，鳳苞鵬運，兕觥小酌，壁合珠聯。
連震東：和諧白首，著作等身；芝蘭競秀，天地同春。
戴愧生：雙懸弧帨日，桃李滿園壽，壇坫蜚聲久，朋儕罕等倫。

謝鴻軒：天爵具修，小康盛世從心欲。鵬程高步，珠履滿堂慶古稀。

程翠英、文經華：極婺齊輝頌，雙星於永瑞，康寧叶吉祝，海屋之添籌。

陶百川：福如東海不夠大，要如太平洋；壽比南山不夠高，要如希瑪拉雅山。

國民大會代表廣東聯誼會鏡屏：勳隆議席，望重鄉邦，極婺聯輝，福壽康強。

葉公超：議席雙輝，並重書梁寒操撰聯「文章西漢兩司馬，經濟南陽一卧龍」。

楚崧秋：星輝南極彩雲馳，合是群仙獻瑞時，弧帨雙懸光吉第，廣收吟咏祝期頤。

王甲乙：鵬翼驪珠竝軼塵，鴻文讜論贊經綸，匡時梁孟真名世，鶴算添同歲月新。

張祥傳：人生今日欣開始，議政匡時著績多，椿茂萱榮人壽國，收京同唱凱旋歌。

張豐緒：干城筆陣揚聲久，樹木宮墻作育頻，極婺齊輝蘭桂秀，詩歌晉頌海天春。

汪道淵：摶風勁羽早凌雲，照海明珠未讓君，福慧雙修天下羨，消遙孤帨動星文。

曾霽虹：不櫛有才兼有德，無雙惟孝亦惟忠，鴻眉豈效于飛樂，匡濟同標在莒功。

錢思亮：雙照蓬壺鸞鶴姿，議壇健將杏壇師，梅花柏裏雲箋下，敬為鴻光壽一詩。

任卓宣、尉素秋：垂天鵬翼向南溟，健筆能當十萬兵，堪羨驪珠联璧玉，年年極婺粲雙星。

王富國、洪素梅：與德為鄰敢自驕，鵬飛珠貴善從遙，鹿鶴齊鳴歌壽績，黃裳元吉典坤朝。

何宜武：名門世胄，哲士淑人，倡隨無間，莊敬如賓，蓋籌讜論，清德宏仁，康強逢吉，眉壽天純。

邱創煥：黨國俊彥，學養湛深，議壇獻替，弘揚憲政，鹿車共挽，梁孟齊榮，籌添鶴算，松柏長春。

葉祖灝：黃絹幼婦春秋筆，天錫純嘏鵬摶鶴舞岡陵頌；
　　盧前王後學案事，小心求證珠聯壁合鶼鰈行。

張九如、王德箴：動猷丕煥，讜論輝煌，聲華并擅，吐曜含章，
　　齊眉合德，蔚為國光，木公金母，永此芬芳。

泰國祝壽團江夏龍馬組：秀毓韓江，世有賢英，眾望所歸，
　　議席聯膺，稀齡雙慶，瑞集德門，泰僑同祝，福壽康寧。

張彝鼎：粵海多名士，君家伉儷賢，忠貞酬黨國，極婺耀霜天，

濟世文章富，匡時憲政研，桂蘭看競秀，菊酒壽稀年。

阮毅成：革命同心侶，逍遙自得天，囏難思夙昔，福壽兆聯綿，
讜論揚中外，雙修樂歲年，韓江風物好，八秩再開筵。

劉季洪：昔慕神僊眷，今傳海屋籌，訏謨司儻議，德慧共清修，
退食頻呼鶴，偕遊不杖鳩，舉觴冬釀美，蘭玉繞庭周。

趙執中：爭羨逍遙閣，鸞儔德業優，春秋逢七秩，福慧證雙脩，
鵬翮垂雲展，珠光映月流，蘭陔看舞綵，一笑醉千甌。

戴炎輝：南國毓耆賢，投難志益堅，讜論校時弊，貽謀世澤綿，
懿德媲梁孟，高風齊艷桓，極婺雙星曜，蹌躋祝彭年。

馬星野：大筆千軍掃，天廬七十齡，無冠稱帝子，有淚泣新亭。
琴瑟情長好，文章玉有聲，欲持一觴酒，人月祝雙清。

劉泗英：百粵振多士，淹通百國書，古今成大治，天地即吾廬。
有酒同斟酌，無花媲麗都，雙懸弧與帨，投轄滿蓬壺。

徐有序：弧帨燦嘉辰，萊衣起鳳麟，高風彰帷幄，讜論見經綸，
桃李千章蔚，縹緗萬帙新，劉樊稱儷德，醽醁介長春。

鄧傳楷：儷德光鴻案，相輝耀極媊，嘉謀攄前席，載道著名篇，
碩學培多士，同心錫大年，台萊賡吉頌，彩舞慶聯翩。

高越天：海東媊極燦珠光，鵬翼垂天侶鳳凰，能以德行創功業，
還將才略寫文章。秉圭日射黃金榜，舞綵祥凝白玉堂，
我晉一觴歌小雅，齊眉歲歲樂康強。

閻奉璋：門庭耀彩喜洋洋，弧帨雙懸互映光，桃李增輝叨雨露，
桂蘭競秀溢芬芳。議壇騰譽滋欽仰，海屋添籌卜熾昌，
會旦草堂欣祝嘏，期頤更晉九霞觴。

錢劍秋：極婺雙輝映少微，齊眉壽算古來稀，滿園桃李連枝秀，
　萬里鵬鴻比翼飛，欲問名山述撰富，更看勳業事功巍，
　從心想見文公樂，結伴常由洛社歸。
易勁秋：極婺齊輝江夏堂，懸弧設帨慶無疆，早年落筆開高論，
　晚節匡時法自強，教育英才君子樂，訏謨議席老成康，
　時賢並有華封祝，多壽多男福報長。
祝秀俠：松筠勁節古稀年，極婺齊輝照碧天，錦瑟瑤琹恒叶韵，
　砌蘭庭桂正爭妍，辛勤報業多勛績，受元戎召見虔，
　此日稱觴同祝嘏，岡陵献頌九如篇。
張鏡影：雙輝婺極，美景良辰，生就神仙伴侶，議壇伉儷建殊勳，
　喜梁孟年華並爾。滿門桃李，霞觴細斟，珠履三千共舉，
　階前蘭桂競芬芳，看萊舞聞樂起，調寄鵲橋仙。
陳紀瀅：嶺南一學者，滬瀆聞名遠，文章以報國，無冕兼議壇，
　夫人女中傑，懿德堪媲前，幼吾人之幼，培苗三十年，
　今逢古稀壽，望之若青年，我雖忝數同，愧無二老賢。
孔德成國畫——松菊，松菊長壽。
吳望級國畫——梅花，梅開獻瑞。
劉長寧、呂潤璧國畫——松石並壽。
馬壽華國畫——竹，虛心勁節，歲寒彌堅。
謝太青國畫一——松鶴遐齡；國畫二——梅竹；
　一竿寫祝南山壽，喜見紅梅正盛開，策馬江陵春復在，中興共接自由來。
郭澄壽屏：望重嶺表仰元龍，襟抱恢宏意氣雄，東渡求知深造詣，南天荷寵勵忠貞，
　文章報國千秋業，讜論匡時百代宗，鴻案齊眉欣介壽，稀齡純嘏樂融融。

鄭彥棻壽聯：學邃才高佐策，邦家宏憲治；菊妍松勁如賓，梁孟羡眉齊。

谷正綱鏡屏：藎懷雅抱，議程勛華早，文化宣勤欽建樹，雋譽清議遠布，
菊萸祥展芳妍，極婺炯耀南天，此日蓬瀛祝嘏，康寧納慶年年。

袁守成壽屏：千頃汪汪熟與儔，家風遠紹重南州，尚聞露布傳行陣，早有文光射斗牛，
眼裏鴛鴦仍健飯，坐中兒女共輕謳，從今海鶴年年到，為報康強抵嶺頭。

天鵬閱讀詩稿，心花怒放，自得其樂。七十高壽當天中午家宴時，親友黃勃雲、黃文龍、黃雅華等遠從各地前來，席開三桌。當晚鄭彥棻、何宜武、余俊賢、錢劍秋等上百人以國民大會第六次會議順利閉幕為由，邀天鵬齊聚館前路中國大飯店八樓，舉杯共祝國運昌隆、天鵬福壽無疆。

堂叔子明虛歲六十大壽，緊接而至，天鵬偕妻兒飛往曼谷祝賀。壽宴設在子明宅邸，親友歡喜相逢，以潮州話暢談近況，天鵬與子明兩人互賀彼此分別邁入耳順及隨心所欲之年，盡歡而散。為方便與旅泰親友及僑界人士會晤，天鵬旅居東方酒店。

同年仲夏，天鵬在珍藏典籍中，發現萬歷卅八年已未《普寧縣志略》，為普寧縣令阮以臨偕教諭黃秉中等纂輯，為海內外僅存手抄本，志雖曰略，但遠稽近考，臚列成書，兒時嬉遊之地一一入眼，三歲曾避亂明心堂庵，八歲就讀三都書院，記憶猶新，選定黃父毓才百齡誕辰日廣為印行，邀請前普寧縣長方國柱題序，政大教授楊向時撰〈黃公毓才百齡誕辰序〉。

烈士暮年　壯心不已　自強不息

人生七十古來稀，追憶十五歲離家，忽忽已近一甲子，今日播遷海隅，何時能歸？刻苦奮鬥，為的又是什麼？當下決意化悲痛為力量，一是大同心願，二是著述立論。

民國六十七年八月二十三日大同教育基金會在立法院第二會議室開會，出席董事有汪竹一、王星舟、何宜武、張祜等人，會中公布工作計劃：一、擴充獎助學金，以育幼院兒童和自強戶子弟優先；二、弘揚大同精

神，與《憲政時代》、《憲政論壇》、《社會建設》、《社會安全》、《中國婦女》、《家庭教育》等雜誌社，舉辦徵文比賽；三、與中國社會安全協進會、中國家庭教育協進會等，分別舉行座談及慰問輔導活動，擴大老老幼幼之義。四、成立「大同社會研究學會」，推行天下為公、以進大同之理想。

董事一致通過天鵬提議，頒發獎助學金給予大同婦孺教養院轉院學童及清寒學生；進行學術徵稿，主題為《禮運大同篇》，分三項子題：〈天下為公〉、〈有教無類〉及〈安和樂利〉；另，補助《憲政時代》及中國社會福利事業協進會會刊《社會建設》。

民國六十八年元月二十四日基金會業務會報在五福大廈辦公室舉行，決議設「黃天鵬新聞獎學金」，由中國婦女社代辦，以〈婦女與新聞事業〉為題，獎勵創作。七月，天鵬在中山堂復興室舉行大同教育基金會年度會議，出席者有汪竹一、何宜武、王星舟、周文璣等人，討論工作目標及預算表，決定與中國社會教育社，就〈世界大同〉主題廣徵文稿，並在《中央日報》刊載此一消息。會議尾聲時，大同婦孺教養院遷建小組心灰意冷指出，徵用作為安東市場的土地至今仍為殘垣斷瓦[11]。

天鵬在海天小築前留影。

天鵬將大同婦孺教養院原址荒廢一事，拋諸腦後，將心力放在親自校對《天廬論叢》初稿、整理「逍遙閣藏書」、舉辦憲政優良著作選拔、撰寫〈九一八事變導火線——吉林萬寶山案〉、〈由中央訓練團到憲法學會〉等文章。夜吟陸游詩：「六十餘年妄學詩，功夫深處獨心知。夜來一笑寒燈下，始是金丹換骨時。」

信手拈來，意到筆隨，該是著手出版回憶錄的時候了！「但肯尋詩便有詩，靈犀一點是吾師。」如今只需串起所經

11 安東市場在天鵬過逝一年後、民國七十二年才建造完工，土地面積達六百七十四坪，樓板面積僅三百七十一坪。根據民國一百零八年臺北市政府市集資訊網站介紹，「因社會環境與家庭消費型態轉變，安東市場盛景不再，二樓百貨商場曾僅剩十餘名攤商營業，一樓經營環境也令人望之卻步……」

歷之事及所撰寫之文，便是一部橫跨民國時期的悲壯史詩，也是一生寫照。由於頻年戰亂，文獻散佚，為求詳盡，天鵬向故舊好友徵詢是否收藏自祖國攜來之書報文章，談起自己抗戰勝利後曾在上海震大圖書館找到《新聞學刊》一至八期，其中一篇〈黃帝狩申起居註〉正是自己任職上海《申報》的速寫；中晨各報特稿：〈津門迎謁　中山先生〉、〈青芝老人閒話桑蔴〉、〈水木清華梁新會〉、〈黃膺白見危受命〉、〈妙高臺訪不匱室主〉、〈海老談國會軼事〉、〈八方風雨煮酒論英雄〉等，皆為天鵬專訪之作。文壇好友熱心地在《中央日報》與《中國婦女週刊》刊出預購消息：「《從新聞記者到國大代表——黃天鵬自傳》，下半卷已完成，上半卷記者足跡遍及大江南北及邊疆海外，查集資料費時，正續撰中，擬由中國出版社發行。」

民國七十年農曆正月初一，照例拜訪四院院長及親友，適逢鄭彥棻八秩華誕，天鵬帶著洋酒前來祝壽，昔日重慶浮屠關中央訓練團的故舊不約而同到訪，同嘆時光飛逝，也慶大夥仍精神矍鑠，共聚一堂。

天鵬催生的中國憲法學會將慶三十週年，五月二十日在臺北市中山堂光復廳舉行「憲政學術座談會」，主題為憲政成果與檢討，獲得媒體大幅關注。到場會員有戴炎輝、何宜武、余俊賢等一百五十餘人。天鵬報告學會三十年來在政壇上扮演的關鍵角色，接著由華文會創辦人張希文說明學會推行憲政的成就，七時舉行餐會。

九月二十日，中國憲法學會舉行紀念大會，出版《中國憲法學會三十週年紀念特刊》，天鵬欣慰地上台報告，中國憲法學會為全國性優良學術團體之一；內政部歷年考核工作總成績，疊獲獎狀；總統誕辰或國家慶典具名領銜；學會在國民大會會議舉行前，針對中心議題預作研究，為思想之準備，有助會議順利進行；舉辦法學講座，有助推行民主法治；發行《憲政時代》為國內惟一研究憲法刊物，記錄憲政軌跡，有助建構完美中國法系。

鄭彥棻表示：「歷次國民大會會議成就卓越，天鵬兄奔走其間，默默耕耘，貢獻良多，然而只奉獻心力，不爭名位，一生嚴以律己，寬以待人，竟其全力從事教育與著作。人格、文章與事功，都可經世而不朽。」

阮毅成說：「我在中國憲法學會成立時，即已加入，會務活動我皆參加，深知學會在民主憲政方面所做的貢獻，也深知天鵬實際上負了會務的責任，不辭勞苦，獻替良多。」

陳紀瀅稱讚天鵬：「在中國憲法學會中，天鵬先生擔負主要責任，推動會務，避免一般學術團體之空虛；在《憲政時代》刊物，當仁不讓，任撰寫主角以為表率，主張以五權憲法為民主憲政的建設中心。凡此皆可看出他的治事精神，一切榮譽歸諸他人，吃苦之事自己承受；輕而易舉的事教別人做，沉重而艱辛的重擔，自己來挑。這與當年在《重慶各報聯合版》情形毫無二致。精神之堅毅與一貫，令人敬佩，實為當世罕見，在新聞人事中，尤不多覯……他的人格、文章與事功，都可經世而永垂不朽。」

曾在中央訓練團新聞研究班受訓的夏鐵肩說：「我對天鵬先生學問道德衷心欽仰，四十多年來一直以師禮事之，經常請謁，親炙其教誨獨多……先生是望之儼然即之也溫的老好人，一點世俗的嗜好都沒有，平生忠愛黨國，獎掖後進，勤於做學問，勇於任艱鉅，不汲汲於個人名利。祇有在讀他的文章和聽他談古論今時，你才會發現他的風趣和深度。他謹守中國傳統讀書人的尊嚴，執著於『有所不為』的『士』的特性，因此深得門生故舊敬重。」

長期在中國憲法學會擔任會議記錄的劉昭晴回憶：「早年臺灣很少舉行演講座談會，聽眾為數不多，但天鵬鍥而不捨，依預定進度舉行，從不氣餒。應邀演講者皆為法學巨擘，例如王雲五、秦德純、田炯錦、任卓宣、阮毅成、張希文等，後來聽眾變多，座無虛席，天鵬實開學術演講風氣之先。」

魂兮歸來　蓬萊仙境　樂無央兮

民國七十一年三月十七日星期三，天鵬因血尿復發，上午到公保大樓體檢後返家休息，下午至五福大廈辦公室工作。就讀師大附中的佩正放學後前來，天鵬一反常態、滿臉倦容，提議在外用餐而非像以往般直接回家。兩人步行至附近的翡翠谷餐廳，天鵬嚴肅地談了一個多小時，包括做人的道理、處世的哲學等，還說，有更多話以後再慢慢談。

天鵬安排小珠、秀芝和孩子們一同至和平東路上的明星西餐廳，第一次在餐聚中，認真嚴肅地講述人生大道理，好像急著將一生閱歷濃縮在一個安靜的講堂。餐畢，一家人到玩具店，讓孩子們自由選購。男孩們選了積木和搖控汽車，小珊站在一個大型洋娃娃前，看了又看，不敢伸手，小珠笑著捧起洋娃娃，和積木、汽車等一起結帳，送給孩子們。

天鵬告訴秀芝：「你一直是我最疼愛的孩子，不曾真正進入社會工作，不沾塵俗，不懂人情，我願生生世世照顧你、庇佑你。但世事那能稱心如意？最近實在感到疲累，也許要住院檢查治療，你不要擔心我，一定要讓孩子照常上學，這樣我才能安心靜養。渡過難關有些小訣竅，忍一時風平浪靜，退一步海闊天空。」

連日來，天鵬一個個輪流摟著孩子，輕聲細語：「爸爸最愛你了。」孩子們開心地互相較勁：「爸爸說，最愛的是我。」這天，天鵬將小珊抱在懷中，又親又吻，從額頭到左頰、右頰、下巴，眼神盡是愛意，悄悄地說：「小珊，這世界上，爸爸最愛的是你，你要乖巧孝順，做個聽話的女兒，記住，凡事忍讓勿強求，爸爸會幫你安排婚事，你只需念書彈琴，培養藝術欣賞與治家婦德。」小珊那聽得下這麼多，追問著：「爸爸，『最』是不是指『絕對』、『首位』、『只有一個』？」天鵬答：「是啊！小珊真像爸爸，凡事追根究底。」

小珊笑了，正中下懷地跑去洗臉，父親的吻太多、太黏膩了！沖了水後，躲在牆後，屏息以待，果真父親也對哥哥弟弟說：「爸爸最愛你，切記士志於道，務必要勤學苦讀，工欲善其事，必先利其器。」小珊跳了出來，正色說：「爸爸，你到底最愛誰？」天鵬笑著說：「我最愛你們了！」小珊回：「爸爸剛剛才說，『最』指的是『惟一』，爸爸怎麼可以騙人？」天鵬窘到臉和脖子都紅了，抱起了小珊，又親了起來，心想，這孩兒，怎麼這麼像我？

天鵬輕輕哼著：「你儂我儂，忒煞情多，情多處，熱如火，蒼海可枯，堅石可爛，此愛此情永遠不變。把一塊泥，捻一個你，留下笑容使我長憶，再用一塊塑一個我，常陪君傍永伴君側。將咱兩個一起打破，再將你我用水調和，重新和泥，重新再做，再捻一個你，再塑一個我，從今以後，我可以說，我泥中有你，你泥中有我。」

連續幾夜，天鵬摟著小女兒入睡。一開始，小珊覺得納悶，怎麼父親反常地將手臂當成了枕頭，硬綁綁的，很不習慣。久了，躺在父親寬闊的胸口，聽著沈厚的心跳，也就酣然入夢。晨起時，床邊已空，父親的鼻息與胸前的起伏，已嵌進心坎，為何天亮後卻是一片空虛靜默？

三月二十日，天鵬拿了張紙，依序寫下了幾個電話號碼，有何宜武、三軍總醫院、臺大、榮總等，告訴小珠，需要時，可打這幾個電話。二十一日晚間，天鵬狂吐，急請鄰近的黃醫生前來診治，聽診器傳來狂亂急促的心跳聲，立即建議前往大型醫療院所檢查。當晚赴羅斯福路三軍總醫院，一小時後轉到加護病房。隔日清晨，天鵬睜開眼睛，模糊中看見家人焦急的眼神，天鵬費盡氣力、緩緩地吐出了一句：「不用擔心，我休息一下就好了。」

天鵬靜靜地看著夫人與孩子，有那麼片刻的時間，眼前的一切都定格了，此生的經歷像浮光掠影般，一一從眼前閃過。

模糊中，落日鎔金、餘霞散綺，天空幻化出一片金光碧影，遠處山巒疊翠，紫氣氤氳纏繞，宮殿廟宇在雲霧間忽隱忽現。馬公柵育祥里家園滄桑斑駁的升益居和觀山樓，回到初建時，光潔平整、晶瑩如玉的模樣；屋脊上，神人鳥獸嵌瓷，虎虎生風，日曬雨淋更顯璀璨奪目；金漆木雕大門華麗繽紛，母親指著楹母上的八卦，和緩地說：「數往者順，知來者逆」、「帝出乎震，齊乎巽，相見乎離……」隱隱約約，傳來低語：「魂兮歸來」，天鵬強忍睡意，睜大雙眼：「父老子幼，責任未了，絕不懷歸」！

命運豈如人願？夕陽消逝太快，一輪火紅落入海平面，世界被沒有星月的黑夜吞沒，伸手不見五指，天鵬分不清自己身處潮州老家還是北京、東瀛、上海、重慶、南京？塵事流轉，浮生若夢，魂歸何處？二十三日，天鵬無法張口說話，圓圓大大的雙眼直瞪著天花板，極力抗拒死神的呼喚。二十四日凌晨四點，天鵬手腳冰冷，收縮壓降到二十，舒張壓完全消失。逍遙閣主等不到點亮世界的黎明；聽不見歇斯底里的哭嚎；病房成為無聲的煉獄；未說的、未做的，成了永恆的懸念。

一樣尋常的清晨，對夫人來說，成為一世的煎熬。許久許久，東方出現一點微光，溫柔的彩暈向外渲染，染紅了群山、城市、樓宇及病房；旭日冉冉升空，萬道金光照亮了每個角落，惟獨漏了天鵬。六點半，醫生宣告天鵬心肌梗塞死亡，佩正跪在地上，將父親睜得銅鈴般大的雙眼慢慢闔上。小珠哀傷過度，不願進食，六度進出加護病房，民國七十三年九月九日隨夫而去；秀芝數度暈厥送醫，以院為家，醫生聲稱活不過十年。

一朵朵棉花糖般的雲兒，成群向遠處延展，像潮浪般鋪陳一片汪洋大海，海天一線的盡頭，似乎也有著高聳積雪的起伏山脈，也有個如夢似幻的平行世界，那是否為父親口中的蓬萊仙境？或者，那是海面霧氣和光線折射而成、反映大千世界的海市蜃樓？亦或是，人心強大的意念，投射出仙樂飄飄、無病無痛的虛幻仙境？所謂的魂魄，是否已乘天地之正，御六氣之辯，遊於無窮？

年幼孩子，想起父親朗朗的伴讀聲：

鶴鳴於九皋，聲聞於天。魚在于渚，或潛在淵。

樂彼之園，爰有樹檀，其下維穀。他山之石，可以攻玉。

樂音悠悠蕩蕩，伴隨著天鵬低沈渾厚、濃濃的潮州鄉音，喃喃地飄盪著：

南山烈烈，飄風發發。民莫不穀，我獨何害。
行道遲遲，載渴載飢。我心傷悲，莫知我哀！
魂兮歸來！反故居些。

話終餘響，在空中繚繞徘徊。

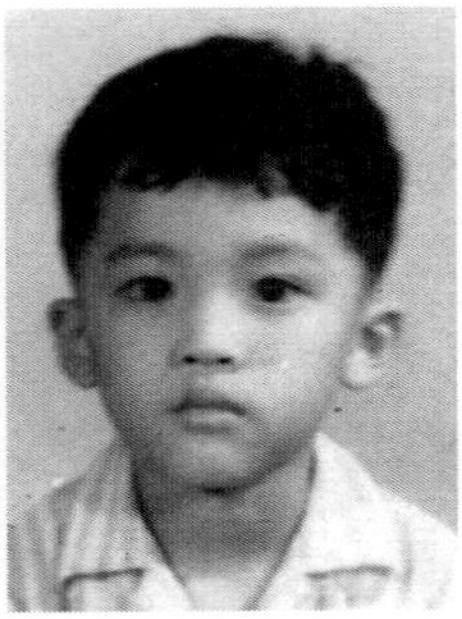
天鵬次子佩正。

天鵬長孫浩哲

天鵬三子佩韋。

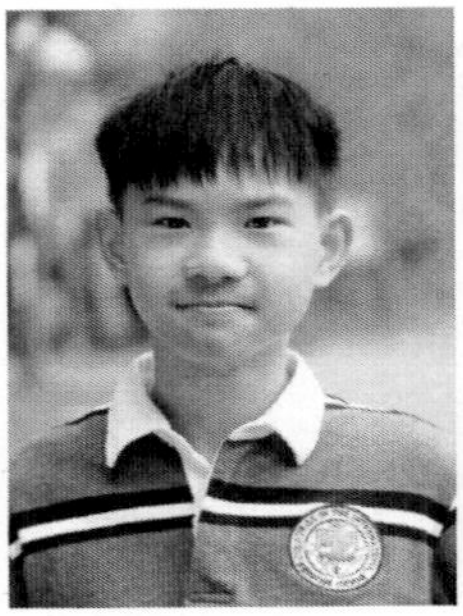
天鵬孫浩原

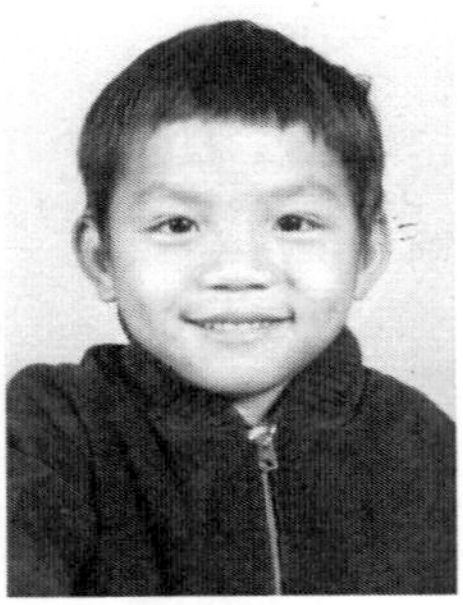
天鵬么兒佩玄。

天鵬孫浩展

天鵬訓子：心存大愛，胸懷天下。
黃家祖訓：勤能補拙，儉以養德，詩禮傳家，天下為公。

鼎盛之年南京。

風華正茂上海。

天地皆春色，乾坤一草廬。

知命之年臺北。

人生如夢，為什麼忙碌也？

民國六十五年四月二十六日，星期一，晴。

手腫因動筆稍多不適，高舉讓血液下注，稍覺舒適，在憲會處理公文即返午餐，小睡。參加居士林佛念會，看佛經數遍，佛法無邊，回頭是岸，茫茫人海中，心能悟即是佛。始覺人生如夢，為什麼忙碌也？晚入睡甚遲。

天鵬日記。

後記

這個時代，還有鐵肩擔道義，辣手著文章的新聞記者嗎？

曾經有這麼一個幼童，偶然拾得報紙，喜愛上副刊的奇聞異事，年紀稍長後，開始細讀要聞，矢志成為新聞記者，改革中國報業。

大學時期，他創辦中國第一本學術性期刊《新聞學刊》，卻因此遭到北洋軍閥追補。國民革命軍北伐成功，他入《申報》任職，將《新聞學刊》擴大改版成《報學月刊》，卻因評論報紙標題導致離開《申報》。

日本留學歸國後，他在《時事新報》覓得棲身之所，將報紙頭版改為要聞版，在副刊《青光》推廣新文藝，開創中國報業新時代。他由訪員、編輯一路晉升至總編輯，推升《時事新報》規模與《申報》、《新聞報》並駕齊驅，內容與水準卻遠遠超越此兩大報。

對日抗戰一觸即發，他代表申時電訊社親自訪查抗戰導火線萬寶山事件，返回關內後將調查報告呈交吳鐵城，數日後九一八事件爆發。

戰爭期間，重慶各報一度在蔣中正指示下發行聯合版，他在槍林彈雨下，指揮若定，與彈共眠，幾度落彈爆炸，同行記者命赴黃泉，他卻逃過一劫，葉楚傖稱他為「筆軍總司令」、「筆軍聯帥」、「紙彈殲敵」，蔣中正特別召見嘉勉。

他在《重慶各報聯合版》的卓越表現並未讓工作更穩固，相反的，因人事異動，被迫離開了任職十年的報館，轉而投筆從戎，進入政壇。接下來的國共之爭，無奈下，永遠地告別了摯愛的土地與鄉親。

在戒嚴時期的臺灣，他仍不畏強權，創辦「中國憲法學會」、發行刊物《憲政時代》，鼓吹民主與憲政。善行無轍跡，他傾囊捐出家產創辦「大同教養院」，收容婦孺。《禮運大同篇》「大道之行也，天下為公」正是他的青雲之志。

他說，他以佛教出世精神做入世事業，認定應做之事，就勇往直前，不計較得失，不關心毀譽。命運之神卻奪走他救困扶危的心願，市府毫無預警的徵收大同婦孺教養院部分土地，承諾協助另購公地卻遙遙無期。晚年遭受打擊，病魔啃蝕他、折磨他，飄泊的遊子，在長眠中，惦記著文人報國、落葉歸根的夢想。

這位報界總編輯、《重慶各報聯合版》總舵手、憲政推動者、慈善實踐者，從幼時至晚年，日日剪報，黏貼為樂，留下了大量的史料，後輩得以一窺民國時期報人的風骨。白雲蒼狗，世事無常，留下天鵬孫子的姓名照片，期許天鵬的兒孫們，勿忘祖訓；更盼日後若有人想審閱考察這些史料，能得知該從那兒聯繫。

搜集資料的過程，獲得許多親友及師長協助。感謝母親信子、哥哥佩正訴說與父親相處的點點滴滴；回憶攪亂了早已平息的心湖，既洋溢相處的歡愉，也抱恨離別的苦澀。走訪居住普寧的堂姊佩君、堂兄黃峰、姪黃彩雲、外甥陳宏文、孫姪黃家壯、黃少堆、祖母孫輩莊振廣、莊振川、莊振亨和莊振基，及定居汕頭的堂姊黃瑞年、堂兄黃英年、黃慶年、黃威年、外甥林璜等人，補足了父親童年與青少年的成長過程。

承蒙學界前輩黃克武、黃瑚、葉家興、高海波、曹愛民等指點，豐富了本書的內容；民國一百〇六年初與家興香江夜談，成為為父親立傳的鼓舞來源；克武協助解析父親手札中龍翔鳳翥的筆跡，從模糊中拼湊出沉博絕麗的古詩詞；其餘學者，熱心提供自己的考證與大作，在此一併致上最深的謝忱。佩珊才疏學淺，若有遺漏不足處，懇請賜教指正。

相天二十丙申年正月於臺北綠園為父親卜卦，稱「半子必佳」。外子邱文偉陪同尋找父親的足跡，從普寧、北京、上海、蘇州、南京、重慶、東京等，一路相隨。長子浩哲，雙胞胎浩原、浩展為此生最美好的賜予；三人的一舉一動、一顰一笑，總能掃盡所有的陰霾；他們也是父親來臺後，目前僅有的孫輩。父親期待每一世代，人才備出，當仁不讓，人皆堯舜。

世上最錐心刺骨之痛並非自身所承受之煎熬，而是看到至親在水深火熱中，卻無法為其承受。希望一直在前方，只是偶被烏雲遮蔽；生命自有意義，需要時間焠煉成章；只要耐心等候，總有海闊天空的時刻。然而弟弟佩玄，已於民國九十三年八月初回到父親的身邊，葬於福德公墓靈骨塔。

本書獻給在天上的父親、弟弟佩玄，以及所有在苦難中成長的孩子們。

小珊，民國一〇八年一月十五日於臺北南港寓所

天廬與么子佩玄。

專文

遺稿

展翅天鵬——二五自述

予行能無似？忽忽廿五年矣，書劍飄零，一事無成，言之滋愧，予妻小珠則為予初度壽，謂：家已成，業已立，亦足自慰。因述平生事以答之。

予之故鄉

寒家廣東普寧，祖籍福建蒲田，故老相傳，北宋既亡，先祖不肯稱臣異族，思復故土，乃分遣二十一子遠徙嶺南，以圖後效。

粵中始祖初蒞惠來，繼絜婦肩兒，卜家普寧城之南陲，距城四十里，時普方自潮揭間闢新治，地曠人稀，尚待開荒，有村依山帶水，阡陌連野，而風俗樸厚，有古道風，其地舊屬潮陽馬氏，村前有馬家祖墓，故名馬公柵。吾祖宗始以耕讀相傳二百餘年，已衍蕃子孫五、六千家，為鄉中巨族。今交通四達，自汕頭經潮陽抵家僅半日程矣。

耕讀世家

粵中先世以耕讀傳家，曾祖父興教公早喪，曾祖母陳太夫人撫遺腹子邦彥公成人，生予父毓才公及弟八人、妹二人，一適杜一適劉，居滬。予堂祖叔父景崧公以拔貢見重鄉族，故祖父每勗子孫輩讀書成名。

予父行長，少習武外祖父莊提督邸，旋以父老弟稚返主家事，以分親勞。及予母莊太夫人來歸，知書識禮見稱鄰閭，生予兄弟姊妹八人，大哥天鶴家居，二哥早殤，予行三，四弟天鳳繼承父志治軍事。大姊適王，二姊適莊，三妹適許，四妹適邱。

予弱冠，家人欲為締婚，殊違素願，流徙大江南北者十餘載，殆年二十四始婚江蘇望族盧氏，為予教授滬江大學時女弟子，以賢淑貞嫺聞於校，予父母均為大喜，稱賢媳婦焉。

髫齡鐘聲

予生於二月十七日，與堂弟白同歲，每同戲，渠胖白，而予黎黑，家人戲呼曰：烏，意謂黑也，稍長名勝欽。

髫齡隨親避難至里西二十里之石盤山明心庵古剎，如來、黃卷、青燈，夜半鐘聲每入夢懷，稍習梵典，殆有夙因耶。

及長，入予家育祥里東之馮祠私塾，按族譜為雅字輩，名雅賜。予質魯樸，然尚勤勉，為師友所重。翌年，轉入鄉立公益學堂，更名天錫，以勤讀為父兄所樂道，課餘無事，即以觀山樓家藏書籍自修，樓設有可亭，取「明月清風最可人」，小有花木，予常讀書其處。

越三年，適三都書院遷至予鄉北郊，因轉學讀該院，得從名宿吳國祥師游修舊學，每際暑假復從宗師連階先生補習經學，今之尚能舞文弄墨者，殆爾時先師所賜也。

民國九年冬，畢所業，雖科舉已廢，鄉人例比前例，秀才多棄學為紳，予有所激，志求深造，父嘉予志，大叔父志士復慂慫之，遺學於外，予一生乃丕變矣。

少年試筆

年十二，負笈至汕頭渡沱江，入礐石中學，校為教會設立，重英文，素未習此，美籍教師循循善誘，始稍入門，每晨早起，天方曙，即就山坡石上朗誦數四，經年略有進步。一日，於圖書館見九江先生所著《新聞學》，始知新聞紙，不但新博可喜且成專門之學問。私願治此，並為將來之業。

偶應親友約為文，試投《潮商公報》，登出，大喜，後復及嶺東天聲各報，課餘遂成學校投稿員矣。總理過汕，始聞革命大道，得承教於黨國先進。

在礐石中學肄業，兩年有半，適反宗教運動起，轉學廈門集美學校未果，留鼓浪嶼美華中學。補習時同窗有同名者，因改署「澤天」。兼任報館投稿以裕膏油之需。越年以病返故里。

在閩粵流浪途中，頗慕曼殊大師，翛然作出世想，旋北走京師，時年十五也。

舊京夢痕

初至京師，擬入北京大學，因考期已過，聞九江先生方主講平民大學新聞系，乃往從，因得出入北大圖書館，得名師啟導，漸與學界名宿及新聞界人士往返，兼京外各報通信事，已成半職業記者矣，為文署名天鵬，額所居曰天廬，遂以字行。

識同窗河北張一葦、西蜀王一心，結為「三一」，曾創辦北京新聞學會，擬辦一理想之日報，未果，乃發刊《新聞學刊》，為我國新聞界有專門專物之始。

時與同志設一新書林，以結納時賢，一葦主其事，適北伐軍將至北京，軍閥大捕黨人，一葦被補去，予適公出得訊漏網，及一葦釋出，予乃轉入專門部政治經濟科草草畢業。北伐成功，遂橐筆游瀆矣。

櫻花三島

予至滬，一葦之助也，思以文字報國，落拓海上，寓青年會，謀無一成，幾斷炊。旋以初交汪、周兩兄之力入《申報》為記者，未能隨俗浮沈獲館主歡，不期年罷去，家無所歸，乃走三島。

八月抵神戶，寄足文友鮑氏寓，鮑夫人清子樣，故東籍，排日為予授日文，居三月。應鄉友陳君毅邀往東京，寓臺灣志士靜宗寄廬。列名新聞研究所，得讀各國名著。暇至早稻田大學聽名師講政治經濟之學，有所得，輒撰為文，分寄《申報》、《上海畫報》、天津《益世報》等。

適「金解禁」，申匯奇縮，生活大窘，時質衣物度日，國內師長如吳柳老、徐伯老諸公雖曾資助，終於翌年返國。留東四年讀書計劃尚未及半而廢矣，三島櫻花，每多淚痕。

海上姻緣

東遊返國後，執教復旦大學並以著述自娛，若《新聞學》、《中國新聞事業》、《天廬談報》、《逍遙閣隨筆》等約二十餘種，均先後問世。翌年，以汪氏之報，入《時事新報》，流浪多年，至是始獲粗定。是時予情忽有所寄，而終使予心碎，曾補壁云：「萬里飄蓬雙布屨，十年回首一僧衣。」予懷可知矣。

適萬寶山案起，乃以三社之命，赴東北勘察，並以逭悲，由海道經青島而至大連，遍歷遼寧、吉林、黑龍江三省而入關，循平浦路南返海上，不十日而「九一八」變作。在申重整故業，迎養父母至滬，正期稍盡子職，不意又構「一二八」之役，雙親倉皇返粵，臨行諄諄訓曰：「我家自經變亂，日感寂聊，前在里曾與汝兄議，以汝姪如海為汝繼，又女綺年，庶可慰情。然汝年將而立，亟應成家，勿貽汝父母憂也。」

戰事敉平，以友介，識江蘇盧小珠女士，名門閨秀，令予心折，伊始肄業滬江大學，與予乃有師弟之雅，旋轉學大夏大學，而姻事亦定。翌年十二月八日南歸大婚，高堂大慰，並攝合家歡以志喜。時予足歲二十四而予妻二十，予乃開始度美滿之家庭生活。卜宅上海福履理路合群坊三十號，詩人亞子贈詩云「映海驪珠小，搏天鵬翼高」，朋輩多羨予幸福云。

二五而立

大婚翌年即二十三年，舊曆之二月十七日為予之初度，仍主《時事新報》筆政兼教習滬江大學，自念事業雖不足以言立，然予業報之志已達，家亦初成，得賢內助亦不負夙望，回首前塵，感慨繫之。

夫予來自田間，自髫齡以迄弱冠，一誠騃童耳，比承「五四」運動之後，新思潮澎湃，以一舊學頑童而驟受新潮洗禮，其思想之轉變，自極煩悶，況嗣後即踏入人生險途，以橐筆流浪之少年，度其孤苦奮鬥之生活，而薄有所成，此後當以「自立立人」自勉矣。

黃天鵬，建國二十三年二月十七日記於海上

半生回顧——天廬自述

勤勉治學　窺格物致知之道

予家世居廣東普寧，為潮陽故治，人文稱盛，夙有海濱鄒魯之譽。先祖父邦彥公為嶺表耆宿，耕讀傳家。先嚴毓才公行長，慨於世變方殷，棄書習武於先外祖父莊軍門邸，曾應武舉試，旋以父老弟幼，返里以分親勞。予母莊太夫人，知書識禮，見稱閭里。

予行三，髫齡試讀，母深督最嚴，期子讀書成名。越三年從鄉中宿儒治經、史、詩、詞，尤致力於歷朝治亂史蹟。後入馮式私塾就讀，勤敏為儕輩所稱。期年轉入公益學堂，得窺格物致知之學。弱冠學制史，課餘復以先祖父觀山樓藏書自修，經史之外，旁及稗官小說。

時三都書院以避亂遷予鄉，得附讀，山長曾從章太炎先生游，於予舊學啟迪良多，每勸予負笈鮀中，治英日文字，以求深造。校為教會設立，重英算，素未習此，幸美籍教師循循善誘，予於舊學而外，得償新知之願。課餘為文，試投報章，刊出大喜，繼續為之，遂為學校投稿員矣。時學制更新，新潮澎湃，而所志輒與鄉俗違，乃離鄉別井，以求新知，橐筆流徙大江南北者十餘載。

折節學問　始信有志事成

卒所業，北上京師，入平大治新聞學，得名師指導，與學界先進及新聞界名宿遊，兼為京內外多報撰通信，時北方多故，予乃移習政治經濟，草草卒所業。走三島、居神戶三月、至東京，列名東京新聞研究所，得讀多國斯學名著。暇至早稻田大學，聽彼邦名儒主講政治經濟之學，常撰為文，寄國內多報。時逢日本「金解禁」，中匯奇縮，生活大窘，乃結束所學，返回從業矣。

總予之求學時代，實一半工半讀之生活。予正式任職乃在北伐後於《申報》一年，總主筆陳景韓先生於予論政之啟迪，至今猶未忘懷。自東游歸來，執教復旦、滬江多所大學，並以著述自娛，若新聞學、若中國新聞事業、若政治制度、若天廬論著，多達二十餘種，均於此時印行。嗣以陳畏壘先生之邀，復入《時事新報》。念予有志新聞事業，鍥而不捨，自投稿通信員、以至編輯主筆，宿願以達，始信有志者事竟成也。

烽火連年　主持重慶各報聯合版

然自「九一八」後，無日不在烽火中度其光陰，淞滬戰痕未復，南北方烽火又熾。予夙以文章報國自勉，每深宵握管，輒欲從戎入伍，自勉筆桿亦為槍桿，迨七七事變起，國軍西撤，乃西行入蜀，仍主《時事新報》筆政，賡其報章之奮鬥生活，暇則兼課中大、政校等多所大學，二十七年一度服務軍校。

二十八年敵軍狂炸陪都，多報奉最高當局命出聯合版，予被推總經其事，冒險排難，於炮火連天中，報紙按時出版，達三閱月始完成任務，予方捨近二十年之新聞生涯，從政矣。

斯時軍委會政治部陳部長辭修方擬建設軍報系統，邀予入部主持軍報之管理指導事宜。二十九年奉調兼任中央訓練團新聞班教務，三十年陳部長調主鄂省，予轉任中央圖書雜誌審查委員會委員，三十一年調中央黨部，旋代表參加中央出版事業管理委員會委員兼秘書，翌年，接管中央文化驛站總管理處處長，返都前裁撤，改組印刷出版部分為中央印務局及中國出版社，予仍兼掌其事。三十六年當選國民大會代表，致力於憲法之研擬與推行。

職涯浮沈　辦報講學從政

予服務社會國家時期，可劃分為二，前半期之辦報講學，如新聞著述之印行，如新聞綜合編輯法之創導，如主持《重慶各報聯合版》之苦撐，均值一記。後半期為從事黨政工作，如在渝時對敵經濟之調查，軍報系統之確立，文化書刊之供應，新縣制之籌劃與憲政運動等，不無獻替。

三十八年撤退來臺，大陸之親族，生死未卜。十數年間，適逢國家多故，任職未久，屢有調遷，人事浮沈，廬俸所入，不足以供俯仰，求助於筆舌兼耕，稻粱時憂，然慈親在堂，妻兒怡然，雖聊以慰情，亦感復國興家之責重，應時自鞭策惕勵。

庭訓勤能補拙　儉以養廉

予生於農村，家境寬裕，庭訓「勤以補拙，儉以養廉」，故衣不厭舊，食不兼味，生活尚簡單樸實，有餘錢則以購書，生平嗜好，惟讀書閱報。交遊亦以文人為多，黨政軍同志亦頗往還，蓋參與各社團既多，交游自廣也。

古人擇友有三，友直、友諒、友多聞，予竊師焉。生平得益友者多，如總角之交，生死不渝；同窗之友，相切相磋；潮海之友，以風義相結納；同志之友，則聲求氣應，有過相規，有事相助，均為君子交。若招朋引類、酒肉徵逐，則所深戒。

前塵如煙，髫齡時隨家人避禍古剎中，黃卷青燈，頗有出世之想，及長，治經史而外，於老莊之清靜無為，頗為神往，予名即出於莊子〈逍遙遊〉篇。及閱　總理革命大道，人生觀乃丕變，潛移默化成為　孫文信徒。

出世之精神　作入世之事業

民國九年，予以學生代表為謁　總理，欣聞革命大道，鄉先進鄒海濱先生介予入黨並贈《孫文學說》等書。予年青熱情，信仰　總理為推翻滿清、創造民國之偉人，而逐漸讀其學說，尋其佐證，堅信三民主義、五權憲法為建國之寶典。

民國十四年，　總理北上，予以兼役新聞界之姻緣，擔任國民黨宣傳工作，時北方仍在軍閥勢力下，工作匪易，予以一再被補未獲，以信仰堅定，始終未渝也。

年輕好勝，過於性急，鋒芒太露，曾題「佩韋齋」以自律，三思而後行。疊經波折，壯心消磨，淡於名利，但求心之所安。治公之暇，散步閒思以自省，夜讀經史舊書以求新義，暇與朋輩研讀　總理遺教、總裁言論，而於實業計劃及憲政尤其竭力。近年所為，多所顧慮，然於推動憲政，勞怨不避，守法負責，尚有一長也。

予始願為一政論家，輿論與議會為民治政治二大柱石，故願以新聞崗位及民意代表有所貢獻。今願進而為政治家，為實現三民主義、五權憲法之新中國而努力，尤望重建行政系統而有所建樹。人生應以服務為目的，予以出世之精神作入世之事業也。

黃天鵬，記於民國四十二年二月二十一日

寶戒題記

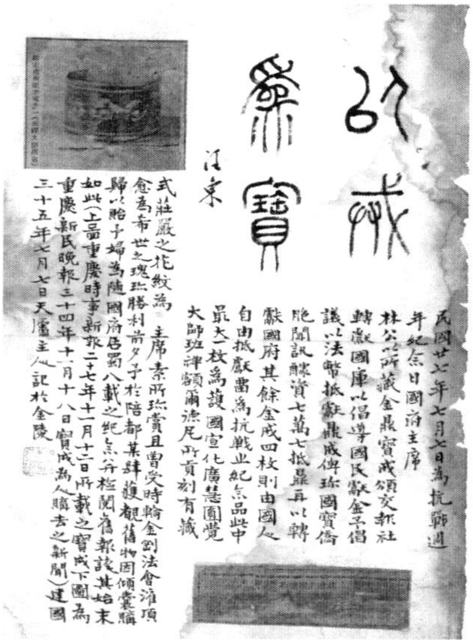

寶戒題記。

建國二十七年為抗戰週年，國府主席林公將珍存之西藏活佛班禪大師所貢寶戒（雕有西藏式花紋重五錢七分）轉獻國家，以為國人倡，時予方主報政，以此具有歷史價值之寶物轉給國庫熔燬未免可惜，乃提議國人集金抵獻，以最高者得。予戚友王盧亦醵千金應徵，竟獲中，乃轉獻為王老夫人壽。老夫人與予有世誼，以貽吾婦生辰壽，是戒乃歸予婦寶藏，予告婦曰：是可傳家，願燦爛為金輝，世世子孫其永寶之。

民國二十七年十月十日，天廬記。

以戒為寶

民國二十七年七月七日為抗戰週年紀念日，國府主席林公所藏金鼎寶戒頒交報社，轉獻國庫，以倡導國民獻金。予倡議以法幣抵獻鼎戒俾珎國寶。

僑胞聞訊，醵資七萬七抵鼎，再以轉獻國府，其餘金戒四枚則由國人自由抵獻，留為抗戰之紀念品。此中最大一枚為護國宣化廣慧圓覺大師班禪額爾德尼所貢，刻有藏式莊嚴之花紋，為　主席素所珍賞且曾受時輪金剛法會灌頂，愈為希世之瑰珍。勝利前夕，予於陪都某肆獲，睹舊物因傾囊購歸，以貽予婦，為隨國府居蜀八載之紀念，并檢閱舊報記其始末如此。（上圖重慶《時事新報》二十七年十一月十二日所載之寶戒，下圖為重慶《新民晚報》三十四年十一月十八日寶戒為人購去之新聞。）

建國三十五年七月七日，天盧主人記於金陵。

跋

上述兩篇，第一篇記民國二十七年，為籌軍需民用，以班禪獻予國府寶戒贈與捐獻國庫最多者。其中一枚由天鵬夫人小珠姊王盧如珠所得，做為王太夫人祝壽禮，三年後王太夫人贈予小珠。另一枚事隔七年，天鵬在重慶某鋪以鉅資購得。抗戰勝利，天鵬偕夫人歸省，兩枚寶戒皆贈予黃母莊世光。

黃母篤信佛教，視寶戒為稀世瑰寶，在觀山樓旁築寶戒齋，齋方落成，政治風雲變色，天鵬隨國民黨政府播遷來臺，黃母隨後而至，僅攜寶戒、玉宣以及家傳之明鏡等，囑：鏡為先人遺澤，戒為國寶，皆需珍藏。

大同婦孺教養院六週年手工藝及名家書畫中，黃母捐出天鵬所購之寶戒義賣。林故主席百齡誕辰，國立歷史博物館為舉行遺物展，黃母提供另一枚寶戒展出。隔年，天鵬姊御音自寮國遷泰國，雙十返臺省親，發願奉寶戒至佛國供養，遂歸其姊，後姊來臺定居。天鵬表示，持寶戒者，同一心願，是佛緣會，信而有徵，佛佑善人，其寶之。

民國一〇七年二月十九日，小珊記於臺北南港寓所。

天鵬配帶證件，出席會議，重慶時期留影，反映當時集會情形。

專文

考據

謎樣身世——己酉年出生

每年在農曆二月十七日，黃家依潮州習俗，為天鵬舉辦壽宴。儘管民國以來，改用國歷，但天鵬在所有正式文件皆填上二月十七日出生，至於年份，因各項記載不同，令人霧裡看花。

〈自敘傳〉中，天鵬傾訴：「從小為了『家難』離開故鄉，到外邊度著流浪的生活，在黑暗冷酷的人海中，摸索自己飄渺的旅途。」浮雲游子，苦思雙親，兒時點滴，夜半縈迴。

少小離家　歷經滄桑　天涯飄泊

從〈寒窗的回憶〉可知，天鵬三歲時母親逐字教導認讀三字經，五歲後在家塾學習經史子集，接著到書院就讀。在〈新聞記者生涯的回顧〉中提到「十六歲離開故鄉」、「十六歲學堂畢業」等，接著到了廈門美華書院學習西文，一年後到北京就讀平民大學，發行《新聞學刊》。政局起伏，學刊與學會皆遭嚴格審查，北洋軍閥追補國民黨黨員，天鵬僥倖逃脫，浪遊天津、南京、漢口。後來至上海《申報》任職，提倡改變編輯方式，引起館主史量才不滿，無奈離去，留學東瀛，畢業返回上海，在《時事新報》重操舊業，主持筆政兼編副刊《青光》。

興之所致，隨筆記下，成為〈逍遙夜談〉的金章玉句。其中一篇〈蛇與女人〉提到：「自己是蛇年出生的，蛇在我是生命上的紀念。父親特地製了一隻蛇節的戒指。我也逢人愛說白娘娘的故事。」

若屬蛇，推斷為民國前七年、一九〇五年。不過，在《逍遙伉儷紀念集》，天鵬寫道：「癸未余四十初度。」癸未是民國三十二年、西元一九四三年，以此推算，生辰應為民國前九年、一九〇三年，歲數又比蛇年多了兩歲。

壯年老成　錦上添花　虛報年齡

天鵬任職於《時事新報》時，兼任各大學教授，引薦至上海滬江大學的友人，自行幫天鵬加了幾歲。在復旦大學新聞系學生畢業演講典禮上，天鵬透露：「我才幹了十年多的報館生涯，就把我青春摧殘成這樣的蒼老，其實我的年齡和在座諸君怕差不了多少，然而卻是老氣橫秋了。」

副刊《青光》有一篇〈鬍子可壯觀瞻〉，天鵬說自己雖然談不到老，可是年來，未老先衰的心情，導致確實有點老態了，無妨裝點鬍子以示「壯年老成」。焚膏繼晷工作，「為所歡所苦，寢食俱廢」，心態上已歷經滄桑、飽受風霜。

黃母釋疑　廬山面目　返璞歸真

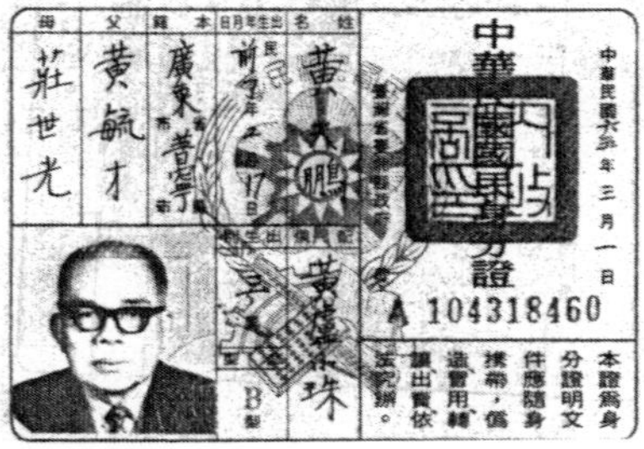

天鵬身分證。

黃父毓才生養八個子女，長子天鶴，二子早夭，三子天鵬，么兒天鳳。天鵬還有兩個姊姊和兩個妹妹。民國二十三年毓才溘然長逝，三十八年天鵬和母親世光遷居臺灣，黃母多次明確指出，天鵬於民國前三年來到人世，黃父心理上和言語上，很可能將天鵬當作蛇年出生的二子，將蛇節戒指送給天鵬。

天鵬九叔黃超，比天鵬年長一歲，天鵬稱之「尾叔」，黃超後移居西貢，逢年過節，經常相約聚會，細數兒時舊夢，兩人情同手足、稱兄道弟卻必須以叔姪之禮相待，黃超嗤之以鼻，親友間傳為笑談。

民國六十七年（一九七八年）天鵬足歲六十九，粵俗先一歲祝十壽，「九」與「久」同音，意指長長久久，象徵長壽。《天廬論叢》中祝壽小組所編〈黃代表天鵬先生傳略〉，記載的生日為戊申年，以為天鵬為七十足歲。

隨著處世的成熟與職場的穩定，天鵬不再擔心被批年少輕狂，他交給黎明文化出版社的《天廬論叢》著者資料表、國民大會秘書處國大代表簡介、《第一屆國民大會第六次會議實錄》代表名錄以及身分證，全都記載了實際的年齡：民國前三年陰歷二月十七日，若轉換成國歷生日，應為三月八日。

天鵬常說：「豹死留皮，人死留名。」其實天鵬一點兒也不在乎年紀，假設仍在世的話，會調侃說：「關於我的年齡，使人家這樣費心研究，真是抱歉萬分，浪費了寶貴時間，不能不破例聲明幾句，與其研究我的身世，還不如關注新聞學術，努力建設中國式的新聞學。」

小珊，民國一〇六年十二月，南京旅次。

六十個筆名

川劇「變臉」可在一剎那間幻化出喜怒哀樂各種臉譜，表達劇中人物性格特徵與內心起伏。天鵬使用的筆名逾六十個，反應出心境轉折、人生觀及時代背景。

鵬之逍遙遊

天鵬，名鵬，字天鵬，別署天廬，又號逍遙居士。依族譜輩序為「雅」字輩，族名「雅賜」，兄弟行三，生辰為戌時、膚色黎黑，小名「烏」，稍長名「勝欽」，入公益學堂時，改名「天錫」，就讀書院時因與同窗同名，改名「澤天」。

「鵬」、「逍遙居士」和「逍遙閣主」皆來自《莊子．逍遙遊》：「有鳥焉，其名為鵬，背若太山，翼若垂天之雲……絕雲氣，負青天，然後圖南。」受家庭與私塾教育影響，天鵬喜愛玉器，「君子無故，玉不去身」，「君子比德於玉焉。」天鵬以斜玉旁的「瑋」、「珊」為筆名。此外，因為個性急躁，曾借用「佩韋」、「佩弦」為名，時時警惕，以有餘補不足。

迷報與迷禪

第一次接觸到報紙，天鵬迷上了副刊上的千奇百怪的故事，進入學堂後，開始關注時勢和新聞，天天看汕頭報和上海報，將紙田墨稼當成終身職志，笑稱自己為「報迷」。

幼時隨父母避亂居於明心堂古剎，聆聽師父說偈，緣起無我如幻、諸法空相等釋家哲理深植心中，曾一度受戒於南普陀，法號天廬，意為「鵬適南冥，天地為廬」。細究之，天廬、天廬生、天廬主人、鴻廬、紅禪、閒禪、十剎閒禪、和尚、僧、情僧、痴僧、小顛和尚、無量、無量佛等，皆為禪意十足之名。舉「情憎」為例，《紅樓夢》中空空道人「因空見色，由色生情，傳情入色，自色悟空」，遂改名情僧，此歷程象徵天鵬悟道之心。

鵬適北國

民國十五年天鵬以「黃一天」為名，創設北京新聞學會、隔年發行新聞學刊，和「黃天鵬」三字有關筆名包括：天天、天朋、朋鳥、黃黃、黃鐘、黃葉等。其中，黃葉取自妙倫禪師語錄：「蕭蕭黃葉埋荒徑，靄靄浮雲鎖野堂。」黃鐘取自：「黃鐘毀棄，瓦釜雷鳴」，大有懷才不遇之感，嘆道：「獻身報界，橐筆十年，薄官不為，窮耕硯田，饑寒孤苦，未嘗須臾放下筆刀，未開一日離開鉛槧，無非忠於所業。今日落得一病輕於蝶，仰屋嘆紙冠。」

故鄉的一景一物是遊子亙古的思念，廣東位於中國南方五嶺之南，五嶺指的是越城嶺、都龐嶺、萌渚嶺、騎田嶺和大庾嶺，又稱南嶺，「嶺南生」和「五峰」就是天鵬筆名。普寧又稱「洪陽」，因此，「洪陽生」也為天鵬所用。

「甘露凝成一顆冰，露濃冰厚更芳馨」、「嚼疑天上味，嗅異世間香」、「日啖荔枝三百粒，一生長作嶺南人。」荔枝為北方人難以領會的絕妙滋味，採收後，一日色變，二日香變，三日味變，四、五日後，色香味盡去矣。馬柵黃家擁有荔枝果園，盛產之際，親族相邀至園中飲茶摘果，天鵬回憶此園：「長年蔭綠，亭亭如蓋，春花夏實，燦爛滿園，蔚成異觀，結果纍纍，綠紅相間。皮有刺，如佛髻，殼赤如朱，肉白如晶，甘甜可口，無以復加。」有詩為證、「長安回望繡成堆，山頂千門次第開，一騎紅塵妃子笑，無人知是荔枝來。」荔枝是濃郁的家鄉味，也是天鵬的筆名之一。

記者與史官

「新史」、「新史氏」、「報史」反映出對職業的期許，記者記載重要事實，等同古代的史官。記者一方面號稱為「無冠天子」，另一方面又苦於言論受到管制，成為政府傳聲筒，「天子」、「小記者」、「臣記者」、「佚名」都出現在天鵬著作中。「闕名」由來為古代盛行避諱，即使公文中已經使用了長官姓名，文書工作人員起草、謄寫時會在長官銜後空出位置，反諷當時的新聞審查制度。「布衣」藉諸葛亮〈前出師表〉所言：「臣本布衣，躬耕於南陽，苟全性命於亂世，不求聞達於諸侯。」傳達出受軍閥追補、四處流亡之無奈。

夢中俠客

民國十六年粵變，家鄉成了鬼域，祖傳家產盡失，廿口荷肩，苦難自給；八年對日抗戰及國共內戰，政治與經濟皆在動盪中，心冷、懷舊、天涯、亡名、佚名，反映出萬念俱灰的情懷，天鵬以傳奇小說《霍小玉傳》中的俠義之士「黃衫客」為名，以筆刀伸張正義。

而《枕中記》主角所見，更為天鵬津津樂道：盧生投宿邯鄲旅店，遇一道士呂翁，盧生嘆時運不濟、無所建樹。呂翁取出一枕，盧生枕之入夢，當時旅店主人正在蒸黃粱。

夢中盧生娶得美嬌娘，進士及第，步步高升，後大破戎虜，累官至同中書門下平章事，執掌大政十多年。然被誣陷，欲引刃自刎，被妻所救。數年後，洗刷冤屈，追為中書令，封燕國公。所生五子皆享高官厚祿，晚年久病纏身，欲告老還鄉卻未獲准。八十歲斷氣時，盧生一驚而醒，發現一切如故，主人黃粱仍未蒸熟。

呂翁道：「人生之適，亦如是矣。」謝曰：「夫寵辱之道，窮達之運，得喪之理，死生之情，盡知之矣。」

既然已知一切皆為鏡花水月，未來所經歷之事如黃粱一夢，還有什麼樂趣可言呢？與其在夢中經歷過，天鵬仍想要親自體驗、真摯的生活，即使曾經捨身佛寺，仍以情牽返俗，繼續做著如夢般的記者生涯，夢、夢識、亞夢、黃粱夢皆為筆名，在北京平民大學就讀時，更是以黃粱夢為學名。

傲骨鵬標

即使在夢中，仍一身傲骨，自稱「菊人」，〈菊花〉一文道出：「秋深露重，百卉凋零，草木黃落，菊孤芳自賞，欣欣向榮，天生傲體，不為東風低頭。做人要像菊，不可有傲氣，不可無傲骨，不與俗浮沈，不同流合污。」

有趣的是筆名眾多，以致於讀者難於辨別本尊與分身，多次發生筆名雷同事件，天鵬曾經以戲謔口吻表示，要發起「姓名固有權」，以資保障，或另加「天廬為記」、「註冊鵬標」字樣，以免混淆。

人生在世，扮演多重角色，依不同情境而戴上各種面具；文為心聲，筆名成為文章的面具。天鵬縱使有千萬種表情，人格、思想和鐵錚錚的風骨，始終如一。

天鵬名字歸納

名鵬，字天鵬，族名雅賜。學名：勝欽、天錫、澤天、黃粱夢。

與黃天鵬三字相關：天、一天、天天、天廬、天廬生、鴻廬、亞天、黃一天、黃中一、黃衫客、黃黃、黃鐘、黃葉、朋鳥、天朋。

地名：洪陽生、嶺南生、五峰。

心境：菊人、紅禪、閒禪、十刹閒禪、和尚、小顛和尚、僧、情僧、痴僧、無量、無量佛、黃粱夢、夢、夢識、亞夢、心冷、懷舊、布衣、天涯、黃衫客、逍遙居士、逍遙閣主。

史學：新史、新史氏、諸家、報史。

晚年：瑋、佩弦、珊、珊珊。

其他：記者、小記者、臣記者、報迷、荔枝、半六、同人、闕名、佚名、大名、亡名。

黃佩珊，民國一〇六年十一月，上海。

專文 壽序

黃公毓才百齡誕辰序

蓋聞貞觀足慕，靈運作述德之詩。世業可懷，孟堅製幽通之賦。上恢令緒，澤蔭胥承。遠紹休明，典型永在，是故克繩祖武，徽彰大雅之篇。祇服先疇，譔列前朝之史。斯洵仁人孝子之用心，往哲明王之垂則者也。國民大會代表黃天鵬先生裔布勳華，追惟先德。以戊午仲夏之吉辰，為其尊翁百齡之誕辰。用述厥平日之所懷，而囑余一言以為序。欽維

毓才公，諱維勇。垂髫穎異，總角崢嶸。蕭育飲譽於蘭陵，黃香見推於江夏。文炳幼稱警敏，行若成人。周深少即恂通，遊如宿將。其來有自，所至超群。長而偉岸驤騰，動則雄姿英發。於是強弓輕挽，駿馬疾馳，遂握勝符，與參武舉。策陳韜略，襲正德之遺規。射校步騎，循嘉靖之舊制。探先勝之術，學究三和。抉通變之謀，法明七禁。材呈雲谷，大木倚匠石之繩，刃發霜硎，神劍獲風胡之鑑。槐花黃後，高掇巍科，荔子丹時，榮歸故里。維時胡塵迭擾，清政不綱，既瞻赤邑以愴懷，乃預黃崗之起義。范滂攬轡，蟠胸之素抱何雄？司馬題橋，奪目之豪辭特顯。此其立身之壯志也。

既而豫修秋棹，將赴春闈，欲簪殿士之花，待折月中之桂。乃以　令先尊之經營漸倦，　曾祖母之年事已高，爰謀甘旨以娛親，肆理懋遷而繼志，棲遲衡宇，隱處丘園。緣韜晦以和光，竟改絃而易轍。寒江鷗鷺，靜盟白水之心。大道驊騮，慵聘青雲之路。恭承色笑，快慰晨昏。華堂營爕重之居，珍膳極君魚之奉。老萊子弄雛

為樂，綵舞陔前。枯桑君鎮石以療，藥嘗榻側。思孝不匱，樹榘範於鄉閭。子職無虧，播聲名於遠近。劉禕之之里，宜受表揚，郭世道所居，允堪矜式。此其事親之至性也。

若夫情肫尚隱，待人一以真誠。論效之奇，接物昭其信義。范巨卿黍雞之會，千里無違。郭細侯竹馬之期，一宵必待。純修務踐，穆行維敦。困厄賴頻濟而蘇，紛爭得一言而解。蓋其無偏無黨，不激不隨。似陳仲弓之平心，有傳南容之方格。且復財輕若籜，諾重於山。興仁以汜濩淳風，仗義而搘持公益。則見黌宮廣接，倡興學以育才。木鐸殷傳，勉讀書而救國。是故譽隆當世，望冠一時。臨坐酒而念車公，指停雲而思有道。屏圖白傳，豈偶然哉？絲繡平原，良有以也。此其處世之嘉行也。

至於克家有子，恰符三鳳之稱。舉世知名，並媲五龍之美，長曰天鶴，季曰天鳳。瓌資俱稟，庭訓偕聆。昆季各有所成，仲氏益為特達。則余於次君天鵬先生尤知之有素也。當其精攻政治，曾負笈於京華。復研新聞，乃浮桴於瀛海。潛心載籍，趣託紅蟫。蒿目時艱，吟興白馬。既而抒讜言於邸報，筆政式司。贊密勿於樞庭，藎謨迭獻。軒昂國會，頻參主席之團。陶鑄人才，久歷上庠之聘。征軺識廣，紀異域之遊談。仰屋功勤，刊等身之著作。天鵬先生德配盧議員小珠夫人，猷宣議席，三屆蟬聯。儀範璇閨，一門鳳翽，唱隨相得，內外咸孚。既捉鼻以同清，斯齊眉而偕老。克承風氣，為得膏腴，用知弓冶之良，必衍箕裘之懿。柳玭垂訓，悉屬嘉言。王裒命名，盡含深意。琳瑯之器，原為索靖所知。瑚璉之才，大受薛勤之賞。且復憤蠻夷之猾夏，論申滬瀆之烽。勗子弟以從戎，囑與棉湖之役。胤昆永法，頌傳公綽之詩。兒女同仇，讚見楚傖之什。此其教子之義方也。

原夫厚德載福，慶餘積善之家。追遠慎終，思遡承歡之際。則見芬揚梓舍，長開四照之花。秀梃桐孫，盛植三珠之樹。君蒿潔致，情愉惻而交縈。燕養虔修，慨幽明之竟隔。偭觴之意，在於顯親，錫類之思，堪以風世。豈可謂為非古，視若弁髦？允宜舉以箴時，應期桴鼓。孝心賴勸，名教藉宣。丁茲冥壽之期，為晉純熙之頌。流風足世，應傳琬琰之鐫。潛德用光，冀待輶軒之采。

國立政治大學教授愚晚楊向時敬撰，民國六十九年九月。

普寧黃母莊太夫人九豑晉一壽序

九域回春，獻斯椒頌，一門集慶，晉以桃觴。淑氣初展於芳辰，私風廻拂於令席，吉羊報歲，紅梅開五福之花；太簇占時，翠柏泛三光之酒。元宵初度，羨灯月之齊輝；雙帨同懸，納禎祥於兼代。粵以中華民國五十六年二月二十四日，時當夏曆丁未孟春，正月既望，為我　黃母莊太夫人九豑晉一大慶。令媳小珠女史，巧合同辰；哲嗣天鵬先生，適逢周甲，鴻軒初逾而立，謬膺民選，厠身於國民大會，接席於天鵬先生，操孤孽之心，仰高明之見，匡時論政，公誼私交，二十載於茲矣。過陶侃之居，先瞻賢母；造李膺之第，自語通家。際此嘉節長春，淑人盛事，重以議壇諸公君子之囑，則不能無述焉。

太夫人名桂芬，號世光，粵東普寧人也，系源鼎族，代有達人，累葉簪纓，联芳甲第。曾祖起鳳公，遜清道光乙未進士。名題鴈塔，身躍龍門。策論五經，才重集賢學士；圖成八駿，藝精松雪道人。祖鎮邦公，清武功將軍。叔祖鎮藩公，久官協鎮。父映斗公，襲昭武都尉。矯矯之臣，盡是虎頭豪傑；桓桓之士，靡非猿臂英雄。或綰八閩之軍符，或鎮三台之防務。馬陵削樹，知魏將之已棄；平陰聽烏，斷齊師其必遁。　太夫人幼嫻姆教，多讀父書，剪髮懷王母之慈恩，作字弄諸兄之筆硯。固宜雍容詩禮，風範不失於大家，淹貫文章，才調無慙乎古哲。

太夫人笄歲歸同邑孝廉毓才黃公，卜叶飛凰之吉，禮崇奠鴈之隆。蘋藻潔誠，義申於中饋；晨昏定省，孝盡於雙親，況復忠愛邦家，輔佐君子，揮紫電凌霄之劍，揭黃岡興漢之旗。　太夫人生子女各四，昔誇荀氏之八龍，今比蓬壺之六桂。天鵬先生其叔君也。生成異質，秉執讜言，故能踵繼宗風，鬱為國棟。始與棉湖之討逆，既浮瀛海與學書。著論則筆掃千軍，禦侮獻邊籌十策。遼東歸鶴，北上度萬里關山；巫峽啼猿，西行歷三巴風雨。上庠祭酒，增博聞則溫故知新；宣室訪賢，勗貞幹之勵精图治。近年學精憲法，望重議壇，乘桴慰海外之華僑，擊楫念域中之黔首。聆明訓斯能報國，惟大孝足以尊親者矣。

欣值萬象更新，一元復始，正春暉之普照，桂馥蘭芬，喜壽域之同登，國光人瑞。期頤定逾，爭仰北堂之儀；甲子重新，更喻南陔之義。鶴籌添算，何需蓬島之艾？鳩杖不扶，非餌華岡之木。是知大年之兆，原於居仁；餘慶之徵，由於積善。翩翩萊綵，宜中三祝之辭；濟濟冠裳，共作九如之誦。謹序。

普寧黃母莊太夫人九秩大壽序

謝鴻軒

曩者余出長普寧縣立第二中學校時，其各鄉村子弟，多勤苦耐勞，志學不倦，紛紛担囊負笈，徒步二、三十里，至校讀書，一時校中學生，由百數十人，驟增至數百人，何其盛也。其時，校址在平鵬地，為以前三都書院故址，三都為普寧富庶之區，土地肥美，風俗樸茂，著稱在昔。其間族大丁多之鄉村，若北山之許、旱堂之陳、果隴之莊、馬公柵之黃，皆其卓著者也。惟此四鄉中，余嘗作客於果隴及馬公柵兩鄉，果隴姓莊，鄉人均秉剛強尚武之風，其得諸一門四武進士之所薰陶者耶。

當時邀余之主人為學生家長莊孝廉，亦即進士起鳳之苗裔。起鳳先生，資兼文武，善畫八駿馬栩栩如生，人得之珍如拱璧，體魄魁梧奇偉，孔武有力，所用皆頭號刀、箭、石。余偶睹其客廳炕床後，放有大刀一把，重約百餘斤。余好奇心起，自揣幼習國技，區區頭號大刀，亦不能壓倒我，遂伸手一攀，大刀即傾斜下降，用兩手合力尚不能支柱，急承以肩，方能勉強穩定。學生見狀，恐有危險，遽高聲呼其父出，其父輕舒猿臂，將刀檠出，神色不變，余始服其神勇。其中式教廉，豈偶然哉？

孝廉向余一笑云：「我家所生子女，如兩手骨生成四方者，男人習武定能中式，女子則有長壽之徵。今我之子，其手骨亦四方，可惜科舉已廢，不然，定可獲孝廉或進士。」余驗之，果然，可異也哉。余在莊家勾留數日，無論男女老幼，其面形體態，深有一種特殊印象。

越明年，又被邀往馬公柵一遊，其鄉中余之學生甚多，有碧石者、有金山者、有縣中者，莫不情意殷殷，輪流款待，互相堅留，乃流連十餘日，幾乎所有學生之家人，無人不識。

一日，余與老同學黃君志士閒談，見廳庭中有中年婦人，嚴凝端重，肩圓背厚，面方耳大，手骨隱然微露四方形，和藹中帶有剛毅之氣，樸素中具有整潔之儀。余望而起敬重之心，詢之黃君，斯為何人？黃君曰，此余之嫂氏，其外家即果隴莊進士起鳳公之孫女，為映斗公之次女，其子即舍姪天鵬也。余始恍然知太夫人真饒有祖父之風度者矣。

嘗聞天鵬從前就讀三都書院時，操觚為文，即大露頭角，嗣負笈京師，因事轉學日本，治新聞學，學成歸國，初司《申報》筆政，旋入《時事新報》任主纂，忠言讜論，卓著一時。其後東征，北代及對日抗戰，無役不與。犯難冒險，置生死於不顧，誠一新聞界之傑出人才者也。迨民國三十六年，被選為國民大會代表，大陸淪陷，隨政府撤退來臺。四十九年，膺選為國民大會主席團主席，為國勤勞，深為各方面所倚重，推其所以能致此者，實皆太夫人教督之力也。

太夫人自于歸維勇公後，操持家政，敦親睦族，處妯娌間，相糾以孝，相高以讓，剛而有禮，愛而不驕，誠輓近之賢母也。生四子，長次已歿，三天鵬，四天鳳，皆服務黨國，有聲於時。女子亦四，均適名門。而三媳盧小珠，為巾幗中之鬚眉，不特能相夫教子，亦能自奮起，致力國家社會尤勤，三次為民喉舌，對地方應興應革事宜，建樹良多，故太夫人有三連任與四進士，可稱後先互相輝映之語，足見老懷大慰之一斑矣。夫太夫人晚年有如此之佳兒佳婦，隨侍在側，承歡膝下，雖歷遭時局變亂，板輿播越，轉徙靡定，而精神更見怡樂。自在臺安居，忽忽經過十餘載，已臻九十之高齡，而嚴凝端重，康健矍鑠，不減昔時。真符合孝廉所說，女得長壽之徵之明証者歟。可喜也哉。

歲逢乙巳二月某日，實為太夫人九秩設帨之辰，所有在臺年家之子、同寅之良，以及海外之親媚戚友，咸以當太夫人於七秩暨八秩時，皆婉辭慶賀。今躋九十大壽，為國之人瑞，家之活寶，烏不可稱觴上壽乎？於是天鵬小珠賢伉儷，循眾意，遵慈命，一切簡單節約，不事舖張，屆時僅舉行家慶之禮，並向海內外廣徵詩文，以揚懿德閫範。囑余為之序。余竊恩果隴與馬公柵兩鄉，是舊遊之地，回憶以前見太夫人於廳事中，不覺已歷四十易寒暑，而太夫人碩果尚存，面形體態，勝過昔時，則由九十而至期頤之壽，可預卜也。

異日者，反攻復國，神州底定，太夫人得以重歸故里。徜徉於果隴及馬公柵之間，與耆老之翁，傴僂之媼，共話桑麻，樂何如之。爾時天鵬功成身退，天下太平，承歡色笑，再祝期頤之壽。國慶家慶，同時舉行，余當再囊筆走果隴、訪故舊，而睹大刀尚有存者耳；再折往馬公柵，參加天鵬夫婦之萊綵娛親之大典，而觀四十年前太夫人所坐之廳事中，尚得無恙者乎？於以俯恩物仍其舊，而太夫人精神體魄，比益加健旺，余當高聲朗誦所撰壽聯曰：「桃熟三千年，瑤池啟宴；壽添一百歲，海屋稱觴」，以娛太夫人，想太夫人聞之，必笑逐顏開，而為之更進一大觥兕也夫。因特書之，俟他日以徵焉。

吳履泰

黃母莊太夫人九秩晉一壽序

伏維百行以孝為先，八德以忠居首。是以麟閣垂勳，照耀竹帛。黃雀入幙，誠格蒼穹。若乃天錫遐齡，壽卜期頤，福慧兼修，以壽人而壽世。蘭桂竝茂，既立功而立言。斯則熙朝之人瑞，淑世之瓌寶也。歲次丁未，序屬三陽。柳岸鶯梭，松梢蝶舞，恭逢　黃母莊太夫人九秩晉一設帨良辰，春光明媚，百花欣欣向榮，麗日映輝，卿雲藹藹凝端。蟠桃會止，斑衣戲綵，畫錦堂中，飛斝交觴，躬逢盛典，安敢無詞。

夫潮州為海嶠名郡，綰轂八方，莊氏乃普寧望族，蜚聲百粵，忠義家風，五將軍名重武林，簪纓名第，四進士光昭嶺海，贊緒肇基，淵源有自。太夫人之王太父起鳳公，資兼文武，學貫天人，道尊啜菽，歷膺疆寄，筆妙歡雲，聘馳雅壇，言繪事則宗趙子昂而獨樹藝苑一幟；論武功則同方照軒而世稱洪陽雙傑。太夫人承六經之甄陶，明四德之義理，故待字則著，不櫛進士之聲，既于歸則享莊氏賢母之譽，此可稱述者一也。

蓋積善之家，必有餘慶；立德之門，定獲鴻禧。觀乎三桂騰芳於宇內，四鸞楊芬於海外。芝蘭盈堦，金玉滿堂，是迺太夫人內則操持家政，協籌阡陌；外則敦睦鄰里，殷恤孤貧；既辛勤以齊家，復博施而濟眾，以故報之不爽，信而有徵。迨毓才太公家業既躋康榮，而天鵬先生昆仲相繼長大，太夫人夜紡授經，機杼之聲與書聲相應，日操杵舂，擊壤之歌與弦歌不息，承慈訓之義方，或效武穆而精忠報國。重家學之涵濡，或若文忠以文章經世，此可稱述者二也。

黃太公諱維勇，字毓才，秉性耿直，崇高名節，居仁由義，孝弟力田，因其言如九鼎，諾若千金，故邑有公益，非倡莫與，鄉有糾紛，非解莫息。天鵬先生幼而穎悟，神采秀徹，長而俊邁，頭角崢嶸，加以胸懷磊落，如光風霽月，志操高節，若流水行雲，是蒙鄉賢之介，從宿儒而遊，自此精思不懈，奇氣亘標，治學不倦，操觚彌勤，時海寧板蕩不安，生民焦瘁益熾，先生深維鯉庭，恒以讀書不忘救國以相勗，北堂輒以至孝，莫若盡忠以相勉，因是面承 國父訓示，致力國民革命。曲江風度，歘歷廊廟，王佐逸材，出入絲綸，此可稱述者三也。

會今 總統蔣公開府黃埔，為肅靖東江之逆豎，鞏固阪陘之藩籬。犀甲熊，耀若長虹而四出，金戈鐵馬，閃如怒瀑而齊飛，天鵬先生以嚮導，填報敵情，恒獲豐碩戰果，尤以棉湖之役，厥功憚躒，故定鼎之後，論績敘勳。方其負笈京師，設新書林以庇護革命同志之行踪，逋難東瀛，治新聞學而密與革命事業之奮鬥。誠乃志於仁而忠於國，質媲金玉，勇於義而博於學，識淹西東，迨卒業南歸，值王師北伐，遂以露布隨軍，以文章報國，繼綰申江各大報筆政，首倡綜合編輯之法，風行四海，力持烈日秋霜之筆，橫掃千軍，年未而立，名大且著，寧非熊丸助勤，晝荻功深之所致歟，此可稱述者四也。

讀萬卷書，學乃贍；行萬里路，文乃健。天鵬先生遍歷禹甸九州，藉拓襟期，遨遊亞洲十國，用開眼界，是故筆墨彌雄，著述益富。籌邊十策，文壇生輝；傑構廿種，士林傳誦。深以文學與新聞須相輔而成；建國與育才應並行不廢，故先後任京滬各大學講席，其篤志劬學，壯遊海外三萬里；菁莪造士，教成君子六千人，是以參其功者時傑，贊其道者良師。逮乎島國入寇，樞府遷渝，投筆從戎，在黨役政，凌雲志盛，倚馬才多，自是飛黃展驥，歷典要津，藝事不怠，建樹良殷。嘗應孔公之邀，闡繹尼山之教，其專志正守之道，宏而博；垂訓覺人之功，遠且大。太夫人聞而慈懷大慰，笑顏常開，夫功莫大於衛社稷；孝莫大於慰親心，此可稱述者五也。

迨蝦夷悔禍，隆幡高豎，天鵬先生念六合黔黎之重登袵席；殫一片丹心而協助復員。復為上副黨國付畀之重；下撫桑梓仰戴之誠，乃膺選為行憲第一屆國民大會代表，其講求在真經濟，憂樂先關，獻議乃百年計，綢繆未然，詎料大盜移國，赤焰燎原，是而浮桴東嶠，共赴國難。時南天陰霾，風鶴聲淚，若孤舟之失舵；譬群龍之無首，先生首撰籲請 總統復行視事之宣言，瀝陳朝野萬眾一心之翊戴，單識罕儔，忠藎堪徵。太夫人復常諭以漢賊不兩立，王業不偏安，應本多難興邦之義；殷憂啟聖之旨。聞雞起舞，擊楫靖氛。是以天鵬先生眾望所歸，再蟬連國大主席團主席。小珠夫人為民服務，三屆膺選臺北市議會議員。忠孝一門，德望兼孚，此可稱述者六也。

值茲春花燦爛，萬物昭蘇。太夫人樂天大惠，娛四代之同堂。蓄德大年，協五福之用敷，雖谷陵之興感，尚杖履之雍容，溯昔陪都，林青芝主席以長壽縣篆印製壽圖敬賀七豑，洎乎臺省，盧小珠夫人以班禪活佛加持寶戒獻祝八旬，是乃教忠則名重元首；勸孝則家有賢媳。比者舉國奮與夏之心；全民勵沼吳之志。行見華山桃林，歸馬之慶可期；賣劍買牛，時雍之象可致。太夫人聆而懽，聽而怡，姻親鄉黨，遂乘機爭獻玉醴。珥貂俊彥，亦相繼敬誦徽音，爰秉枌榆之誼，苔岑之契，祝岡陵之長春，謹陳微言述德，綿鶴算於來日，賡頌萬壽無疆，是為序。

馬慶柱

黃公成議八袠開六冥壽序

恭祝

敕　授儒林郎

誥　贈奉政大夫成議老伯大人暨　德配

敕　封安人

晉　贈宜人黃老伯母張宜人八袠開六冥壽序

客有問於余者，曰大丈夫生天地間，其可以為世矜式者，大都得志於時而後能之，否則居草澤而欲表異於人世，不戛戛乎其難哉。余曰否否，昔陳仲弓、郭有道，躬耕自樂，不求聞達於諸侯，至於今猶嘖嘖人口稱道，不置者非以其可為世矜式乎？若徒以具貴也，則漢莊青翟位至三公而史無一事可書，唐之宰相表中多不能舉其名字而窮巷掘門之善，是稱接於耳者，遂者禁流連慨慕焉，誠以特立獨行固難能而可貴，耳普寧泧都馬公柵鄉有成議翁者，諱贊河候，選卅同知以子貴。

誥贈奉政大夫君鳳翁之長子也，性孝友忠厚樸質，力田服賈以至成立不數年而家以豐焉，里與人爭則力為勸止，曰吾輩生光天化日之下，不能致君澤民，有所補於國家，正當相安善事，不作風波，於世貽害，閭閻負氣不服，既損人又損己，夫何為者噫，此真仁人之言，可以為世矜式者也，繇是里之人咸謂：

翁長者　德配

張　宜人為黃家婦，克勤克儉，家雖豐裕，而荊布不改，是亦女而士行者，天不偽年，產子四女一，而捐人世。

盧繼室

宜人克相夫一守，　張宜人成法產子一女一，亦壺範之可風者，按翁子五人。長明春，同知銜；次明教，贈都司銜；三明奎，贈守備銜；四明宅，同知銜；五明翼，都司銜；女則一適許，一適陳；孫十餘人，邦榮、邦彥、邦開，俱都司銜；邦美守備銜；邦宗銀皆國學；曾孫則綿綿延延多在國學者，嘻盛矣！余何知之益，其孫盛東曾受業於余，為余言之特詳，余訪之鄰里，孫藉藉人口，不告然，後知其言之之謬也，今日者子若孫輩以贈翁與

張宜人不克臻大耋為憾，既建祠崇享又僉謀製錦遺盛東，丐余一言為

贈翁與

張宜人開八袠冥壽之觴，夫冥壽非古也，但孝子慈孫無所不至，以為既不得盡歡於生前，斷不可復缺其禮於身後。聖人曰，事死而生，孝之至也，是念也，誠可嘉也，況　翁與　宜人內行克修如此，是尤不可沒也。夫　翁一布衣耳，仍得載之口碑，至於今勿替，今人皆以為有郭諸君子之遺範焉，豈不懿哉。世之人苟盡以翁為矜式，相安耕鑿，則唐虞之風復見，今日豈非聖子之福哉？周不辭而為之序。

誥授奉政大夫五品銜吏部揀選知縣乙酉科舉人愚姪王延康頓首拜撰并書。

誥授奉政大夫同知銜

特授海陽縣儒學教諭丁卯科舉人順德宗愚弟黃孔芬頓首拜祝

誥授奉直大夫

賜同進士出身翰林院檢討加四級嘉應愚弟溫仲和頓首拜祝

敕授徵仕郎選用儒學訓導稟貢生姻愚弟劉芝榮頓首拜祝

敕授徵仕郎歷署順德縣訓導德慶州學正姻家晚生張成章頓首拜祝

欽點營用守備庚寅恩科武進士宗愚姪黃國鈞頓道拜祝

光緒三十二年歲次丙申律仲蕤賓之月穀旦

浮光掠影

天廬年譜

民國前三年（一九〇九）出生

農曆二月十七日，生於廣東省普寧市流沙鎮馬公柵鄉觀山樓南「居之安」老宅。

父黃毓才（一八七九—一九三四），為遜清武舉人，同盟會員；祖父為都司黃邦彥、曾祖父為儒林郎黃成議、高祖父為都司黃興德。

母莊世光（一八七七—一九六七）為普寧果隴進士第名門，昭武都尉莊映斗之女，將軍莊鎮邦孫女、將軍莊起鳳曾孫女。

兄弟行三，排名勝欽，生辰戌時，小名烏。

民國元年（一九一二）三歲

背誦三字經。

隨父母避亂，居邑西明心堂古剎，黃卷青燈，翛然種出世想。

民國二年（一九一三）四歲

認讀詩經，鄉中宿儒講授經史詩詞與歷朝治亂史蹟，穎悟異常，父語：此吾家千里駒也。

民國三年（一九一四）五歲
進入私塾就讀，由塾師教授經史子集，以勤敏稱著，按族譜為雅字輩，學名雅賜。

民國四年（一九一五）六歲
至公益學堂就讀，改名天錫，沈靜好學，每試輒冠其曹。寒暑假從名宿宗親連階治古文辭，斐然可觀。
聽父叔輩講述武昌起義、先烈革命事蹟，心嚮往之。

民國六年（一九一七）八歲
在公益學堂以第一名畢業，鄉例多從族人習賈，以篤學故，請父給予續讀，父嘉許之。
進入普寧三都書院，該院承清季書院遺風，教習俱邑中名宿，獲從名師遊，學乃大進。
鄉人好鬥，多習拳術，曾練「萬人敵」，旋棄去。
於父書屋獲窺說部，課餘窺讀甚殷，對文學興趣日增。

民國八年（一九一九）十歲
聞「五四運動」，嚮往殷切。

民國九年（一九二〇）十一歲
冬，三都書院以冠軍畢業。
十二月，孫文蒞臨汕頭，經胡漢民、鄒魯介紹，以學生代表晉謁，欣聞革命大道，以文章報國自勉。

民國十年（一九二一）十二歲
春至汕頭，入礐石中學，該校為教會所辦，重英文，初頗不習慣，旋亦安之。西教習賈康均器重之。暇為短文，投諸潮汕各報。

課餘治說部外，復嗜閱時事書報。與革命黨人往還，有感於宣傳之力，憧憬新聞記者生涯。三都學院習作《韓昌黎守潮考》，天聲出版社印行。民國十八年再版。

民國十一年（一九二二）十三歲

受新思潮洗禮，開始校外兼職，任《潮商公報》訪員及校刊編輯，偶為新詩，刊《天聲日報》。撰《史官與記者》，潮商公報社印行。

民國十二年（一九二三）十四歲

反宗教運動興起，夏，離礐石中學，赴福建集美學校，以舟誤期，滯留廈門鼓浪嶼，入美華書院治英文，因校有同名者，改名「澤天」

兼汕頭報館福建特派員。輯研究所得為《新聞與新聞記者》，新聞學會印行。

讀曼殊遺作，頗有飄零之感，常至南普陀或徘徊於鄭成功故壘憑弔，為文喜用「黃粱夢」筆名。受心戒於南普陀。

民國十三年（一九二四）十五歲

春，因病返回故里，家人欲為成家，雅違素志，抑鬱不歡，無奈乃橐筆浪遊自遣。

春末，偕窗友楊新聲等航海至滬，經青津入京師，擬考北京大學，至時已逾期，閱九江先生主講平民大學新聞學系，遂入該校，師從徐寶璜、邵飄萍等。兼各報通信事，半工半讀，為半職業記者。

書院時代筆記《讀史札記》印行，以此贄見新會梁啟超，深受贊賞。

卜居積水潭旁，南海先生為額所居曰天廬，聯云「天地皆春色，乾坤一草廬」。

識報界隱士千葉老人。

民國十四年（一九二五）十六歲

總理入京，偕同志往前往拜謁，襄贊革命宣傳，開始從事黨團工作。

國民革命軍東征至潮汕，隨族人參加棉湖之役，偵報敵情導致戰功。

為文慕梁新會，創新聞文學之說，課餘從淩霄漢閣、紅葉山房主人習曲。

民國十五年（一九二六）十七歲

秋，與同窗河北張一葦、西蜀王一心，自號一天，合稱「三一」，創辦「北京新聞學會」，以推進全國新聞事業為宗旨，並輯新聞叢書，署名鵬，字天鵬，以字行，為文常署「天廬生」。

民國十六年（一九二七）十八歲

元月，《新聞學刊》（The Publication of Journalism）創刊，為新聞界有專門刊物之始。

七月，循京漢路，經漢口下長江，轉粵開夏令會，創辦《洪陽》月刊，普寧留京學會印行。後取道金陵，經津浦路北返，著有遊記多篇。

八月，籌備設立新書林，《新聞學刊》發行部結束，委託新書林出版。

九月，南昌起義軍由福建進入廣東，建立革命政權。普寧潮陽各屬受到攻擊。

十二月，嶺海浩劫，冰雪殘年，歸弔故園。

民國十七年（一九二八）十九歲

一月四日，抵上海，除夕（二十二日）前寧潮。

二月底北上，滯留滬瀆，編《新聞學刊》、考察報業。

三月，返京續編《新聞學刊》。十六日新書林遭監視與盤查。

四月，徵集中國三百多種報紙雜誌，併同私人珍藏送往德國萬國報紙博覽會參展。

五月，平大校內發生風潮，由大學部轉專門部政治經濟科，草草畢業，學名「黃梁夢」。時軍閥逮黨人急迫，新書林為革命通訊機關，張一葦被補，適因公外出，聞訊得脫。
六月，國民革命軍克復北京，易名北平，張一葦出獄，《新聞學刊》復刊。病倒故都，一度至津，助《北洋畫報》編事。
八月，北京新聞學會改名為「中國新聞學會」，遷往上海，《新聞學刊》同步遷滬。二十日《新聞週刊》創刊號出版。
九月，南遊至滬，應《申報》協理汪英賓之邀，入《申報》任職。於杭州新聞記者公會新聞講習班任教。
居補其壁云：「萬里飄蓬雙布屨，十年回首一僧衣。」以示胸懷。

民國十八年（一九二九）二十歲

《申報》編輯。
年初，赴日考察。
二月，改組《新聞學刊》推出《報學月刊》，由光華書局刊行。
初秋，因編事與館主史量才、主編陳冷不洽，辭去東渡。以《申報》特派員名義，列席「太平洋會議」。
至神戶，師從鮑振青夫人清子習日文。繼留東京，入新聞研究所，師從所長永代靜雄。至早稻田大學聽政治和經濟演講。
居東京府下天廬，與鄉友陳毅威及臺灣革命志士往還尤密。
在東京創辦中國新聞社，提供日本政情予國內各報（後在上海及重慶繼續辦理，以國內政情供海內外各報）。通信雜文散見《申報》、《上海畫報》、《益世報》及《旅行雜誌》。
著《支那の新聞紙業》，以日文撰寫，返國後以中文重撰《中國新聞事業》。日本參佛禮佛寫成《佛國聽經記》。主編《新聞學名論集》，為時人論著選輯。主編《新聞學論文集》，選輯五四後各家見解。

民國十九年（一九三〇）二十一歲

居東京郊外武藏野天廬。

適「金解禁」，申匯奇縮，生活困迫，無奈返國。五月起程，途中繞道西伯利亞伯力至東北，行腳所至，撰為遊記，發表各報章雜誌，後輯成專書《日韓俄萬里遊蹤》，漢文正楷印書館發行。

謝六逸邀至復旦大學擔任教授並規劃新聞系課程，創立中國第一個「新聞學研究室」。

任《時事新報》通信部主任，以函授方式訓練通訊記者。

著《天廬談報》、《新聞文學概論》、編撰《新聞學刊全集》、《報學叢刊》、主編《新聞學綱要》。

民國二十年（一九三一）二十二歲

任《時事新報》編輯，首開先例，將頭版改為要聞版；兼復旦大學新聞研究室主任。

四月，至中公大禮堂演講「新聞學人」。

七月，赴杭州報學講習所，主講「新聞文學之建設」、「中國報業之今昔」。

八月，代表申時電訊社赴東北考察萬寶山案，沿途撰寫通信三、四十篇，警惕國人事竣，方入關，「九一八」事變爆發。東北見聞後輯成《東北經濟調查》、《考察紀要》，由時事出版社印行。撰《籌邊十策》附照片，呈送吳鐵城轉最高當局。

秋，負責籌辦滬江大學商學院與《時事新報》合辦新聞訓練班，造就人才。

十月五日，與任白濤、翁毅夫和袁殊發表聲明，呼籲全國，抗日救國。

十二月，《時事新報》主編要聞版，兼編副刊《青光》。

歲暮，迎老親至滬供養。

著《新聞記者的故事》，又名《報壇逸話》，倣效墨衢（The Street of Ink），記報界奇人奇事報。繼而推出《新聞記者外史》，為海外秘聞軼事；《怎樣做一個新聞記者》，介紹記者的起源、地位、資格、分類、責任、待遇等；編撰《新聞學演講集》，選輯專家學者演講稿，代表北伐後兩、三年間的新聞學見解。

民國二十一年（一九三二）二十三歲

淞滬「一二八」戰起，主《時事新報》午刊，辛勞萬狀。事平，識蘇人盧小珠。盧小珠，名鈺，字小珠，籍貫江蘇，民國二年農歷一月十六日出生。

九月，滬江大學新聞訓練班改為新聞學系。以滬江大學校長劉湛恩之邀，兼滬大教授。

秋，編撰「中華百科叢書」《新聞學概要》。彙編《青光》中抗日救國言論成《逍遙閣隨筆》。

創辦《微言》雜誌，為討論時弊之綜合型刊物。

民國二十二年（一九三三）二十四歲

仍兼復旦、滬大教授，並至勞動大學、吳淞公學演講新聞學。

國慶日與盧女士訂婚。

十二月八日返粵結婚，雙親大慰，婚後度蜜月於港省，週月回滬，撰《蜜月旅行記》與《南遊漫記》，《時事新報》連載三月，漢文正楷印書館校印單行本。

彙編《青光》中帶有禪意的筆談成《黃粱集》；著《新聞學入門》，為研究新聞學與新聞事業的方法。

民國二十三年（一九三四）二十五歲

元旦回宴親友於同興樓，男女嘉賓二百餘眾。

《時事新報》筆政之餘，仍講學滬江。

兼《北平晨報》特派員，筆名「黃衫客」。

秋，父逝，返粵奔喪。創辦毓才學校，小珠任教務主任。

彙編生平散見報章作品為《時事叢編》；選輯《青光》文章及未發表的生活感想，成《逍遙夜談選》；著《海天遊記》，漢文正楷書局印行。

民國二十四年（一九三五）二十六歲

七月四日長女珮珮出生，學名佩玉。

九月，《時事新報》受當局停郵處分，仍艱難維護之，該報旋歸財政部長孔庸之氏。調任副總編輯。

民國二十五年（一九三六）二十七歲

國事日急，為文多憤慨之詞。

應孔公子邀，兼創辦《南報》，別創一格，以小型姿態採大報新聞之長。

著《時事新報新聞講習班講義》，闡述培育人才三聯制方式——學院教學、研究所研究、日刊實習。

兼民治新聞專修學校教授。

十一月四日長子佩文出生。

民國二十六年（一九三七）二十八歲

「七七事變」戰事爆發，誓以筆刀當寶刀。而後「八一三」戰事起，主持《時事新報》筆政，以頻年多故，已風雨飄搖，生活亦大受影響。

四弟天鳳任警備大隊長，駐上海閘北。

十一月，國軍退出淞滬，上海淪陷，《時事新報》停刊，擬西遷漢上。

十二月攜眷離滬，繞道廣州，乘粵漢路至漢口度歲。

民國二十七年（一九三八）二十九歲

二月入川，歷三峽、止渝州，十八日抵行都，為《時事新報》籌劃復刊事，經緯萬端，肆應紛繁，冠蓋酬酢幾無虛日。國難當前，履有投筆從戎之意。

四月應羅家倫邀兼任國立中央大學教授，一度遊成都。

九月應鄧文儀邀赴銅梁中央軍校，任同少將編審委員。

十一月為孔院長召歸，調任《時事新報》協理兼總編輯。

民國二十八年（一九三九）三十歲

一月兼任中央政治學校講師。

「五四」敵機大轟炸，重慶各報奉令停刊，出聯合報，被推經理其事，艱鉅調度，同業歙然，一度身旁落彈爆炸、中彈外衣。葉楚傖稱「筆軍總司令」，獲蔣委員長召見嘉勉。

應陳辭修邀至軍委會政治部，任部報委員，階同少將，兼中央訓練團新聞研究班總教官。五度深入敵後工作。

在中央警官學校任教，著《出版法釋義》。

民國二十九年（一九四〇）三十一歲

兼任中央經濟調查處專員，旋副部長潘公展邀任中央宣傳部編審，後兼新聞事業處指導科科長。

暑假送眷赴合江，返渝仍從事文化工作，政治部調任設計委員。

長兄黃天鶴過逝。

民國三十年（一九四一）三十二歲

中央宣傳部設文化運動會，調兼委員。

承令任中央圖書審查委員會秘書、行政院任參議，未就。

應秘書長吳鐵城邀，任中央黨部秘書處專員、兼中央訓練團黨政班指導員等職。

民國三十一年（一九四二）三十三歲

仍任中央訓練團黨政班指導員。

三月，至南溫泉中國新聞學會主講〈四十年來中國新聞學之演進〉。

六月，中央出版事業管理委員會成立，代表中央秘書處任委員，嗣被任兼秘書，綜核文稿、掌理會議，又兼行政院國家總動員會議專門委員職務，審理法規。
十二月，發行《出版會報》，介紹中央出版事業動態及相關法令。

民國三十二年（一九四三）三十四歲
仍任中央出版事業管理委員會委員兼秘書，兼中央文化驛站總管理處處長。
蔣總裁就任國民政府代理主席大典後，以黨務工作優良特召見嘉獎。獲國民黨頒發革命勳績證書。
編纂整理《黨報史略》及《總理印刷工業遺教之研究》。
適結婚十年，旅蜀故舊門人醵資慶祝，並彙以詩文書畫，為集紀念，名公巨擘題咏者有葉楚傖、黃任之、潘公展、易君左諸氏，林森為署其耑，題「逍遙伉儷紀念集」，黨國先進賜題有吳稚老、鄒海老等。
十一月五日，獨子佩文車禍身亡。

民國三十三年（一九四四）三十五歲
出版會改組，調任中央秘書處專門委員職。
因事曾赴北碚小住。
冬兼掌中央印刷廠。

民國三十四年（一九四五）三十六歲
創南風社，發刊《南風》月刊，為綜合性藝文雜誌。輯《古代民主政治專號》。著《蜀中三作》。
八月，日本戰敗投降，奉派參加籌劃還都事宜。
任中央印務局總管理處處長，編印黨員必讀書十二種二十萬套，印行《三民主義》八十萬冊。

民國三十五年（一九四六）三十七歲

一月，奉派視察京滬接收情形。

二月，發行《蔣主席關於憲法憲政之言論》。

四月，率領中央印務局員工還都復廠。

八月，中央印務局企業化，任總經理。

卜居西華門三条巷天廬。

民國三十六年（一九四七）三十八歲

八月，奉命視察西南，經穗、港、汕，攜眷返普寧，十年未歸，家鄉父老歡迎甚盛。

十月，國民黨中央提名為國民大會代表人選。

十一月，高票當選國民大會代表。

購買圖書捐贈普寧各級學校，設「毓才公獎學金」。

著《中國政治制度》、《中國制憲史略》、《三民主義淺說》、《五權憲法精義》。校印《國父遺著未刊本——三民主義》、《三民主義精校本》；彙編《國民叢刊》、主編《憲政叢刊》、整理《行憲法規彙編》等。

民國三十七年（一九四八）三十九歲

三月，參與行憲國大會議，制定《動員勘亂時期臨時條款》，彙編成《制憲修憲史》、《憲政叢刊》。

提案籲請政府扶植新聞出版文化事業、平均地權、節制資本、安定國計民生。

民國三十八年（一九四九）四十歲

春，奉命播遷來臺，卜居臺北市館前街社會公寓。

四月，黃母莊世光攜黃洪年由汕頭搭機來臺。

五月，撰〈國大代表在臺首次宣言〉。

民國三十九年（一九五〇）四十一歲

春，於和平西路一段七十八巷二街租賃房舍。

四月四日，成立孺子托兒所，收撫棄嬰孤兒。

八、九月，總統通告國民大會臨時會緩予召集，研商緩開事宜。

著《校理學》、《新聞文作文法》。

民國四十年（一九五一）四十二歲

三月八日，設立婦女工藝社、婦女棉織廠，收容受虐養女。

四月十八日，胞弟天鳳遇害身亡。

五月二十日，創設「中國憲法學會」，任常務理事兼總幹事（後改稱秘書長）。

九月，任政工幹部學校（後更名政治作戰學校、國防大學）教授。

撰寫〈立法委員改選問題〉，探討四十年五月第一屆立委任期屆滿所遇之困難。

民國四十一年（一九五二）四十三歲

內政部四十一年全國性人民團體工作成績總檢查，中國憲法學會成績列為甲等，給予獎狀。

創辦《中國憲法學會年刊》，任社長及發行人。

撰〈國民大會臨時會的幾個問題〉等。

民國四十二年（一九五三）四十四歲

九月，政工幹校交通車翻車，被甩出車外，後腦受撞擊，檢查無異狀。

十月三十一日，蔣中正鼓吹救助婦孺，響應號召，決議擴大收容規模。

遷至安東街三八八巷一號「海天小築」。
編撰〈行憲後之政治制度與施政述要〉。

民國四十三年（一九五四）四十五歲

二月，國民大會第二次會議，提案請政府頒布行使創制複決權、修改《動員勘亂時期臨時條款》、臺北市改制為院轄市等。
七月，成立「大同婦孺教養院」，免費收容婦孺教養，為臺北市惟一收容婦孺機構，邀梁寒操任董事長。設先翁「黃毓才獎學金管理委員」，補助升學。
購地興建「大同婦孺教養院」永久院址，位於臺北市安東街三八一號。

民國四十四年（一九五五）四十六歲

七月，院刊《大同婦孺》創刊。舉辦茶會，邀請各界考察。大同工藝班至市政府教育局改組立案。
九月，任政治大學新聞系教授。
十月，中國憲法學會舉行「創制複決行使」座談會。
十二月，大同婦孺教養院董事決議增加收容名額。
著〈國民大會第二次會議的成就〉、〈憲法研究綜合報告〉等。

民國四十五年（一九五六）四十七歲

三月，大同婦孺教養院舉辦新春茶會，展出名家書畫及院女手工藝品。
七月，大同婦孺教養院兩週年紀念會，嚴家淦、王德溥、高玉樹等蒞臨。
六月，臺灣省攝製社教片「保護養女」，至大同婦孺教養院取鏡。
九月，任師範大學、世界新聞職業學校教授。
十二月，大同婦孺教養院決議擴充業務範圍，辦理社會救助。舉行慈善運動週。美軍顧問團與院民共度聖誕節。

授課內容編寫成《新聞寫作》與《新聞文學》。

民國四十六年（一九五七）四十八歲

元月，內政部將大同婦孺教養院列為國際人士參觀福利設施之一。

元月四日，大同婦孺教養完成西院建設。中國憲法學會搬至大同西樓二樓。

四月四日，美軍顧問團眷屬至大同婦孺教養院，與院童共度兒童節。

四月二十五日，臺灣省警務處通令全省各縣市警察局所，被棄嬰幼一律護送至大同婦孺教養院收養。

四月，領導中國憲法學會黨團，成績優良，蔣中正頒發獎狀，四六五字第〇〇一二號。

六月，聯合國遠東經濟委員會、日本參議院議員訪問團等，考察大同婦孺教養院，譽為遠東私辦院所最完美者。

七月四日，大同婦孺教養院三週年紀念茶會及同樂晚會。

十月，赴泰國探望四妹黃若音（字御蘭）。

十一月初，伊拉克大使艾納第一行人參觀大同婦孺教養院。

十二月二十四日，美軍顧問團團長鮑恩將軍夫人一行六人蒞院訪問。

大同婦孺教養院協助政府辦理冬令救濟，獲省府頒發獎狀。

任政治大學「新聞文學」教授。

民國四十七年（一九五八）四十九歲

元月，大同工藝班班參加臺北市手工藝品展覽會，成績優良，獲頒獎狀，捐出銷售所得。

四月，獲蔣中正頒「忠黨愛國獎狀」，四七五字第〇〇四三號。

五月，大同婦孺教養院獲省社會處頒特種獎狀、二等獎狀，傳令嘉獎。

九月十七日，變性人謝尖順入住大同婦孺教養院。

十一月，蔣中正公開反對修憲，回應「目前研究做為修憲準備、正式修憲在適當時機。」

民國四十八年（一九五九）五十歲

六月，大同婦孺教養院工作成績經考核列甲等，獲臺灣省社會處頒發獎狀。

七月，大同婦孺教養院奉准籌募救濟基金。

八月，協助救濟中南部水災。美軍協防臺灣司令史慕德夫人任大同婦孺教養院榮譽董事。

十月，美國華亞之聲代表羅蘭女士參訪大同婦孺教養院。

十二月，中國憲法學會年會通過提議修訂《動員戡亂臨時條款》。

十二月十日，成立「大同之聲平劇社」。

民國四十九年（一九六〇）五十一歲

二月，國民大會第三次會議，任主席團主席。提案修訂臨時條款總統連任。二度提案臺北市改制院轄市。

七月，大同婦孺教養院成立六週年紀念，史慕德夫婦、張知本等一千多人到場。在中山堂義賣傳家寶。

十一月，大同婦孺教養院辦理財團法人登記，俾垂永遠。獲省府工作考績甲等，並獲頒獎狀。

著〈張懷九先生與近代法治運動〉、〈國民大會第三次會議完成歷史任務〉等。

民國五十年（一九六〇）五十二歲

一月十六日、十七，大同之聲平劇社演出《長亭會》、《岳家莊》、《玉堂春》、《白娘子》。

五月二十日，中國憲法學會十週年紀念會，到場有陳誠、于右任、何應欽、王雲五等一千多人，發表〈中國憲法學會十年來的回顧〉。

六月，全省私立救濟育幼院成績總考核，大同婦孺教養院評列甲等。

七月一日，大同婦孺教養院舉行成立七週年暨婦藝工作十週年紀念，與會者逾五百人。

十二月，大同婦孺教養院擴充救濟設施、增加收容名額。

民國五十一年（一九六二）五十三歲

五月二十九日，中國憲法學舉行「創制複決兩權行使問題」座談會。

七月，大同婦孺教養院考核績優特獎，獲省府社會處嘉獎。

大同婦孺教養院附設小康幼稚園成立，識教師莊信子。信子，名秀芝，小名秀秀，民國三十一年農曆四月二十八日出生於宜蘭縣礁溪鄉吳沙村。

民國五十二年（一九六三）五十四歲

三月，隨副總統陳誠出訪越南。

五月，訪問東南亞，至越、泰、星、馬、印、菲等地。

六月，密會美國總司令赫金斯（Frankley H. Higgins）。在《越南新報》新聞記者訓練班演講。

八月，曼谷會見班禪。

九月，面見陳誠，報告東南亞行。任政治大學、中國文化學院、師範大學華僑新聞專修科教授。

十二月，在國民大會代表全國聯誼會專題演講東南亞憲政。撰〈東南亞新興國家憲法之新趨勢〉。

十二月，赴宜蘭莊家，與莊信子女士文定，年底在臺北家中宴客。

民國五十四年（一九六五）五十六歲

十一月七日，中國憲法學會舉行國父百年誕辰紀念座談會。

十一月十四日，次子錚錚誕生，學名佩正。

著《東南亞當前局勢與華僑》、《新加坡獨立及其前途》、《南洋新興國家憲法概述》、《海天萬裡留鴻爪》、〈國民大會臨時會的任務〉等。

民國五十五年（一九六六）五十七歲

二月，國民大會臨時會及第四次大會，任主席團主席，提創制複決權行使辦法。三度促請臺北市升格為院轄市，終獲通過。提案要求政府爭取外交主動，充實僑務機構。
十二月，《中國憲法學會年刊》擴充內容，更名為《憲法學報》，撰〈中國憲法學會十五週年之回顧〉。

民國五十六年（一九六七）五十八歲

二月二十四日，黃母九秩晉一大慶，蔣中正贈壽軸，嚴家淦、何應欽、孫科等一千五百餘人前來祝壽。
四月二十二日，黃母辭世，蔣中正頒〈教忠有方〉輓聯。
四月二十九日，黃母公祭，嚴家淦、孫科等一千多人到場。
六月，大同婦孺教養院省府最後一次考核，仍維持歷年甲等光榮紀錄。
七月，臺北市改為院轄市。
任文化大學新聞系教授。撰〈南亞各國憲法新傾向〉。

民國五十七年（一九六八）五十九歲

二月，張知本九秩嵩慶，撰〈張懷九先生行誼〉並編印紀念文集。
五月二十日，中國憲法學會舉行「行憲政府成立二十週年」座談會，蔣中正為《憲法學報》題簽。

民國五十八年（一九六九）六十歲

八月二十日，三子小龍出生，學名佩韋。
十一月三十日，中國憲法學會舉行「憲法教育座談會」。

民國五十九年（一九七〇）六十一歲

夏季，與孫科、梁寒操等人聯合發表復興文化宣言。
十月十四日，中國憲法學會舉行「政務官懲戒座談會」。
十二月，《憲法學報》更名為《憲政時代》。

為國史館撰修《中華民國六十年史事紀要》及《國民大會通志》。

民國六十年（一九七一）六十二歲

一月十七日，次女小珊出生，學名佩珊。

三月二十六日，中國憲法學會舉行「中央公職人員增補選問題」座談會。

五月二十日，中國憲法學會二十週年紀念會，與中央圖書館舉辦文獻圖片展覽。

民國六十一年（一九七二）六十三歲

二月十二日，中國憲法學會舉行「如何充實中央民意機構」座談會，建議改選民意代表，汰舊換新。

二月二十日，國民大會第五次會議，提案擴充僑務編制與中央文史博物機構。

六月二十六日，么兒小鯉出生，學名佩玄。

十二月二十五日，中國憲法學會舉行「禮運大同篇」座談會。

民國六十二年（一九七三）六十四歲

一月三十一日，紅十字會臺灣省分會婦女服務團參觀大同婦孺教養院。

二月二十三日，中國憲法學會舉行「中華文化復興運動推行海外」座談會。

六月，市府徵收大同教養院部分土地，限文到兩週內自行拆除地上建物。

八月，臺大慈幼會舉辦「惜別晚會」。拆除東院，一百二十四名孤兒轉入各育幼院或暫住大同西樓。

九月，成立「私立大同教養基金會」，擴大社會救助。

九月十三日，中國憲法學會名譽理事長孫科病逝。

民國六十三年（一九七四）六十五歲

四月，遷至新店中央新村六街七十三號「天廬」。

捐贈「大同西樓」、「大同樂園」及住家「海天小築」。
赴香港半島酒店參加堂弟黃勃雲娶妻婚宴。

民國六十四年（一九七五）六十六歲

三月五日，大同婦孺教養院名義董事長梁寒操心臟病發猝死。
七月，《憲政時代》改為季刊，撰〈憲政時代回首二十五年〉。

民國六十五年（一九七六）六十七歲

五月二十一日，設私立大同教養院慈善基金管理委員會，擴大救助、頒發清寒獎學金等，承租五福大廈辦公室。

民國六十六年（一九七七）六十八歲

六月二十九日，大同婦孺教養院董事會指陳，大同拆除後原址荒廢，欲購合適土地，一再受阻。
新聞局評選《憲政時代》為優良出版品，出席頒獎典禮。

民國六十七年（一九七八）六十九歲

二月十九日，國民大會第六次大會，任主席團主席。提案加強憲法教育、整修國史、增加海外中央民意代表名額。
三月二十五日，農曆二月十七日，婉拒七旬高壽慶生會，故舊戚友近四百人題詩贈箋；鄭彥棻、何宜武等邀約餐敘，上百人參與。
首創優良憲法著作獎，舉行憲法徵文及大專學生獎學金，獎金來自七秩大壽節約筵席費。
黃父毓才百齡誕辰，廣印萬歷卅八年《普寧縣志略》。
至曼谷為堂叔黃子明祝壽。
八月二十三日，大同教育基金會擴充獎助學金，舉辦《禮運大同篇》學術徵文。

民國六十八年（一九七九）七十歲

元月二十四日，大同教育基金會設「黃天鵬新聞獎學金」，由中國婦女社代辦。

七月，大同教育基金會就〈世界大同〉主題徵稿。

撰〈國民大會歷次大會及其成就〉、〈中國憲法學會的回顧與前瞻〉等。

民國七十年（一九八一）七十二歲

五月二十日，中國憲法學會三十週年紀念。

九月二十日，中國憲法學會紀念大會，發行三十週年紀念特刊，舉辦優良著作選拔，由大同教育基金會提供經費。

出版《天廬論叢——黃天鵬先生執教四十年紀念文集》。

撰〈憲政時代回首三十年〉、〈九一八事變導火線——吉林萬寶山案〉、〈九一八事變導火線——吉林萬寶山案透視〉、〈由中央訓練團到憲法學會〉等，分別刊於《憲政時代》、《美哉中華》畫報第一五五期、《憲政論壇》第二十七卷第五期、《中國憲法學會通訊》民國七十年十二月三十日。

撰《從新聞記者到國大代表——黃天鵬自傳》下半卷。

民國七十一年（一九八二）七十三歲

三月二十一日，身體不適送三軍總醫院。

三月二十四日六點半，心肌梗塞，與世長辭。

四月十七日，葬於臺北市六張犁福德公墓。

參考書目

一、天廬逍遙閣藏書

手書

天廬，《江夏家乘》，目次：天廬年譜、天廬自述、小珠初度、寶戒題記。盧小珠謄寫。

天廬，《南行紀程》上、中、下，民國五十二年。

天廬，《病榻日記》六十三年。

天廬，《休養日記》六十三年。

天廬，《休閒日記》六十四年。

天廬，《退省日記》六十五年。

天廬，《閒情日記》六十四至六十六年。

天廬主人，〈以戒為寶〉，書法，建國三十五年七月七日記於金陵。

相天二十，《黃天鵬先生相案》，丙申年正月十六日，臺北市南昌街綠園。

黃天鵬，〈三民主義研究心得報告〉。

黃天鵬，〈黃天鵬自述〉，民國四十二年二月二十一日。
《逍遙伉儷紀念集：正集、續集、外集》，書法謄寫，線裝書。
《逍遙伉儷紀念集》，硬筆謄寫，于右任、林森、孫科等題簽，線裝書，民國三十二年。
《普寧江夏世家壽言彙編》，硬筆謄寫，線裝書。
《黃代表天鵬賢伉儷七秩壽言》（一）、（二），硬筆謄寫，線裝書。

報紙期刊

《大同婦孺》，一至十二期，民國四十四年至五十一年。
《大同教養》，十三至十四期，民國五十六年至五十七年。
《中央日報》，民國三十七年三月十七日。
《中國憲法學會年刊》，民國四十一年至五十四年。
《天廬剪貼簿》。
《天廬東南亞紀行》，剪報，民國五十二年。
《南風月刊》，民國三十四年。
《重慶各報聯合版》，民國二十八年五月至八月。
《報學月刊》，民國十八年。
《黃天鵬顧問訪問泰國》剪報，民國五十二年。
《新聞學刊》，民國十六年至十七年。
《新寧日報》，民國三十六年十二月二日。
《憲法學報》，民國五十五年至五十八年。
《憲政時代》，民國五十九年至七十一年。

天廬逍遙閣藏書。

資料

民國二十年時事新報館黃總編輯卷宗、民國二十九年會議紀錄中宣部新聞事業處指導科長由黃天鵬兼任、民國三十一年黃天鵬提案在中執會設立研討黨義機構、民國三十一年試辦《出版會報》相關辦法、民國三十一年五屆十中全會黃天鵬文化宣傳研究提案、民國三十一年黃天鵬上吳鐵城呈、民國三十二年呈核參加會商正中財產升值事、民國三十二年中央社防空洞來賓證、民國三十五年中央印刷所董事會組織規則及董事會名單、國民黨中央執行委員會宣傳部人事任用公函、民國三十六年致吳鐵城函、中國國民黨廣東省黨員參加國大代表立法委員監察委員競選登記表、十月廿九日第三小組會議圈選黃天鵬同志為正式代表、國民大會代表普寧縣選舉事務所當選通知書、中國國民黨廣東執行委員會通知書、黃天鵬競舉文宣、為選舉國民大會代表敬告普寧同胞書、為選舉國民大會代表敬告普寧地方人士書、為國大選舉告本邑人書、民國三十五年中央印務局經濟部工廠登記證、民國三十七年中央印務局所有權狀及分段圖、黃天鵬身份證影本、黃天鵬戶口名簿影本、黃天鵬護照、黃天鵬出入境資料、中國國民黨黨內文件——黃天鵬同志為黨工作個案資料、民國六十四年中華民國當代名人傳資料表、國民大會代表暨主席團主席黃天鵬簡介、天廬論叢著者簡介、何名忠撰黃代表天鵬傳略、黃代表天鵬七秩徵文詩啟、黃代表天鵬先生暨德配盧議員小珠夫人七秩雙慶序、天廬先生祝壽小組撰黃代表天鵬先生行誼、新史氏撰重慶各報聯合版合訂本簡明史。臺北市私立大同婦孺教養院：立案證書、法人登記書、土地權狀、建築物使用執照、歷年董事會紀錄、董事會章程、歷年榮獲政府獎狀、民國六十二轉送各院院童名單、歷年收支概算表、歷年重要工作事項統計表、獎學金名單與清冊。

專書

天廬，《逍遙閣隨筆》，上海：女子書店。民國二十一年。
天廬，《逍遙夜談選》，上海：廣益書局。民國二十三年。
天廬，《怎樣做一個新聞記者》，上海：聯合書店。民國二十年。
天廬主人，《天廬談報》，上海：光華書局。民國十九年。

黃天鵬，《新聞學叢書》，北京：著作林印行。民國十七年。
黃天鵬，《新聞學名論集》，上海：聯合書店。民國十八年，初版、民國十九年，二版。
黃天鵬，《支那の新聞紙業》，東京：東京新聞社印行。民國十八年。
黃天鵬，《中國新聞事業》，上海：聯合書店，民國十九年，上海：現代書局，民國二十一年。
黃天鵬，《新聞文學概論》，上海：光華書局，民國十九年，上海：大光書局，民國二十四年。
黃天鵬，《逍遙閣隨筆》，上海：女子書店。民國二十一年。
黃天鵬，〈新世紀函授學院新聞學講義〉，上海：新世紀函授學院印行。民國二十一年。
黃天鵬，《黃粱集》，上海：光華書店。民國二十二年。
黃天鵬，《新聞學入門》，上海光華書局出版。民國二十二年。
黃天鵬，《逍遙閣夜談選》，上海：廣益書局。民國二十三年。
黃天鵬，《時事新報新聞講習班講義》，上海：時事出版社。民國二十五年。
黃天鵬，《校理學》，臺北：中國新聞函授學校印行。民國三十九年。
黃天鵬，《新聞文作文法》，臺北：中國新聞函授學校印行。民國三十九年。
黃天鵬，〈五權憲法解說評介〉，《荊蔭齋論著彙編／田炯錦撰》，臺南市：崑山工專。民國六十年。
黃天鵬，《天廬論叢》，臺北：黎明文化。民國七十年。
黃天鵬編，《新聞學刊全集》，上海：光華書局。民國十九年。
黃天鵬編，《新聞學論文集》，上海：聯合書店一版、光華書局二版，民國十九年。大光書局，二十四年三版。
黃天鵬編，《新聞學演講集》，上海：現代書局。民國二十年。
黃天鵬編，《新聞學概要》，上海：中華書局。民國二十三年。
黃天鵬編，《行憲法規彙編》，吳鐵城題簽，憲政叢刊之一，中央印務局印行。民國三十六年。
黃天鵬編，《國父遺著未刊本——三民主義》，南京市：中國出版社。民國三十七年。
黃天鵬講授，《新聞寫作》，臺北：政工幹部學校印。民國四十五年。
黃天鵬講授，《新聞文學》，臺北：政工幹部學校印。民國四十五年。

後滕武男著，黃天鵬校訂，《新聞紙研究》，上海：光華書店。民國十九年。
杉村廣太郎著，黃天鵬序，《新聞概論》，上海：聯合書店，民國十九年。
時代精神社編輯，《蔣主席關於憲法憲政之言論》，憲政叢刊之九，南京：中國出版社。民國三十五年。
黃粱夢，《新聞記者外史》，上海：光華書局。民國二十年。
黃粱夢，《新聞記者的故事》，上海：聯合書局。民國二十年。

期刊專文

方國柱，〈景印普寧縣志序〉，《潮州文獻》，第七卷，第十三、十四期合訂本，民國七十年十月十日出版。
本刊訊，〈本會秘書長主持行憲紀念座談〉，《中國憲法學會通訊》，民國七十年十二月三十日。
成惕軒，〈黃母莊太夫人九秩晉一壽序〉，《潮州文獻》，第七卷，第十三、十四期合刊民國七十年十月。
池玉蘭、汪珍，〈訪新聞界老報人黃天鵬〉，《新聞尖兵》，民國七十年八月十四日。
阮毅成，〈天廬論叢序〉，《中華日報》，民國六十六年十二月二十八日。
馬星野，〈黃天鵬先生的精神〉，《中外雜誌》，第三十二卷第二期，民國七十一年八月。
夏鐵肩，〈天廬論叢讀後記〉，《中央日報》，民國七十年十月三十日。
張佛千，〈九萬里堂製聯〉，《書畫家》，第三卷第六期，民國六十八年七月。
陳紀瀅，〈老報人黃天鵬〉，《青年戰士報》，民國六十七年二月四日。
陳紀瀅，〈名報人黃天鵬——「天廬論叢」代序〉，《中外雜誌》，第二十三卷第五期，民國六十七年五月。
馬星野，〈黃天鵬先生的精神〉，《中外雜誌》，民國七十一年八月。
黃天鵬、蕭新民、田桂林，〈反對卡特廢約斷交〉，《光復大陸》第一四七期，民國六十八年三月。
程其恆，〈推介天廬論叢〉，《中華日報》，民國七十一年三月八日。
劉昭晴，〈天廬論叢簡介〉，《憲政評論月刊》，第十二卷第七期，民國七十年十一月。
鄭彥棻，〈永念黃秘書長天鵬兄〉，《憲政時代》，第七卷第四期，民國七十一年四月。
劉季洪，〈天廬論叢序〉，《中央日報》，民國六十七年三月二十日。

墨人，〈往日師友〉，《青年戰士報》，民國七十年十一月三十日。

二、參考資料

報紙、期刊

沈新民，〈悼黃天鵬老師〉，《中央日報》，民國七十一年四月一日。
秋塵，〈記名記者黃天鵬〉，《北洋畫報》，第十四卷第六六八期。民國二十年。
鬼混齋主，〈和黃天鵬先生鬼混一次〉，《上海畫報》，第五八三期，民國十九年。
華生，〈永光史冊的重慶〉，《四川文獻》，一六九期，民國六十七年十二月。
黃警頑，〈天廬上人黃天鵬先生佛國造象〉，《上海畫報》，第五七一期，民國十九年。
劉光炎，〈抗戰期大後方新聞界追憶〉，《報學》，第一卷第二期，民國四十一年一月。
劉光炎，〈重慶各報之聯合版〉，《報學》，第一卷第九期，民國四十五年六月。
劉光炎，〈中國報業史上唯一大聯合的故事〉，《報學》第五卷第五期，民國六十四年十二月。
劉百忠，〈著名新聞學者黃天鵬〉，《廣東文獻》季刊，第三十三卷第四期，民國九十四年十月。
增勛，〈中國新聞學人黃天鵬先生訪問記〉，《星期文藝》，民國二十年八月八日。
鮑振青，〈中國名新聞學家黃天鵬氏〉，《北京畫報》，民國二十九年十月二十八日。
橋川時雄編，《中國文化界人物總鑑》，北京：中華法令編印館，昭和十五年，民國二十九年。
Who's who in China, 1918-1950: with an index/ compiled by Jerome. Hong Kong: Chinese Materials Center, 1982.

新聞

〈千餘人祝賀黃天鵬母壽〉，《中央日報》，民國五十六年二月二十五日。
〈本刊專訪黃天鵬談：前方如何保生，後方如何求生〉，《中央週刊》，第十卷第三十五期，民國三十七年。

〈校聞：新聞學系實習室黃天鵬教授捐贈大批書籍〉，《復旦五日刊》，第七十二期，民國十九年。
〈無冕帝王的生涯：生—戀—報三部大曲：天廬主人寫自傳〉，《文藝新聞》第二十一期，民國二十年。
〈黃天鵬母喪，明大殮公祭，總統頒輓額「教忠有方」〉，《聯合報》，民國五十六年四月二十八日。
〈黃天鵬母喪〉，《聯合報》，民國五十六年四月三十日。
〈新聞界耆宿、國大代表黃天鵬今天舉行公祭〉，《中央日報》，民國七十一年四月十七日。
〈總統頒立軸賀黃天鵬莊太夫人誕辰〉，《聯合報》，民國五十六年二月二十三日。

繁體字書籍

中央圖書館主編，《中國近代人物傳記》，臺北市：中華叢書編審委員會，民國六十二年。
中華民國人事錄編纂委員會編，《中華民國人事錄》，臺北市：中國科學，民國四十二年。
王雲五，《國民大會躬歷記》，臺北：臺灣商務印書館，民國五十七年。
王曉華，《蔣介石日記秘檔》，臺海出版社，民國一〇三年。
李功勤，《百年大業：中華民國發展史》，臺北：幼獅文化公司，民九十九年。
林明德，《日本通史》，臺北：三民書局，民國九十五年。
吳鐵城，《吳鐵城回憶錄》，臺北：三民書局，民國六十年。
芮納．米德著，林添貴譯，《被遺忘的盟友》，臺北：遠見天下文化，民國一〇三年。
林凱龍，《潮汕老厝》，香港：中和出版公司，民國一〇五年。
胡漢民，《胡漢民自傳》，臺北：傳記文學出版社，民國七十一年。
徐寶璜，《新聞學綱要》，上海：聯合書店，民國十九年。
孫科，《孫科文集》，臺灣商務書局，民國五十九年。
秦孝儀編，《革命人物誌》，第二十三集，中國國民黨黨史委員會，民國七十二年。
高華，《多變的孫科》，香港：中和出版公司，民國一〇一年。
郭廷以，《近代中國史綱》，香港：中文大學出版社，民國七十八年。

國民大會秘書處編，《國民大會實錄》，民國五十年。
國民大會秘書處編，《國民大會會議提案》，第一屆第一次至第六次，民國三十七至六十八年。
國民大會秘書處編，《第一屆國民大會第六次會議實錄》，民國六十八年五月。
陳鵬仁，《日本近代史》，臺北：國立空中大學，民國九十六年。
陳水逢，《日本文明開化史略》，臺灣商務印書館發行，民國八十四年。
陳布雷，《陳布雷回憶錄》，臺北：傳記文學出版社，民國五十六年。
陳布雷等，《蔣介石先生年表》，臺北：傳記文學出版社，民國六十七年。
梁黎劍虹，《梁寒操與我》，臺北：黎明文化公司，民國六十九年。
黃壽年，《公益之光》，香港：博士苑出版社，民國九十四年。
曾虛白主編，《中國新聞史》，臺北：三民書局，民國七十三年。
許倬雲，《萬古江河—中國歷史文化的轉折與開展》，臺北：英文漢聲，民九十五年。
程其恆編著，《戰時中國報業》，桂林：銘真出版社，民國三十三年。
賀伯特．畢克斯，林添貴譯，《昭和天皇：裕仁與近代日本的形成》，新北市：遠足文化，民國一〇六年。
董翔飛，《中國憲法與政府》，臺北：董翔飛發行，先鋒打字公司印刷，民國八十年。
雷震，《雷震回憶錄之新黨運動黑皮書》，臺北：遠流，民國九十二年。
董顯光著、曾虛白譯，《董顯光自傳》，臺北市：獨立作家，民國一〇三年。
蔣永敬，《胡漢民先生年譜》，臺北：中國國民黨中央委員會黨史委員會出版，民國六十七年。
顧樹型編，《臺灣之兒童福利機構》，臺北：臺灣育幼季刊社出版，民國六十二年。

簡體字專書

大辭海編輯委員會，《大辭海》，上海：世紀出版公司，二〇一三年。
汕頭市歷史學會普寧分會，《普寧史學—掌故》，普寧縣流沙怡昌印刷廠，一九九〇。
吳雪彬、陳克寒編，《普寧縣文物志》，廣東省普寧縣博物館，汕頭印刷廠印刷，一九八六年。

重慶市委黨史研究室編，《重慶市抗日戰爭時期人口傷亡和財產損失》，北京：中共黨史出版社，二〇一四年。
重慶抗戰叢書編委會，《抗戰時期重慶的防空》、《抗戰時期重慶的新聞界》，重慶出版社，一九九五年。
馬公柵鄉黃氏全祖祠理事會，《江夏流芳—復建黃氏宗祠紀念特刊》，普寧市怡彩印，二〇〇八年。
馬光仁，《上海新聞史一八五〇—一九四九》，上海：復旦大學出版社，二〇一四年。
莊明大，《高祖起鳳家譜》，廣東普寧：莊氏家族編印，甲午年春，二〇一四年。
莊明大，《高祖莊公起鳳生平簡介》，普寧畫院編印，乙未年春，二〇一五年。
黃雅敏、黃壽年等，《普寧馬柵黃氏興德家譜》，廣東普寧：興德家譜編寫組出版，二〇〇一年。
黃羨章，《潮汕民國人物評傳》，廣東：廣東人民出版社，二〇〇八年。
黃卓明、俞振基，〈關於時事新報的所見所聞〉，《新聞研究資料》第十九輯，中國社會科學，一九八三年。
陳歷明編，《潮汕文物志》，汕頭市文物管理委員會辦公室編印，一九八五年。
普寧市流沙鎮馬柵村民委員會，《馬柵人文篇》，普寧市流沙印刷廠印刷，一九九五年。
普寧市果隴村志編纂委員會，《普寧市果隴村志》，廣東人民出版社發行，二〇一五年。
普寧市政協文史資料委員會編，《普寧文史》第三輯、第四輯、第九輯、第十輯、第十一輯，普寧市流沙印刷廠印刷，一九八九年、一九九〇年、一九九四年、一九九五年、一九九六年。
普寧市政協學習文史委會員會編，《普籍人物選輯》，普寧市怡祥彩印印刷，二〇〇二年。
普寧縣人民政府編，《普寧縣地名志》，普寧流沙怡昌印刷，一九八八年。
普寧市地方志編纂委員會，《普寧縣志》，廣東人民出版社發行，一九九五年。
普寧縣地方志編纂委員會，《普寧概況》、《普寧叢考》、《普寧縣人物傳》、《普寧縣大事記》、《普寧縣風俗志》，普寧流沙怡昌印刷，分別為一九八七、一九九一、一九九〇、一九八八及一九八九年出版。
潮汕歷史文化研究中心，《海濱鄒魯是潮陽》，普寧流沙怡昌印刷，二〇〇〇年。
潮汕歷史文化研究中心，《潮汕百家姓》，普寧流沙怡昌印刷，二〇〇五年。
鄧紹根，《筆路藍縷：北京大學新聞學研究會與中國新聞學的興起》，中國新聞史研究輯刊：新北市：花木蘭，二〇一四年。

嶺南文庫編輯委員會，《廣州簡史》，廣東人民出版社，一九九六。

羅泰琪，《重慶大轟炸紀實》，北京：中國文史出版社，二〇一五年。

蘇光文，《大轟炸中的重慶陪都文化》，北京：中國文聯出版社，二〇一五年

史地傳記類　PC0821　讀歷史105

改革中國報業的無冕王：黃天鵬傳記

作　　者／黃佩珊
責任編輯／杜國維
圖文排版／黃珮君、詹羽彤
封面設計／王嵩賀

發 行 人／宋政坤
法律顧問／毛國樑　律師
出版發行／秀威資訊科技股份有限公司
114台北市內湖區瑞光路76巷65號1樓
電話：+886-2-2796-3638　傳真：+886-2-2796-1377
http://www.showwe.com.tw
劃撥帳號／19563868　戶名：秀威資訊科技股份有限公司
讀者服務信箱：service@showwe.com.tw
展售門市／國家書店（松江門市）
104台北市中山區松江路209號1樓
電話：+886-2-2518-0207　傳真：+886-2-2518-0778
網路訂購／秀威網路書店：https://store.showwe.tw
國家網路書店：https://www.govbooks.com.tw

2019年10月　BOD一版
定價：500元

國家圖書館出版品預行編目

改革中國報業的無冕王:黃天鵬傳記 / 黃佩珊著.
-- 一版. -- 臺北市 : 秀威資訊科技, 2019.10
面； 公分. -- (史地傳記類；PC0821)(讀歷史；105)
BOD版
ISBN 978-986-326-741-6(平裝)

1. 黃天鵬 2. 報業 3. 傳記

782.887 108015018

讀者回函卡

感謝您購買本書，為提升服務品質，請填妥以下資料，將讀者回函卡直接寄回或傳真本公司，收到您的寶貴意見後，我們會收藏記錄及檢討，謝謝！如您需要了解本公司最新出版書目、購書優惠或企劃活動，歡迎您上網查詢或下載相關資料：http:// www.showwe.com.tw

您購買的書名：____________________________________

出生日期：________年________月________日

學歷：□高中（含）以下　□大專　□研究所（含）以上

職業：□製造業　□金融業　□資訊業　□軍警　□傳播業　□自由業

□服務業　□公務員　□教職　□學生　□家管　□其它_____

購書地點：□網路書店　□實體書店　□書展　□郵購　□贈閱　□其他

您從何得知本書的消息？

□網路書店　□實體書店　□網路搜尋　□電子報　□書訊　□雜誌

□傳播媒體　□親友推薦　□網站推薦　□部落格　□其他__________

您對本書的評價：（請填代號　1.非常滿意　2.滿意　3.尚可　4.再改進）

封面設計____　版面編排____　內容____　文／譯筆____　價格____

讀完書後您覺得：

□很有收穫　□有收穫　□收穫不多　□沒收穫

對我們的建議：____________________________________

____

____

____

請貼
郵票

11466
台北市内湖區瑞光路 76 巷 65 號 1 樓
秀威資訊科技股份有限公司 收
BOD 數位出版事業部

(請沿線對折寄回，謝謝！)

姓　　名：____________　年齡：________　性別：□女　□男

郵遞區號：□□□□□

地　　址：____________________________

聯絡電話：(日) ____________ (夜) ____________

E-mail：____________________________